AG SPAK Bücher
Arbeitsgemeinschaft sozialpolitischer Arbeitskreise

Manuela Bannasch (Hg.)

Behinderte Sexualität – verhinderte Lust?

Zum Grundrecht auf Sexualität für Menschen mit Behinderung

AG SPAK Bücher

Der Band entstand in Folge des Kongresses „Behinderte Sexualität – Verhinderte Lust", der vom 6. bis 8. September 2000 in Nürnberg stattfand. Enthalten sind sowohl Beiträge, die Teil des Kongresses waren, als auch Artikel, die im Rahmen der folgenden Diskussion, insbesondere bei der Konstitution des Kuratoriums (s.S.229ff) entstanden.

Impressum:

1. Auflage 2002

ISBN 3-930 830-20-5

Titelbild: Fotostudio Reiner Diart, Köln

Umschlaggestaltung und Satz: Hannelore Zimmermann, Waldemar Schindowski

Druck: Digitaldruck Leibi.de, Neu-Ulm

Erscheinungsort: Neu-Ulm

Die Veröffentlichung erscheint als M 144
in der Reihe Materialien der AG SPAK bei

AG SPAK Publikationen
Holzheimer Str. 7
89233 Neu-Ulm

Tel. (07308) 91 92 61
Fax (07308) 91 90 95
www.leibi.de/spak-buecher

Mitglied bei aLiVe (assoziation linker Verlage)

Auslieferung für den Buchhandel:
SOVA, Frankfurt, Fax: 069/410280

Die Deutsche Bibliothek – CIP-Einheitsaufnahme

Ein Titeldatensatz für diese Publikation ist bei Der Deutschen Bibliothek erhältlich

Inhalt

Manuela Bannasch

„Menschliches Sein – Human Being"

Mensch sein in dieser Zeit ist nicht einfach.
Mensch sein in jeglicher Zeit ist nicht einfach.
Mensch sein ist überhaupt nicht einfach.

Das Streben nach dem perfekten Menschen und die zwanghafte Vermeidung von allem Leid ist vielleicht sogar das Grundübel. Was gehört alles zum „Menschlichen Sein"? Ziele, Glück, Älterwerden, Liebe, Bedürfnisse, Krisen, Geburt und Tod – und alles, was dazwischen ist, nennt man Leben.

Das Leben summiert sich aus lauter Augen-Blicken, nur der Augenblick hat Gültigkeit – eigentlich eine fatale Erkenntnis. Nichts, aber auch gar nichts, kann der Mensch festhalten und konservieren. Ein ganz großer Frevel fast aller Menschen ist das Kramen in der Vergangenheit und das Sorgen um die Zukunft. Das vermeintlich bessere Leben wird aufgeschoben, trotz fröhlicher Aufmunterung eines Radiosenders, dass das Leben täglich stattfindet. Wenn ich erst die Karriereleiter hochgestolpert bin, wenn ich erst in Rente bin, wenn ich erst meine Traumkleidergröße erreicht habe, wenn ich erst im Lotto gewonnen habe und, und. und. Das einzig Beständige ist die Veränderung. Die Dualität des Lebens macht das Menschsein spannend. Wo kein Schatten, da kein Licht. Erst der Kontrast zementiert Wertigkeit und Bedeutung. Probleme sind auch eine Herausforderung. Durch Lebens- und Krisenerfahrung gelangt der Mensch zu einem inneren Reichtum, der zugleich eine Übung in schwierigen Situationen ist und Gelassenheit fördert.

Der Mensch entfremdet sich zunehmend von sich selber, von seinen Grundfesten, von dem, was der Mensch wirklich ist und braucht. „High Tech" wird zur Religion erhoben. Fortschritt um jeden Preis, auch wenn es Arbeitsplätze und Menschlichkeit kostet. Technisierung geht vorwiegend einher mit Entmenschlichung, und Vereinzelung führt zu eindeutigem Werteverfall. Doch wo werden heute noch die *alten Tugenden* konsequent und kontinuierlich vermittelt? Die *neuen Tugenden* heißen Dynamik, Flexibilität, Risiko, Raffinesse, Innovation. Korrumpierbare Politgrößen taugen ebenfalls nicht als Vorbild. „Sozialdarwinismus" schimpft sich unser System, euphemistisch als „Neoliberalismus" von unserem Staat gehandelt. Der Stärkere gewinnt – es wird mit harten Bandagen gekämpft. Die Bindungskraft primärer sozialer Netzwerke nimmt zunehmend ab.

Eine Studie der Universität Bielefeld belegt, dass Werteprägung in erster Linie durch Werbung geschieht. Werbung ist mittlerweile Kunstform – es wird stets ein Lebensgefühl verkauft und nicht das Produkt an sich. Jeder will begehrenswert sein, ein lustvolles oder ein abgesichertes Leben haben. Durch die nicht zensierte Werbung entsteht Neid, Depression, Kriminalität. Es soll das Bruttosozialprodukt angekurbelt werden und tatsächlich ist die Werbeindustrie vor der Pharmaindustrie der gewinnträchtigste Wirtschaftszweig in Deutschland. Schneller, höher, weiter – nur die Superlativen zählen, um „in" zu sein. Hyperkonsum und Hedonismus, Kredite und Verschuldung – alles Ausdruck des Trends „Mehr Schein als Sein". Mann oder Frau etikettiert sich mit Statussymbolen, um berauschende Beachtung zu erlangen. Vielleicht aber auch nur, um überhaupt bemerkt zu werden.

Durch das mediengeprägte Schönheitsideal verdient eine ganze Industrie an unserer Unzufriedenheit. Wir sollten unsere Anspruchshaltung mit Nachsicht bedenken, denn das Menschliche ist einfach das Unzulängliche.

„Die Wissenschaft ist das Tor zum Abgrund". So könnte man es durchaus sehen im Zeichen der Genmanipulationen. Die Gefahren kennen wir alle zur Genüge. Unsere komplexe, hochtechnisierte Welt schafft eigentlich nur Verwirrung, Überforderung und Unzufriedenheit des Einzelnen – Orientierungslosigkeit. Und trotzdem: Des Menschen Machbarkeitswahn und seine vermeintliche Wissenschaftsomnipotenz zeugt eindeutig von seinem Wunsch, Gott ähnlich zu sein. „Der Mensch hat seinen eigenen Gott gestohlen", empfand Elias Canetti dieses immense wissenschaftliche Streben. Durch die gegenwärtige Fortschrittsgigantomie wird unser Gott regelrecht entmachtet, urteilt Horst-Eberhard Richter in seiner Analyse „Der Gotteskomplex". Gott ist ein Geheimnis – doch das lässt der (logische) Mensch absolut nicht zu. Andererseits boomt der Esoterik- und Psychomarkt, weil immer mehr Menschen diese Angebote unabdingbar als Halt in ihrem Leben brauchen. Viele so genannten Heilsbringer verdienen an dem Schicksal und der Einsamkeit bedürftiger Menschen. Seit Menschengedenken ist mittels Angst oder Lust am leichtesten zu manipulieren. Die Gemeinde der Psychoswinger wird immer größer: alle auf dem Trip, sich selbst zu erfahren. Ist es nicht dekadent, wie Entspannungstechniken teuer kommerzialisiert werden? Der Mensch braucht anscheinend stets eine Anleitung. Die „Zehn Gebote" sind nicht ausreichend, um das komplexe Zusammenleben von Menschen zu regeln. Ein jeder von uns ist „vergesellschaftet", was bedeutet, dass jeder Bundesbürger als Teil dieser Gesellschaft nicht nur Rechte, sondern auch Pflichten hat.

Das extreme Negieren von gesellschaftlichen Zwängen ist aber auch schon wieder Uniform. Der Zeitgeist in den Nachmittagstalkshows erzählt schonungslos über salonfähige SM-Techniken, Piercing, Branding, Zungenspalten und sogar Gliederentfernung. Schmerz als Selbstbestrafung oder Markenzeichen als Profilneurose? Artefakt nennen Wissenschaftler diese Selbstverstümmelung, die von den ausführenden Menschen oftmals voller Stolz als Kunst hochgejubelt wird. Kann sich der Mensch nur noch im Schmerz oder im egoistischen Handeln spüren?

Im gegenwärtigen Klima hat es *jeder* Mensch schwer, einen ehrbaren Platz in der Gemeinschaft zu erobern. Genannt als Sorgen seien nur Arbeitsplatzverlust und Scheidung. Wer hat heute noch das Glück, einen Job zu haben, der ihm Spaß macht? Positive Events oder Highlights als Ausgleich für dieses Funktionierenmüssen sind vonnöten. Die Suche nach dem ultimativen Kick ist die Passion vieler. Als „sensation-seeking" bezeichnen Psychologen dieses süchtige Leben. „Immer gut drauf sein" ist die Devise – oder ist es die Manie?

Bewusstseinsbildung geschieht durch Informationen und Erfahrungen. Sich seiner selbst bewusst zu werden, ist mühselig und äußerst schmerzhaft. Sich selbst zu revidieren, zu korrigieren und ein kritisches Selbstbild zu entwickeln, tut weh. *Reifeprozess* nennt man das, und es ist unsere Pflicht als Menschen auf dieser Erde, nicht so gedankenlos in den Tag hineinzuleben. Eigentlich hat doch jeder Mensch eine tiefe Sehnsucht nach Sinnhaftigkeit.

Hierzu schreibt Richard Sennett in seinem Buch „Der flexible Mensch": „Wie bestimmen wir, was in uns selbst von bleibendem Wert ist, wenn wir in einer Gesellschaft leben, die sich nur auf den unmittelbaren Augenblick konzentriert?" Es ist schwierig, die eigene Zufriedenheit herauszufinden, wenn wir einer permanenten Reizüberflutung ausgesetzt sind.

Die Zerbrechlichkeit des Lebens wird gettoisiert. In Großfamilien wuchsen Kinder mit Alter und Gebrechlichkeit auf, konnten dadurch Respekt entwickeln. Mit einer Selbstverständlichkeit waren alte Menschen integriert und auch aufgrund ihres Wissensvorsprungs hochgeschätzt. Doch im Internetzeitalter sind Informationen stets abrufbar und somit alte Menschen ersetzbar geworden, wenn nicht sogar überflüssig. Ich stimme mit der Forderung unseres Altbundeskanzlers Helmut Schmidt überein, ein „soziales Pflichtjahr" für weibliche und männliche Jugendliche einzuführen. Es ist eine Chance, um als junger Mensch zu reifen, zu sehen, wie anders Leben auch sein kann. In Würde älter werden zu können, wird massiv erschwert durch unseren Jugendkult. Älterwerden ist ein biologischer Prozess, dem sich keiner entziehen kann. *Initiationsriten* erleichtern uns das Älterwerden. Jede Lebensphase hat etwas Besonderes, auch wenn es stets ein Abschied von dem ist, was mal war. Die *Fülle des Lebens* haben alte oder behinderte Menschen nicht, um so wichtiger sind für sie die kleinen Momente. Jeder Mensch sollte seine eigenen Kraftquellen herausfinden und diese kultivieren. Musik, Natur, Kunst und sogar Stille kann ein unsagbares Glück sein. Irgendwann einmal wurde doch schon alles gesagt. Ernest Hemingway: „Der Mensch braucht drei Jahre, um sprechen zu lernen, und 50 Jahre, um schweigen zu lernen."

Sinnlichkeit definiert sich als Erlebnisfähigkeit im eigenen Umfeld. Dazu ist *jeder* Mensch imstande. Das pure Leben sich selbst atmen zu spüren – ist eine Kostbarkeit und eine Köstlichkeit! Wer kennt schon diesen lebenserflehenden Moment, wenn man auf einmal bemerkt, was oder wie viel einem das Leben doch bedeutet? Viele kranke Menschen kennen dieses elementare Gefühl als ausgesprochene Grenzerfahrung. Manchmal geschehen Dinge im Leben eines Menschen, die mit dem Verstand überhaupt nicht zu fassen sind. „Der Schmerz schleudert den Menschen bis an die Grenzen des noch Ertragbaren", so Ursula von Mangoldt. Die Zeit ist das Wunderbarste, was wir Menschen im Leben haben. Achtsamkeit heißt, sich selbst wahrzunehmen und sich selbst zu leben.

Prof. Verena Kast – Europas große Trauerexpertin – behauptet, dass Partnerschaft letztlich des Menschen Angst vor dem Tod sei. Partnerschaft ist nahezu der einzige Ort im Leben eines Menschen, in dem Schwachsein erlaubt ist. Eine befriedigende Lebensgemeinschaft muss sich ein Paar hart erarbeiten. Schwierig wird es, wenn ein Partner als *Garantie des immerwährenden Glücks* instrumentalisiert wird. Da dies schier nicht machbar ist, wird der Partner *sehr oft* verlassen. Die über 50 Prozent der Singlehaushalte in einer Großstadt sprechen dafür. Sigmund Freud hat einen schwachen Trost parat: „Dass der Mensch glücklich sei, ist einfach im Schöpfungsplan nicht vorgesehen." Eine tatsächlich bewältigte Vergangenheit würde auch für eine gelingende Zweisamkeit sorgen, anders ausgedrückt: Ein sich selbst gelingendes Leben ist eine gute Basis für eine lebendige Beziehung, in der beide Partner sich gegenseitig fordern und fördern.

In der „Maslowschen Bedürfnispyramide" werden unsere Bedürfnisse nach Dringlichkeit geordnet. Körperkontakt und Sexualität ist ein Primärbedürfnis wie Essen, Schlafen, Wohnen. Der Kinderpsychiater Rene Spitz führte in den 30er Jahren eine Untersuchung durch, deren Ergebnis heute als „Hospitalismus" überall bekannt ist. Wer als Kind nur versorgt wird und nicht wonnigen Körperkontakt leben kann, wird krank.

Jeder Mensch wünscht sich doch einen anderen Menschen, der ihn versteht, um nicht so allein zu sein auf dieser Welt. Innigkeit mit einem geliebten Menschen zu erleben ist wohl der kostbarste Augenblick im Leben eines jeden Menschen. Hingabe an den wonnigen Moment – das ist Vitalität, das ist Leben. Die süßen Stunden in den Armen eines geliebten Menschen – wer von uns möchte das missen?

Ein Teil von mir ...... geht seinen Weg allein.
Ein Teil von mir ...... will nicht mehr bei mir sein.
Ein Teil von mir ...... wollte es lassen.
Ein Teil von mir ...... und kann's doch nicht fassen.
Ein Teil von mir ...... ich hab's dir gegeben.
Ein Teil von mir ...... aus meinem Leben.
Ein Teil von mir ...... ich wünsch's mir zurück.
Ein Teil von mir ...... du bist mein Glück.

Liebe erfährt ihre stärkste Ausprägung in der seelischen Bindung. Sie labt Körper und Seele und ist das Beste, was man im Erdenleben kriegen kann.

> *Oh Mensch, weißt du, wie das ist, wenn deine Seele weint, weil da niemand ist, der dich mit dir teilt?*
>
> *Oh Mensch, weißt du, wie das ist, wenn deine Seele juchzt, weil da jemand ist, der mit dir ist, der mit dir in deiner Zeit ist? Der mit dir geht bis an das Ende deiner Tage?*

Diese Gefühle kennen wir alle. Das irre Verliebtsein lässt uns selig taumeln. Das elementare Empfinden der Geborgenheit stärkt, gibt uns Vertrauen und Zuversicht. Liebe ist der Antrieb allen menschlichen Tuns.

Eine Partnerschaft besteht auch aus Intimität. Das ist der Bereich, der jedem Paar allein gehört, sozusagen das „süße Geheimnis" oder die „Krönung der Beziehung". Sexualität befreit den Menschen von den permanenten, kognitiven Anforderungen des gesamten Tages. Im „Spiel der Erwachsensen" kann der Mensch sich endlich einmal ausruhen. Ekstase und orgiastische Erlebnisse sind als *Psychohygiene* dringend nötig, um unseren vernunftgeprägten Alltag auszugleichen. Sexualität ist facettenreich. Jedes Paar muss seine eigene Sexualität entwickeln. Sexualität ist *nicht immer* Penetration.

Sigmund Freud hat seine These, dass sich das Unterdrücken der sexuellen Bedürfnisse in Depressionen und Neurosen äußert, mit Studien aus seiner Wiener Praxis belegt. Sexualität hat unbestritten Ventilcharakter, ist Katharsis, ermöglicht Ausgeglichenheit und ein beschwingtes Leben. Jedoch darf Sexualität niemals Selbstzweck werden und Wichtigeres in einer Partnerschaft verdrängen.

In der Werbung werden Produkte durch *erotische Symbole* zweckentfremdet und sind als „lifestyle" sehr gut zu vermarkten. Alles wird sexualisiert, dadurch ist der Mensch auch einem enormen Druck ausgesetzt. Sexualität sollte weder unterschätzt noch überschätzt werden. Leider geht es immer um Lust oder Angst vor dem Lustverlust. Den Primärreizen ist jeder, ob nichtbehindert oder behindert, ausgesetzt. Nirgendwo gibt es ein Entrinnen, nur behinderte Menschen können sich nicht so einfach bedienen. Zwangloses Kennenlernen und Ausprobieren ist in erster Linie nichtbehinderten Menschen vorbehalten, die sich gar keine Gedanken machen, wie einfach sie es doch haben.

Beziehungen mit Nähe und Sexualität zu leben, ist für behinderte Menschen äußerst schwierig. Kontakte aufnehmen und halten, gängiges Schönheitsideal, Orte für Intimität, erotische Hilfsmittel sind nur einige der wichtigen Themen, die alle interessieren, über die aber nirgends offen gesprochen wird. Und es kann jeden treffen: Vier Prozent aller behinderten Menschen sind geburtsbehindert, 96 Prozent der behinderten Menschen wurden im Laufe ihres Lebens vom Schicksal ereilt, knapp zehn Prozent der Einwohner in Deutschland sind behindert. Viele spätbehinderte Menschen werden aus dem Krankenhaus entlassen ohne Aufklärung darüber, wie es nun im partnerschaftlichen Bereich weitergehen soll. „Wie komme ich nun als behinderter Mensch mit anderen Menschen in Kontakt?" „Wie erreiche ich nun als behinderter Mensch mit meinem Partner / meiner Partnerin dennoch ein erfülltes Sexualleben?" Es ist eine große und weitreichende Tragik, wenn aufgrund mangelnder Informationen Familien auseinanderbrechen. Ein erfülltes Sexualleben in einer Partnerschaft hat unbestritten eine stabilisierende Funktion. Auf Sexualität verzichten können eigentlich nur Paare, die über eine längere gemeinsame Vergangenheit verfügen oder eine sublimierte Form gefunden haben.

In meinen Beratungen wird häufig über fehlende Erotik geklagt, wenn einer der Partner pflegebedürftig ist. Pflege und Erotik muss strengstens getrennt sein, um eine beidseitige Begehrlichkeit aufrechtzuerhalten. Wer seinen Partner ständig wickeln muss, der kann den Pflegebedürftigen unmöglich in einem autonomen Lustbereich wahrnehmen. Mein Rat an bestehende Partnerschaften: Mit dem Geld der Pflegeversicherung tatsächlich eine externe Pflege zu organisieren, damit das geheimnisvolle Spannungsfeld der Erotik bestehen bleibt.

Auch für Eltern ist es sehr schwierig, mit der Sexualität ihres behinderten Kindes umzugehen, auch wenn dieses schon längst erwachsen ist. Eltern müssen einsehen (lernen), dass ihr behindertes Kind ein Recht auf Aufklärung und Begleitung der individuell bedürftigen Sexualität hat. Behinderte Jugendliche müssen eine „Konditionierung des Machbaren" aufgezeigt bekommen, das heißt, eine Hinführung zu einem verantwortungsvollen Umgang mit sich selber und mit anderen Menschen erfahren. Sexualpädagogik ist auf Sozialisation bedacht, deren Aufgaben die Entwicklung eines realistischen Selbstbildes ist. Sie muss dazu anleiten, dass behinderte Jugendliche ihre Umwelt nicht durch ausschließliche Triebsteuerung und Grenzverletzungen in Schwierigkeiten bringen. Angehörige und Pflegepersonal werden durch eine pragmatische Sexualpädagogik stark entlastet. Es ist sehr wichtig, dass behinderte Jugendliche Perspektiven vermittelt bekommen, die sie für ihre Entwicklung und letztlich auch für ihre Integration dringend brauchen.

Nicht nur gesellschaftliche Ignoranz führt dazu, dass behinderte Menschen keinen natürlichen Umgang mit Sexualität haben können. Spontanaktionen sind aufgrund von architektonischen Rahmenbedingungen schwer möglich, das Flirten wird vom Fahrdienst unterbrochen, ein behinderter Mensch empfindet sich oft nicht als begehrenswert, nichtbehinderte Menschen lassen Kontaktversuche von behinderten Menschen oft nicht zu. Und, und, und...

Resultierend aus diesen genannten Gründen können behinderte Menschen wenige Erfahrungen im sozialen Nahfeld machen. Sie können Situationen oft nicht richtig einschätzen, weil sie mit den Doppeldeutigkeiten und Strategien ihres Gegenübers nicht umgehen gelernt haben. Durch ihre Konditionierung werden behinderte

Menschen nicht selten ausgenutzt für ein bisschen Zuwendung und Körperkontakt. Finanzielle oder perverse Motive können die wahren Hintergründe eines angeblichen Partners sein.

Triebhaftigkeit ist ungemein quälend – das wissen wir alle –, wenn dann keiner da ist und wenn man sich vielleicht noch nicht einmal selbst Abhilfe schaffen kann. Also, woher den Spielgefährten nehmen? Bei einem permanenten Defizit nutzen Gespräche, Einsichten und Vorsätze auch nichts. Das ist wie mit einer Sucht: Alles dreht sich nur noch um den „Stoff". Der Mensch kann diesen Trieb *nicht* intellektuell lösen. Dieses Verlangen ist etwas allzu Menschliches. Die Dienste von Prostituierten sind in unserem Kontext als Sozialarbeit zu sehen. Außerdem ist es sehr wichtig für das Selbstverständnis des behinderten Menschen, dass er genau wie in einer Assistenzbeziehung der Auftraggeber ist. Prostituierte oder Sexualbegleiterinnen, die mit behinderten Menschen arbeiten, leisten einen unschätzbaren gesellschaftlichen Beitrag, indem sie einem behinderten Menschen ein wunderschönes Körpergefühl ermöglichen und sein Seelenleben bereichern. Frauen, die sich auf diesen Bereich spezialisiert haben, haben mit Sicherheit ein bisschen mehr vom Leben und seinen Unwägbarkeiten verstanden.

Durch die Hightech-Medizin gerettet, wollen wir nicht nur irgendwelchen Klinikstatistiken dienen. Wir wollen leben mit Wünschen und mit Möglichkeiten. Die humanitäre Gesinnung eines Staates zeigt sich an seinem Umgang mit den Schwächsten. Sowohl Hochbegabungen als auch Behinderungen sind schlicht als eine der vielen Formen menschlicher Existenz zu begreifen. Behinderung ist nicht gleichbedeutend mit ausschließlichem Defizit. „Es ist normal, verschieden zu sein. Es gibt keine Norm für das Menschsein. Dass Behinderung nur als Verschiedenheit aufgefasst wird, das ist das Ziel, um das es uns gehen muss", so Altbundespräsident Richard von Weizsäcker in einer Rede vor der BAGH am 1. Juli 1993.

Die Würde und die Selbstbestimmung des behinderten Menschen, seine Entwicklung und Entfaltung sind ein gesellschaftlicher Auftrag. Dazu gehört die persönliche Sexualität, die eine enorme Lebensqualität bedeutet. Mein Ziel war es, mit der basiszentrierten Konzeption des ersten Bundeskongresses „Behinderte Sexualität – verhinderte Lust?" endlich den tatsächlichen Bedürfnissen von behinderten Menschen gerecht zu werden. Daraus konnte dann eine klare, defizitorientierte Sozialarbeit entwickelt werden, um die Würde von schwer-, aber auch schwerstbehinderten Menschen zu schützen. Somit wird stets eine würdevolle Haltung im Umgang zwischen behinderten und betreuenden Personen (Angehörige und Pflegepersonal) ermöglicht. Mein Wunsch war es, mit dem Kongress und diesem Buch darauf aufmerksam zu machen, was jeder Mensch ist und braucht – fern von aller Technologie.

Der frühere Prodekan der evangelischen Kirche Nürnberg, Gerhard Althaus, postulierte, dass Sexualität als spirituelle Kraft behinderten Menschen nicht vorenthalten werden dürfe. *Der ewige Eros ist eine himmlische Macht.* „Jede Lust will Ewigkeit –, will tiefe, tiefe Ewigkeit.", Friedrich Nietzsche.

Nähe ist Geborgenheit und erstrebenswert, um stark zu sein in diesen gesellschaftlichen Widrigkeiten. Nähe ist Lebensqualität. Ein jeder will angenommen und geliebt werden, gerührt und berührt werden. Als Menschen sind wir alle gleich. ALLE.

Das Grundrecht auf Sexualität

Podiumsdiskussion

mit:

- Dr. theol. Esther Bollag (Pastorin, Hamburg)
- PD Dr. Thomas Mösler (Sexualwissenschaftler, Nürnberg)
- Lothar Standfort (Psychologe, Institut für Systemische Beratung behinderter Menschen, Trebel)
- Nina de Vries (Sexualbegleiterin, Berlin)

Moderation:

- Rudolf Seidl (Sozialarbeiter, VIF – Vereinigung Integrationsförderung, München)

Nina de Vries: Seit einigen Jahren arbeite ich als Masseurin und biete erotische, sinnliche Massagen an. Seit längerer Zeit arbeite ich ausschließlich mit schwerst körperlich und geistig behinderten Männern, gelegentlich auch mit Frauen. Durch ein jahrelanges Training in einer therapeutischen Gemeinschaft in Holland fühle ich mich dieser Arbeit gewachsen. Schwerpunkte dieses Trainings, in das viele buddhistische Elemente einflossen, waren Körperarbeit, emotionale Arbeit, Beziehungen, Sexualität – kurz gesagt, es war eine Schule in der Kunst, ein Mensch zu sein. Seit 1990 wohne ich in bzw. nahe bei Berlin. Über die Jahre hinweg war ich hauptsächlich als Künstlerin tätig. Ich mache Cartoons, Skulpturen, Grafiken und Spiele. Zu meinem erster intensiver Kontakt mit Behinderten kam es 1992, als ich als Erzieherin in einem Rehabilitationszentrum arbeitete. In dieser Zeit konnte ich meine Berührungsängste abbauen, und mein Blick weitete sich. Nicht die Behinderung stand im Vordergrund, sondern der Mensch. Bis jetzt durfte ich viele unterschiedliche Erfahrungen sammeln, speziell in der Arbeit mit so genannten geistig Behinderten, beispielsweise Autisten. Hier fühle ich mich gefordert, weil ich in diesen Situationen in höchstem Maße wach, flexibel, sensitiv und wahrhaftig sein muss. Diesen Begegnungen sind stets intensive Gespräche mit Eltern bzw. Betreuern vorausgegangen. In einer Sitzung sind außer Massage auch Körperkontakte, Streicheln und Umarmen möglich. Geschlechtsverkehr und Oralkontakt biete ich nicht an. Wenn sie es wünschen, bringe ich die Menschen mit meiner Hand zum Organsmus. Ich strebe es an, jeden, der zu mir kommt, so zu nehmen, wie er ist, und es so schön und bereichernd wie möglich für diese Person zu machen – immer auf meine eigenen Grenzen Acht gebend. Für nicht wenige ist so eine Begegnung das erste Mal in ihrem Leben, die erste Erfahrung in körperlichem/sexuellem Kontakt mit einer Frau. Manche brauchen eine Art Unterrichtung darüber, wie man masturbieren kann. Es ist wichtig, klar zu machen,dass hier ein Ort ist, um Erfahrungen zu machen, die oft ein neues Selbstbewusstsein bewirken. Das Gefühl ein Aussenseiter zu sein, also jemand, der nicht dazu gehört, kann sich verändern. Ich wünsche mir, dass die Sitzungen Anstöße geben, um freudiger, selbstbewusster, ausgeglichener und entspannter in der Welt zu stehen und zu mehr Selbstliebe anregen.

In meinen Augen sitzen wir alle im gleichen Boot, ob behindert oder nichtbehindert. Das ist eine der wichtigen Ausgangspositionen meiner Arbeit. Ich bin genauso verletzlich und voller Sehnsucht, wie die Leute, mit denen ich arbeite, und ich bin genauso sterblich. Wir sind alle verwundet und es sind genau diese Wunden, die unser Herz weich machen können. Ich mache diese Arbeit, um mein Herz offen zu halten, sie ist meine Medizin. Sie macht mir Spaß und ich bin dankbar für das Vertrauen, das mir geschenkt wird – beispielsweise auch von den Eltern. Nicht zu letzt gibt sie mir die Möglichkeit, Geld mit etwas zu verdienen, das mich fordert und das ich gerne mache.

Esther Bollag: Ich bin Theologin und habe eine Arbeit über emanzipatorische Behindertenarbeit in kirchlicher Trägerschaft geschrieben. Meine Doktorarbeit befasste sich mit dem Thema, wie körperzentrierte Methoden in die Theologie eingeführt werden könnten. Ich selbst habe über körperzentrierte Methoden meine eigene Identität entwickelt. Ich bin selbst von Geburt an behindert und kenne von daher die Problematik. Eine Randbemerkung: Was ich hier sage, ist nicht unbedingt die Meinung der Kirche.

Lothar Sandfort: Ich arbeite in einem kleinen Institut. Man kann das Thema ja auf zwei sehr unterschiedliche Arten angehen, etwa so wie Frau Bannasch es in ihrem sehr poetischen Überblick zur Lebenssituation wenigstens derjenigen Behinderten tat, die sich für das Thema Sexualität noch interessieren – das tun ja nicht mehr alle. Es so darzustellen ist wichtig, es wird uns nur nicht helfen. Wir können die gesellschaftliche Situation zwar beschreiben, wir können sie beklagen, wir können viele Studien erstellen lassen, aber es wird uns nicht helfen. Viele ExpertInnen werden in jedes Mikrofon hinein bestätigen, dass es das Grundrecht auf Sexualität auch für Behinderte gibt, aber dann werden wir im Nachsatz oft zu hören bekommen: „aber doch nicht unbedingt mit meiner Tochter". Auch Beschäftigte einer Einrichtung werden das Grundrecht auf Sexualität für Behinderte bestätigen, „aber wenn der und der in unserer Einrichtung etwas gemeinsam machen, das ist doch unappetitlich...". Es muss gesagt werden, die Diskussion auf sozialrechtlicher oder politischer Ebene ist wichtig, aber weiterhelfen wird uns nur die persönliche Auseinandersetzung; die persönliche Auseinandersetzung Nichtbehinderter mit ihrer eigenen Sexualität und diejenige, die wir als Behinderte selbst wagen. Im Moment wird viel über Sexualität geredet, letztendlich ist das die Folge emanzipatorischer Prozesse. Wir sind als Behinderte mittlerweile in der Lage, öffentlich über unsere Sexualität zu reden, wir können mittlerweile Kompetenz für solche Diskussionen anbieten und sind inzwischen selbstbewusst. Wir sind uns unserer Bedürfnisse selbst klarer und können diese präsentieren. Das machen noch nicht alle, aber einige tun es.

Als Betroffene müssen wir selbst darauf Acht geben, dass diese Diskussion nicht zu einer neuen Sozialpädagogik an den Hochschulen und in den Behindertenverbänden führt – von nichtbehinderten ProfessorInnen und PolitikerInnen entworfen. Wir müssen selbst dran bleiben, uns präsentieren und eine Selbsthilfebewegung bleiben. Wir möchten nicht in die Position gebracht werden, dankbar sein zu müssen, als KundInnen akzeptiert zu werden. Bleiben Sie an dem Thema dran, sofern Sie behindert sind, trauen Sie sich, beflügeln Sie Ihre Phantasie, räumen Sie Barrieren weg. Und sofern Sie nicht behindert sind, vielleicht MitarbeiterIn in einer Einrichtung, denken Sie daran, Sie können diesen emanzipatorischen Prozess nicht für uns machen, machen Sie ihn für sich, und unterstützen Sie uns dabei, wenn wir uns mit neuen Formen von Sexualität in unserem Leben auseinandersetzen. Das ist alles was Sie tun können, aber das ist sehr viel.

Thomas Mösler: Ich bin Lehrer für Sexualmedizin und Sexualtherapie unter anderem an der Universität Erlangen, wo ich das Fach auch etwa 15 Jahre lang in Klinik und Forschung vertreten habe. Die Ängste von Entscheidungsträgern vor der Sexualität behinderter Menschen, gerade in den betreuenden Institutionen, wurden mir schon zu Beginn meiner Ausbildung deutlich, als ich auf einer entsprechenden Station in einem Bezirkskrankenhaus arbeitete und einen Kontaktraum für intime Partnerbeziehungen einrichten wollte, noch dazu mit einem Bett und einem Wärmespender. Es war nämlich Winter, und die Betroffenen waren gezwungen ihre Bedürfnisse im Freien und in der Kälte auszuleben, was immer wieder zu Verkühlungen verschiedenster Art – sicherlich auch zu seelischen – führte. Das Anliegen, unter menschenwürdigen Bedingungen Sexualität auszuleben, wurde von den Entscheidungsträgern abgelehnt, zunächst aus moralischen Gründen wie etwa „wo kommen wir da hin", „wollen Sie ein Bordell aufmachen" usw. Wobei es ein Leichtes war diese Argumente zu widerlegen, doch dann wurden die üblichen Ausreden vorgebracht, wie es wäre kein Geld da für die Heizkosten oder der Raum wäre bereits seit langem verplant.

Dieses Beispiel einer stationären Institution, die Behinderte betreut, ist exemplarisch für die Einstellung und die Ängste der Umwelt zu diesem Thema. Anzumerken ist, dass Sexualität insgesamt in den Industrienationen sehr unfrei gelebt wird und auch die hierzulande stattgefundene sexuelle Revolution hat diese Ängste nicht aufgelöst, sondern wahrscheinlich noch ganz neue Ängste geschürt – sonst hätten wir sicherlich nicht so viele psychosomatische Störungen in Deutschland.

Aus sexualwissenschaftlicher Sicht ist außer Zweifel, dass die Unterdrückung sexueller Bedürfnisse, wie bei den Behinderten lange geschehen, nicht nur zu einer erheblichen Beeinträchtigung der Lebensqualität bis hin zur Existenzkrise führen kann. Sie ist auch Ursache vieler psychosomatischer Störungen und Erkrankungen, die wiederum zur Inanspruchnahme medizinischer Leistungen führen und damit weitaus größere Kosten verursachen, als die Auflösung längst überholter Barrieren, wie sie der Sexualität behinderter Menschen aber auch der Sexualität der vermeintlich nicht behinderten Menschen durch die ewig Gestrigen entgegenschlagen. Ich führe hier den Begriff „vermeintlich Nichtbehinderte" ein, da die Grenze zwischen gesund und nichtgesund, normal und nichtnormal, behindert und nichtbehindert gerade im Bereich der Sexualität sehr verschwommen ist. Psychische Konflikte haben gelegentlich weitaus größere negative Folgen für die Sexualität des Menschen als körperliche oder geistige Behinderungen, sodass wir beim Thema behinderte Sexualität alle besonders eng verbunden sind, noch dazu, da doch jedem von uns augenblicklich eine Behinderung, etwa durch einen Schlaganfall, Multiple Sklerose, Unfall oder eine die Sexualität verändernde Erkrankung wie Brust- oder Prostatakrebs widerfahren kann. Umgekehrt bewirkt natürlich eine Anzahl von körperlichen Erkrankungen Beeinträchtigungen des sexuellen Erlebens.

Ein großer Teil sexueller Probleme von Behinderten unterscheidet sich im Wesentlichen nicht von denen, die Menschen ohne auffallende Behinderung haben. Sexualität hat ja mit Schönheit und Gesundheit nur ganz bedingt etwas zu tun. Augenscheinliche Gesundheit erleichtert meinetwegen den Zugang zu einer sexuellen Partnerschaft, aber nicht wenige – gerade dieser schönen, starken und anscheinend gesunden – Menschen haben beachtliche Schwierigkeiten im sexuellen Bereich.

Sexualbegleitung gehört in anderen Ländern zum Standard sexualtherapeutischer Versorgung. Bei dieser Surrogattherapie arbeitet ein Sexualtherapeut mit einem Liebesdiener oder einer Liebesdienerin zusammen, die dann die praktischen und körperkontaktbezogenen Handlungen ausführen, das ist wissenschaftlich anerkannt. Durch die Surrogattherapie wurden oft schon starke Störungen zum Verschwinden gebracht, die sich der Sexualtherapie ansonsten verschlossen haben, und manche Ehe ist dadurch gerettet worden.
Weil man sich ja immer auch etwas von organmedizinischen Methoden verspricht, darf ich vielleicht noch anmerken, dass gerade organische Defizite auch durch psychotherapeutische Techniken ausgeglichen werden können. Das geht soweit, dass man sagen kann, eine befriedigende Sexualität ist nicht unbedingt an das Vorhandensein oder die perfekte Funktion der Nerven an den primären Geschlechtsmerkmalen gebunden. Das zeigt sich immer wieder in der Betreuung transsexueller Menschen, die ein ungünstiges Operationsergebnis ertragen müssen. Auch wenn das Gefühl in den Geschlechtsteilen nicht mehr vorhanden ist, kann eine ungestörte Orgasmusfähigkeit durch bestimmte Methoden etwa Übungen aus dem Bereich der tantrischen Medizin zu einer guten Orgasmusfähigkeit führen.

Ich möchte zusammenfassend aus Sicht der Sexualwissenschaft sagen: Jeder Mensch hat nicht nur das Recht auf Sexualität, jeder Mensch hat und behält in sich die Möglichkeit zur Sexualität und auch der behinderte Mensch – auch der im genitalen Bereich oder stark Bewegungsbehinderte – kann durch bestimmte Techniken die verbliebenen oder neue erogene Zonen bis zum Ausgleich seiner Defizite im Rahmen der heute möglichen Sexualtherapie erweitern und erreichen.

N.N.: Welche Länder sind das, die hier schon weiter sind?

Thomas Mösler: In einigen Staaten der Vereinigten Staaten (z.B. Kalifornien, Maryland) ist die Surrogattherapie anerkannt, hier gibt es auch entsprechende Forschungsprojekte. Frau de Vries hat bereits anklingen lassen, dass sie mit buddhistischen Liebesmethoden arbeitet. Im asiatischen Bereich ist es fast selbstverständlich, in Indien, Nepal oder auch in Tibet sind solche Surrogatdienste durchaus an der Tagesordnung. In den westlichen Ländern wird in Holland schon einiges gemacht.

Nina de Vries: Obwohl ich Holländerin bin, bin ich über die dortige Situation nicht so genau informiert. Sicher ist allerdings, dass in Holland eine viel entspanntere Atmosphäre diesem Thema gegenüber herrscht. Schon vor über 20 Jahren habe ich dort im Fernsehen einen Film gesehen, über Frauen, die das, was ich heute tue, schon damals gemacht haben. Mich hat dies damals sehr berührt. Oder: In Holland war es auch MitarbeiterInnen erlaubt, sexuelle Hilfestellungen zu geben. Das ist – soweit ich weiß – derzeit aufgrund von Missbrauch gesetzlich wieder rückgängig gemacht wurde – genaueres hierzu weiß ich allerdings nicht.

Thomas Mösler: In diesem Rahmen läuft ein holländisches Forschungsprojekt, auf das Europa schon ganz gespannt ist. Westeuropa ist hier noch ein bisschen rückständig. Versuche und Forschungsprojekte wurden etwa auch von den Franzosen oder den Polen gemacht, um die immer wiederkehrenden Gegenargumente – wie: die Surrogattherapie sei sozusagen der heiligen Familienordnung abträglich – zu untersuchen. Und es wird natürlich heiß diskutiert.

Klaus Kreuzeder: Ich möchte alle hier Anwesenden auffordern, dieses Thema wirklich selbst in die Hand zu nehmen. Es gehört sehr viel Mut und Selbstbewusstsein dazu, herauszufinden, was für einen selbst am besten ist. Wenn wir dabei auf irgendwelche staatlichen Hilfen warten, dann ist unser Sexualleben dahin.

Esther Bollag: Eine Anekdote dazu: An der Rezeption eines Hotels hängt ein Zettel: „Es gibt keine Probleme, es gibt bloß Chancen". Da kommt ein Gast und erklärt dem Mann an der Rezeption, er hätte ein Problem. Woraufhin dieser darauf hinweist, dass es in diesem Hause keine Probleme, sondern nur Chancen gibt. Worauf der Hotelgast meint: „Das können Sie sehen, wie Sie wollen, aber ich habe ein Problem, denn in dem Zimmer, das Sie mir zugeteilt haben, ist eine Frau"... Ich denke, wir können zwar lange über wunderbare Forschungsprojekte reden, aber wie lange dauert es, bis Ergebnisse an die Basis gelangen? Und im Grunde genommen muss sich jeder selbst fragen, wo denn eigentlich das Problem liegt. Man denkt immer, dass die christliche Kirche traditionell sexualfeindlich ist, das muss sie aber nicht sein. Auch die christliche Religion hat die Möglichkeit zu einer positiven Erotik. So ist es beispielsweise meist nicht bekannt, dass das Hohe Lied im Alten Testament nichts anderes als ein ganzer Liebesliederzyklus ist, in dem zwei Menschen ihre Lust besingen. In Israel wird es heute noch als Liebeslied gesungen. Aus diesem Zyklus geht auch nicht hervor, dass die beiden verheiratet waren. Ich halte es mit Paulus, wenn er sagte, dass alles erlaubt, aber nicht alles zuträglich ist. Das entspricht der christlichen Freiheit. Bei allem, was wir tun – nicht nur in der Sexualität –, muss man sich fragen, ob das, was ich tue, den anderen aufbaut. Hier haben wir, wenn wir sie nutzen, eine große Freiheit.

N.N.: Es ist oft ein finanzielles Problem. Viele junge Leute hätten zwar gerne Sexualität, aber sie können es sich wirklich nicht leisten, eine professionelle Hilfe zu bekommen. Wie sieht es beim Thema „Sex auf Krankenschein" aus? Wie wird das im Augenblick gehandhabt?

Lothar Sandfort: Lassen Sie uns vielleicht vorher klären, ob wir das überhaupt wollen? Wollen wir das wirklich? Soll unsere Sexualität und die Art, wie wir leben, als Krankheit definiert werden? Das müssen wir nämlich, wenn wir etwas von den Krankenkassen haben wollen. Ich will das nicht. Wir müssen genau aufpassen, welche Begriffe wir benutzen. Mir fällt es ausgesprochen schwer das Wort Sexualtherapie auszuhalten. Alles, was wir als Behinderte in unserem Leben machen, wird irgendwie zur Therapie. Wir können machen, was wir wollen, wenn wir schwimmen, ist das Schwimmtherapie, wenn wir uns an den Olympischen Spielen beteiligen, dann nennt man das Sporttherapie, wenn wir in anderen Formen Sexualität leben, dann spricht man von Sexualtherapie. Ich finde, wir sollten als Behinderte dieses Wort ablehnen. Ich kann allenfalls das Wort Sexualpädagogik aushalten und dies auch nur, weil ich weiß, dass Ministerien in irgendwelchen Berichten aus den Einrichtungen, etwas pädagogisch klingendes lesen wollen. Ansonsten sollten wir von unserer Sexualität reden, die an sich nicht behindert ist. Sexualität ist wie nichts anderes relativ, es ist so unterschiedlich, wie ich ein bestimmtes Erlebnis für mich integriere (meinetwegen nach einer Sauna nackt unter freiem Himmel zu sitzen, das ist für den einen ein wahnsinnig erotisches Erlebnis, für den anderen ist es nichts besonderes). Sexualität ist relativ, bezieht sich immer auf die Bedeutung, die das Individuum dem einzelnen Erlebnis gibt.

N.N.: Wie sieht es dann mit anderen Formen aus? Ein/e HeimbewohnerIn kann sich mit 200 DM Taschengeld das nicht leisten.

Lothar Sandfort: Da haben Sie vollkommen recht, aber finanzielle Probleme können am einzelnen schmerzhaften Problem nicht gelöst werden. Dann muss eben darüber gesprochen werden, warum Behinderte in den Werkstätten so wenig Geld verdienen etc. Möglicherweise haben die Einrichtungen (Werkstätten, Wohnheime...) ja doch einen Spielraum in ihrem Etat, um „Hilfsmittel", etwa ein Set von unterstützenden Toys anzuschaffen – und sei es nur zur Demonstration. Das eine oder andere kann man den BewohnerInnen dann zum Ausprobieren auch mal überlassen. Oder: Vielleicht kann eine Einrichtung an anderer Stelle behilflich sein und etwa durch den Fahrtendienst Besuche von SexualbegleiterInnen erleichtern. In jedem Haushalt gibt es Mittel für Supervision, warum bezieht sich Supervision heute nur auf die Aggression der BewohnerInnen und nicht auf ihre Sexualität? Und beides ist ja sehr eng miteinander verbunden. So lassen sich übergangsweise schon Möglichkeiten eröffnen. Dennoch werden einige immer rausfallen, einige werden sich das nicht leisten können, aus welchen Gründen auch immer.

Thomas Mösler: Jetzt muss ich doch eine Lanze für die Sexualtherapie brechen. Ich habe ja bereits angemerkt, dass die Grenze zwischen behindert und nichtbehindert fließend ist, und ebenso fließend ist sicherlich auch die Grenze zwischen Therapie, Pädagogik und Begleitung. Als Lehrer für Sexualtherapie oder Sexualmedizin sehe ich Frau de Vries durchaus als Sexualtherapeutin. Diese Diskussion hat insgesamt der Durchsetzung einer besseren sexuellen Lebensqualität sehr geschadet. Warum? Weil die Finanzierungstöpfe zugemacht wurden. Und in unserer Realität geht es sehr oft um Gelder, so dass Forderungen gegenüber den Krankenkassen durchaus ernst zu nehmen sind, auch wenn sie nicht von allen geteilt werden. Es muss darum gehen, das Beste für den Großteil der Menschen zu erreichen, die sich in einer schwierigen sexuellen Situation befinden. Was jeweils gut tut, muss jeder selbst entscheiden. Und wem es nicht gefällt, dass die Krankenkasse bezahlt, der muss darauf dann eben verzichten. Vielen wird es sicherlich gut tun, wenn sie über die Krankenkasse eine Sexualbegleitung finanzieren können.

Ich wehre mich dagegen, dass über die Köpfe von Menschen hinweg entschieden wird. Jemand, der in schlechteren sozialen Verhältnissen lebt, sollte nicht der Möglichkeit einer Finanzierung seiner Bedürfnisse beraubt werden. Es ist immer besser, Wahlmöglichkeiten zu haben. Bestimmte Varianten für sich persönlich abzulehnen, ist ja durchaus legitim – aber Vorsicht, man sollte sich auch keine Möglichkeiten verbauen. Ich möchte Sexualität auf Krankenschein also nicht verordnen, aber es mag Fälle geben, wo das sinnvoll ist und dem betreuten Menschen mehr Lebensqualität gibt.

Esther Bollag: Der Mensch braucht auch Erziehung, um mit seiner Sexualität umgehen zu können. Das fängt schon damit an, ob und wie ein behinderter Mensch zu Selbstständigkeit angeleitet wird, dazu seinen eigenen Geschmack zu finden, etwa um sich auch über seine Kleidung genau so präsentieren zu können, wie er es will. Sexualität fängt nicht bei den Geschlechtsorganen an. Sexualität ist, wenn sie denn ausgelebt wird, eine ganz intensive Form von Kommunikation. Ich möchte das ganze Thema eigentlich in den weiten Kontext von Kommunikation stellen. Wir können nicht nicht-kommunizieren, wir können nicht nicht-sexuell sein. Es ist keine Frage von einem Recht auf Sexualität, es gibt keinen nicht-sexuellen Menschen.

N.N.: Häufig müssen sichtbar behinderte Menschen für alles dankbar sein. Wir müssen ja schon dankbar sein, überhaupt da sein zu dürfen. Wären wir erst einmal so weit, dass unsere Existenzberechtigung einfach anerkannt würde, dann würden sich viele Probleme praktisch von selbst erübrigen. Bei keinem „normalen" Menschen wird das Recht auf Sexualität in Frage gestellt.

Nina de Vries: Ich glaube, dass der Umgang mit Sexualität auch im Allgemeinen komisch und schwierig ist. Fast alle haben diese seltsame Haltung von ihren Eltern so mitbekommen, und das wirkt sich aus. Mir ist es in meiner Arbeit wichtig, dass ich immer das einbringe, was mit mir in der jeweiligen Situation passiert. Viel zu lernen, ist für mich ein zentrales Bedürfnis. Das versuche ich auch bei den Fortbildungen für MitarbeiterInnen von Einrichtungen für geistig Behinderte zu vermitteln, hier ist es sehr wichtig, dass sich die TeilnehmerInnen mit ihrer eigenen Sexualität beschäftigen und nicht mit der von Behinderten. Auch die Nichtbehinderten können sich nur selbst weiterentwickeln, und das kann wiederum die Behinderten unterstützen und umgekehrt. Diese Verbindung ist mir sehr wichtig. Ich kann von einer behinderten Person ebenso inspiriert werden.

Rudolf Seidl: Ob eine Krankenkasse oder wer auch immer bezahlt, ist nicht so wichtig, aber solange behinderte Menschen in einem Sonderkreislauf leben müssen (Sonderkindergärten, Sonderschulen, Sonderarbeitsplätze, Sonderwohneinrichtungen – mit dem Sonderfriedhof wäre der Kreislauf vollends geschlossen), solange sich Industrien um uns bilden (ein Behindertenheim in Süddeutschland betreut 600 behinderte Menschen und macht damit 90 Mio. DM Umsatz), die keine Sexualität zulassen, uns nur verwalten wollen (wir sind lieb, ein bisschen doof und leicht zu verwalten), solange ist auch irgendjemand finanziell dafür zuständig, dass Menschen ihre sexuellen Bedürfnisse leben können, insbesondere solange sie überhaupt nicht in ein normales Leben integriert werden. Wir sind ein Wirtschaftsfaktor, der ausgeblutet wird und wenn er dann etwas kosten soll, wenn also wieder etwas reinvestiert werden muss, dann heißt es: „Nein, dafür ist kein Geld da". Das sehe ich nicht ein.

N.N.: Diese finanziellen Aspekte stellen ein sehr großes Problem dar. Das Hauptproblem in Heimen und Wohngruppen besteht aber darin, dass die Leute nicht bereit sind, bei diesem Thema zu vermitteln. Ich kann mir nicht vorstellen, dass die Leute, die ich kenne oder erlebt habe, in der Lage sind Sexualpädagogik zu vermitteln, denn sie ist ihnen auch selbst nie vermittelt worden. Hier besteht ein ganz großer Bedarf. Der Umgang mit dem Thema ist insgesamt viel zu verklemmt.

N.N.: Am wichtigsten erscheint es mir, Wege zu suchen, wie Behinderte überhaupt ans Licht kommen können. Wenn ich durch die Stadt gehe, dann begegne ich vielleicht drei Rollstühlen, ich weiß aber, dass es hunderte von Heimen gibt, die voll sind mit Rollstuhlfahrern. Solange wir immer nur als Einzelpersonen auftreten, wird sich natürlich nur ganz langsam etwas bewegen. Ich wusste bis gestern von Sexualbegleitern überhaupt nichts, dabei bin ich seit 15 Jahren im Rollstuhl, finde dieses Thema äußerst interessant, aber wahrscheinlich gibt es in Nürnberg überhaupt niemanden auf diesem Gebiet. Seit wann existiert denn eine Bewegung zu dieser Frage?

Esther Bollag: Das Grundproblem liegt doch in der Frage, warum Sexualität so Angst macht. Was ist daran so explosiv? Wenn orgiastische Sexualität in unserer Gesellschaft ausgelebt wird, dann geht das einher mit einem Kontrollverlust. Und wie viel Kontrollverlust wollen und dürfen wir uns leisten? Wir leben nicht in einer Gesellschaft, die sich Kontrollverlust leisten kann

– eine hochtechnologische Gesellschaft kann sich das nicht leisten. Wir haben also ohnehin schon Angst vor Kontrollverlust und behinderte Menschen haben sowieso schon weniger Kontrolle. Warum sollten diese also noch mehr außer Kontrolle geraten dürfen? Hinzu kommt, dass hier die Verletzlichkeit groß ist, daher kommen auch diese überprotektiven Bedürfnisse. Behinderte Menschen sind ohnehin schon leichter verletzlich, die muss man noch mehr schützen als jeden anderen. Es ist sicherlich richtig, dass man sich das einmal anschaut, aber auch Nichtbehinderte sind verletzlich und gerade auch beim Thema Sexualität. Es geht also nicht nur darum zu suchen, was noch möglich ist, sondern man muss sich schon auch damit auseinandersetzen, warum Ängste da sind.

ÜBUNG – Nina de Vries:

Jeder mache die Augen zu und frage sich selbst:

- *Was mag ich an der Art, wie ich mit meiner Sexualität umgehe?*

Nun lasse einfach spontan kommen, was kommt. Was auch immer es ist.

Nun die nächste Frage:

- *Was mag ich nicht an meiner Art mit meiner Sexualität umzugehen? Wo behindere ich mich selbst? Wo erlaube ich mir etwas nicht? Wo verleugne ich, wo bin ich unehrlich, wo trete ich nicht für das ein, was ich wirklich will? Wo verschiebe ich es immer auf morgen? Was auch immer es ist. Lass' ich es abhängig sein von anderen? Hat meine Mutter geglaubt, dass es dreckig ist?*

Was auch immer es ist, sieh es dir an.

Klaus Kreuzeder: Man sollte es einfach annehmen, das sexuelle Gespür. Eine provozierende Frage: Anscheinend gibt es zwei verschiedene Arten von Behinderten, die einen leben selbstbestimmt und die anderen – beispielsweise die in den Heimen wohnenden – können wenig bis nichts bestimmen. Wo ist eigentlich festgeschrieben, dass man sich in einem Heim nicht einen Sexualbegleiter kommen lassen kann? Wird man da rausgeworfen, ist das Hausordnung, oder...? Man sollte auf dieses Recht einfach bestehen.

Nina de Vries: Ich bin schon des öfteren in Heimen oder Wohngemeinschaften gewesen, um Leute zu besuchen. Da ich momentan ausschließlich mit geistig Behinderten arbeite, habe ich intensiv mit Betreuern zu tun. Diese Personen wohnen einfach nicht allein, weil sie geistig behindert sind. Diese Menschen sind meistens auffällig geworden – etwa sehr aggressiv –, weil sie Bedürfnisse hatten und versucht hatten, beispielsweise Betreuerinnen zu berühren. Sie sind aggressiv geworden, weil sie das nicht bekommen haben. Wenn sich jemand mit derartigen Auffälligkeiten gemeldet hat, dann rufen die Eltern oder Betreuer an, um eine Sexualbegleitung zu organisieren, und meistens ist das dann auch hilfreich. Es entspannt die Personen. Aber die meisten werden sicherlich auch nur mit Tabletten ruhiggestellt.

Lothar Sandfort: Müsste das also in Einrichtungen nicht ganz normal sein? Die Behinderten, die in einer solchen Einrichtung leben, sind zumeist schwerstbehindert und sind auf Assistenz angewiesen. Auch Behinderte, die nicht in Einrichtungen leben, brauchen Assistenz. Damit müssen diese Menschen ihre Sexualität ein Stück weit auch öffentlich leben. Sie müssen ertragen, dass ihre Assistentin bzw. ihr Assistent informiert ist. Sie müssen ertragen, dass ihre Sexualbegleitung in der Einrichtung öffentlich bekannt ist, denn das einzige Mittel, um sexuellen Missbrauch in einer Einrichtung oder einen derartigen Verdacht zu verhindern, ist, dass das gesamte Team davon weiß und dem zustimmt. Also gerade Behinderte, die in Assistenz oder einer Betreuung leben, sind darauf angewiesen, dass die beteiligten Dritten in ihren Vorstellungen soweit sind, dass sie das unterstützen oder wenigstens aushalten. Aus diesem Grund ist eine Befreiung sexuellen Verhaltens für Behinderte – gerade für Schwerstbehinderte – davon abhängig, dass auch die Nichtbehinderten im Umfeld bereit sind, ihre eigenen Phantasien von Barrieren zu befreien. Sexualberatung kann sehr früh anfangen, etwa damit, dass wir dafür sorgen, dass eine behinderte Person eine eigene Wohnung, eine Arbeitsstelle oder auch nur die Möglichkeit bekommt, auch jemand kennen lernen zu können. Das alles sind kleine Stücke der Voraussetzung, Sexualität zu leben. Ich weiß aus der Beratung, viele Männer fühlen sich unattraktiv, nicht weil ihr Penis nicht mehr steif wird, sondern weil sie das Gefühl haben, sie können einer Frau nichts bieten, und das wird oft in so traditioneller Weise verstanden wie „eine Familie ernähren zu können" oder „für das Einkommen zu sorgen". Das teilen sie auch mit nichtbehinderten Männern, die sich minderwertig fühlen, wenn sie nicht über das entsprechende Einkommen verfügen.

N.N.: Ich habe zwar meine eigene Wohnung, aber ich bin den größten Teil meines Lebens sexuell behindert gewesen. Und zwar weil ich verheiratet war. Ich war verheiratet mit einer Frau, die missbraucht worden ist, meine Phantasien ließen sich dadurch nicht so ausleben. Seit 1983 bin ich nun schon geschieden und habe seit der Zeit viele Freundinnen gehabt, lebe aber jetzt alleine. Sexualität muss auch nicht immer nur mit einem anderen Menschen stattfinden. Ich musste 66 Jahre alt werden, um endlich das Buch von Petty Dotsen „Sex for one" zu entdecken. Das ist eines der tollsten Bücher, die ich je in der Hand hatte. Und ich mache Ihnen ein

Geständnis – man sagt so etwas eigentlich nicht, sie sagen es keinem weiter –, ich habe mich heute morgen schon selbst befriedigt.

Lothar Sandfort: Ja, es gibt ganz viele unter uns, die in ihrem Leben nie eine Partnerschaft werden haben können. Wenn die sich wenigstens selbst lieben könnten... Wir müssen in der Lage sein, unsere Behinderung selbstbewusst zu präsentieren. Nicht dass wir sie unbedingt lieben müssen, wir müssen nicht behaupten, es wäre wunderschön behindert zu sein, aber sich anzunehmen, so wie man selbst ist, ist wichtig.

Esther Bollag: Kurz noch zur Onanie: Wie lange hat es geheißen, die Kirche hat das als Todsünde degradiert. Ich sehe nicht warum. Die meisten kennen den Kontext nicht. Es gibt schon im Alten Testament eine Geschichte: Da war eine Frau, die von ihrem ersten Ehemann ganz schnell getrennt wurde, weil er gestorben ist. Im alten Israel gab es den Brauch, dass die Witwe seinen Bruder heiraten und mit ihm ein Kind zeugen muss, wenn ein Mann stirbt ohne selbst Kinder zu hinterlassen. Das erste gezeugte Kind aus dieser Partnerschaft gilt dann als das Kind des Verstorbenen. Dieser Bruder wollte nun aber diese Bruderehe nicht vollziehen, daraufhin hat er seinen Samen auf den Boden fallen lassen, als er sich selbst befriedigt hat. Die Selbstbefriedigung sei also die Sünde gewesen. Darin zeigt sich einmal die biblische Geschichte, die sich hinter dieser Generalisierung verbirgt. Ich finde allerdings nicht, dass Selbstbefriedigung eine Sünde ist.

Rudolf Seidl: Behinderte und Sexualität ist ein Thema und zwar nicht nur unter behinderten Menschen. Vielleicht weil beides – Behinderung und auch Sexualität – im Kopf anfängt. Ein Thema, das so tabuisiert ist, wird doppelt tabuisiert, wenn es eine Randgruppe für sich in Anspruch nehmen will.

PD Dr. Thomas Mösler

Sexualität

Anmerkung aus wissenschaftlicher und therapeutischer Sicht

Es ist unbestritten, dass es sich bei der Sexualität um einen ganz zentralen und fundamentalen Lebensbereich handelt. Jeder von uns hat auf diesem Gebiet seine eigenen speziellen Erfahrungen gemacht und wird sie auch in Zukunft machen. Für die meisten Menschen spielt die Sexualität die längste Zeit ihres Lebens eine dominierende Rolle. Sie ist nach Bancroft: „ein Brennpunkt für somatische, psychische und gesellschaftliche Einflüsse und Kräfte". Wohlbefinden, Zufriedenheit, Selbstwertgefühl, der Antrieb zur Leistung, eine gute Partnerschaft, ja das, was man unter „Glücklichsein" versteht – aber ebenso schwerwiegende Konflikte, Unzufriedenheit, Depressionen, psychosomatische Erkrankungen, Brutalität und Gewalttaten bis hin zu schweren Straftaten können mit dem Sexualleben des Einzelnen zusammenhängen. Wir alle kennen derartiges aus Erfahrung und aus den Medien.

Sexualität in ihrer privaten, aber auch gesellschaftlich öffentlichen Dimension

Aber die Sexualität hat nicht nur eine individuelle und private Ebene, sondern ebenso eine gesellschaftliche und öffentliche Dimension.

Dieses biologisch-medizinische Phänomen Sexualität, das den Prozess der Fortpflanzung der Menschen in Gang hält, ist ganz besonders eng verknüpft mit dem Zeitgeist und der herrschenden Ideologie, ja es ist ein wesentlicher Ausdruck von Zeitgeist und Ideologie. Die Einstellung zur Sexualität ist Maßstab für gesellschaftliche Werteordnungen. Zum Beispiel ist sie ein Gradmesser für den Stellenwert der Liberalität in einer Gesellschaft. Mit neuen sozialen und politischen Bewegungen verändert sich immer auch die Einstellung zur Sexualität. Sie ist in der Regel zugleich Schubkraft und Programm dieser Bewegungen und Revolutionen. Man denke nur an die 68er Revolution, als infolge der damit verbundenen veränderten Einstellung zur Sexualität – der so genannten sexuellen Revolution – sich auch die Familien- und Partnerschaftskonzepte tiefgreifend veränderten (Ulrich Clement, 1986). Eine Veränderung, die bis heute noch nicht abgeschlossen ist.

Nicht allein in unserem Jahrhundert und nicht nur bei uns, sondern zu allen Zeiten und in allen Kulturen, spielt Sexualität eine prägende gesellschaftliche Rolle.

Unsere abendländisch-christliche Kultur hatte zur Sexualität bekanntlich ein weitgehend gebrochenes Verhältnis. Schon bei der biblischen Erschaffung der Menschen war die Sexualität – das Erkennen des Anderen als „nackt“ – mit Schuldgefühlen besetzt. Es war der große Sündenfall.

Bis in die heutige Zeit steht bei uns – trotz der Liberalisierung – die Sexualität immer noch in einem besonders starken Spannungsverhältnis zwischen Individualverhalten und gesellschaftlichen Normen wie auch transzendenten Überzeugungen. Das ist nicht in allen Kulturen so. Doch es gibt keine Kultur, die nicht in Bezug auf das Sexualverhalten Normen entwickelt hat.

Es muss also bei dem komplexen Phänomen der Sexualität jederzeit die Wechselwirkung zwischen seiner biologischen Natur und der kulturellen Umwelt und ebenso die Interaktion zwischen Körper und Seele im Auge behalten werden.

Aus all dem wird deutlich, dass es sich bei der Sexualität um ein äußerst verzweigtes und sehr vielschichtiges Gebiet handelt. Das mag unter anderem erklären, dass die wissenschaftliche Forschung so zaghaft an dieses Thema herangeht. Aber dafür gibt es noch andere Gründe.

Die Zurückhaltung der Forschung – insbesondere an den deutschen Universitäten – liegt sicher daran, dass es sich hier immer noch um ein hoch tabuisiertes Gebiet handelt, das für den Einzelnen sehr häufig mit Scham und Schuldgefühlen behaftet ist, das zwischen Vulgärem und Sakralem angesiedelt ist. Und auch der Wissenschaftler kann aus seiner kulturellen Prägung nicht ohne weiteres heraus. Die Beschäftigung der Forschung mit der Sexualität ist ein Schulbeispiel dafür, wie sehr auch die wissenschaftliche Forschung, von der man größtmögliche Objektivität und Distanz erwartet, in individuellen und gesellschaftlichen Prägungen befangen ist.

Hinzu kommt: Das Thema „Sexualität" hat im Wissenschaftsbetrieb bis heute kein Ansehen, es wird als Randthema betrachtet, als nicht seriös – man kann damit in der Regel auch keine Karriere machen. Wenn man sich hauptamtlich damit beschäftigt, kommt man leicht in den Ruf eines bunten Vogels.

Es stellt sich in der Tat die Frage, wie weit eine objektive Betrachtung der Sexualität überhaupt möglich ist. Jedenfalls besteht mehr als bei jedem anderen Thema die Gefahr – auch ganz ungewollt und unbewusst –, Aussagen auf der Basis eigener sexueller Wertvorstellung und eigener sexueller Konditionen zu machen, wo es doch allein um wertfreie Beobachtungen und Beschreibungen gehen sollte. Zum Beispiel wird ein alternder Forscher mit einer anderen Sicht an dieses Thema herangehen als ein junger, ein katholisch erzogener mit einer anderen als ein konfessionell weitgehend ungebundener. Und vor allem, und das erscheint mir bis heute zu wenig berücksichtigt: Eine Sexualforscherin wird anderes entdecken als ihr männlicher Kollege.

Soviel zu den Schwierigkeiten, sich mit diesem fraglos zentralen Phänomen des menschlichen Lebens wissenschaftlich zu befassen.

Entwicklungsschritte der Wissenschaft zu Fragen der Sexualität

Die ersten rein wissenschaftlichen Äußerungen zum Thema „Sexualität" waren Beschreibungen von Perversionen. Sie stammen von französischen Ärzten im 19. Jahrhundert: Exhibitionismus von Lasègue 1877, Fetischismus von Bisset 1887. Der Transsexualismus wurde zuerst 1876 von dem deutschen Arzt Westphal damals noch unter der Bezeichnung „Transvestismus" beschrieben. Erst der Amerikaner Benjamin hat nach dem Zweiten Weltkrieg (1954) das Phänomen als Transsexualismus bezeichnet und beschrieben.

Jedenfalls galt das erste wissenschaftliche Interesse an der Sexualität den so genannten Perversionen. Das waren eben die sexuellen Verhaltensweisen, die als unnatürlich, als anomal oder als allgemeingefährlich bis hin zu Formen schwerer Straftaten in Erscheinung traten. Der Gerichtspsychiater Kraft-Ebbing gab 1886 eine erste sexualmedizinische Gesamtdarstellung sexueller Perversionen heraus. Es war eine Sammlung monströser Einzelfälle von Lustmördern, Sodomisten, Nekrophilen, Sadisten und Masochisten. Es ist kein Zufall, dass sich zu Beginn besonders die forensischen Psychiater der Sexualforschung annahmen.

Später befassten sich vorwiegend die organorientierten Nervenärzte mit der Sexualforschung. Es ging nun zwar objektiver, wertfreier zu, aber der psychologische Aspekt fehlte weitgehend.

In den Arbeiten Ende des 19. Jahrhunderts herrschte bei sexuellen Erkrankungen immer noch die Vorstellung vor, sie seien Ausdruck von Nervenschwäche, Degeneration und Erschöpfung in Folge sexueller Überreizung. Dahinter stand – bei allem Bemühen um wissenschaftliche Objektivität – die Einschätzung der Sexualität als etwas Böses.

Es lässt sich nicht leugnen, dass bei der Beschäftigung und Erforschung der Sexualität bis weit in das 20. Jahrhundert hinein in unserer abendländisch-christlichen Kultur meistens eine feindliche Einstellung dem sexuellen Verhalten gegenüber bestand und teilweise auch noch besteht. Eine Liberalisierung trat zunächst und vom Ansatz her radikal durch die Theorie der Psychoanalyse ein und später durch die sexuelle Revolution der 60er und 70er Jahre.

Zum Beispiel: Onanie bzw. Masturbation

Am Beispiel der Onanie oder Masturbation lässt sich die Entwicklung der Einstellung zur Sexualität im Laufe der Geschichte gut aufzeigen. Die Einstellungen der Gesellschaft zur Masturbation in den verschiedenen Kulturen und Epochen haben meistens den allgemeinen Einstellungen zur Sexualität entsprochen (Bancroft), und davon waren eben auch Forschung und Therapie nicht ausgenommen.

Der Kinderpsychoanalytiker René Spitz hat auf Grund der Literatur die Therapien der Onanie zusammengestellt; Therapien, die von der Allgemeinmedizin, der Kinderpsychologie sowie der Psychiatrie und Psychologie in den einzelnen Epochen empfohlen und auch praktiziert wurden.

Man kann sagen: Die längste Zeit wurde die Onanie medizinisch als eine Krankheit und moralisch als eine Sünde angesehen. Dabei gingen die medizinischen und moralischen Bewertungen ineinander über.

Im Mittelalter, als geschlechtliche Lust nur toleriert wurde, wenn sie mit Fortpflanzung verbunden war, wurde die so genannte Wollust als Laster angesehen. In der Liste von Thomas von Aquin über „Sünden gegen die Natur" war Masturbation zwar am wenigsten schlimm, aber sie wurde strenger bestraft als sexuelle Vergehen gegen Personen wie etwa Ehebruch oder wie sogar die Vergewaltigung.

Masturbation war auch im 18. und 19. Jahrhundert noch eine Form unmoralischen Verhaltens, und sie war ebenso eine Gefahr für die Gesundheit. Der berühmte französische Arzt Tissot nutzte in seiner Schrift „Der Onanismus oder ein Traktat über die Störungen durch die Masturbation" 1760, die in viele Sprachen übersetzt wurde, seine ganze medizinische Autorität, um zu verdeutlichen, dass die Masturbation eine ernsthafte Gefahr darstelle. Es müsse alles getan werden, sie zu vermeiden. In Tissots Werk wird in der kindlichen Masturbation die Ursache für Impotenz, Epilepsie, Schwindsucht, Schwachsinn, Rheumatismus, Tumore und selbstverständlich Homosexualität gesehen. Es ist anzunehmen, dass damals bewusst oder unbewusst die Idee von der „Gefahr für die Gesundheit" genutzt wurde, um traditionelle Moralvorstellungen zu stärken.

Was die Behandlung der Onanie betrifft, so waren bis 1850 vorwiegend mildere Methoden gebräuchlich, sie wurde vorwiegend mit Diäten, Arzneien wie Baldrian und Chinarinde oder mit besonderen, den Sexualtrieb dämpfenden Bädern behandelt. In der zweiten Hälfte des 19. Jahrhunderts, in die auch das puritanische viktorianische Zeitalter fiel, waren die Methoden wesentlich härter. Jetzt wurden sogar chirurgische Maßnahmen empfohlen, die bei Kindern und Erwachsenen über 30 Jahre lang auch ausgeführt wurden; zum Glück nicht sehr häufig.

Bei Jungen wurde gegen die Onanie ärztlich eine Zirkumzision empfohlen – also eine Beschneidung –, bei Mädchen die Entfernung der Klitoris. Zu der Zeit wurde auch ein Kauterisieren – eine Ätzung – der Genitalien ärztlich verordnet.

Als Vorbeugung wurde versucht, durch orthopädische Maßnahmen wie Schienen und Korsetts den Kindern das Spielen mit den Genitalien unmöglich zu machen. Außerdem gab es in hohem Maße körperliche Züchtigung.

Wie konnte sich dies alles so unglückselig und so unvernünftig entwickeln? Da spielt sicher ein ganzes Bündel von sozialpsychologischen Faktoren eine Rolle. Wir wissen ja seit Dürkheim, dass die Psyche einer ganzen Gesellschaft der Individualpsyche vergleichbar ist – mit allen perversen Tendenzen im Ansatz.

Erst zu Beginn des 20. Jahrhundert ging man – zweifellos unter dem Einfluss der Psychoanalyse – wieder toleranter mit der Onanie um. Aber insgesamt handelt es sich bei der Wandlung der Einstellung zur Onanie nicht um einen geradlinigen Prozess von der Repression zur Emanzipation. Es gab immer wieder Rückfälle und ein Nebeneinander verschieden scharfer Beurteilungen und Methoden. Auch heute noch ist die Onanie bei vielen Menschen unseres Kulturkreises mit Schuldgefühlen und Ängsten schwer belastet, was nicht selten zu Depressionen und anderen psychischen oder neurotischen Störungen führt.

Offiziell allerdings wird die Onanie heute sowohl von Medizinern als auch Psychologen als eine ganz normale sexuelle Betätigung angesehen und eher das Unterlassen der Selbstbefriedigung als krankhaft und schädlich beurteilt.

Der Wandel der Einstellung zur Sexualität

Soviel zum Wandel der Einstellung zur Onanie. Ähnlich vollzog sich, wie schon erwähnt, der Wandel der Einstellung zur Sexualität im Allgemeinen.

Was die Entwicklung der jüngeren Sexualforschungen betrifft, so kam der erste entscheidende Schritt von Sigmund Freud und der Psychoanalyse. Freuds Schriften „Studien zur Hysterie" (1895) und die „Drei

Abhandlungen zur Sexualtheorie" (1905) stellen Marksteine dar. Freud hat den großen Verdienst, die Sexualität entmoralisiert zu haben, sie wertfrei zu sehen, Verständnis für alle Erscheinungsformen aufzubringen, selbst die so genannten Perversionen als psychologisch einfühlbar. Die Sexualität wurde durch Freud nicht nur aufgewertet, sondern sie wurde sogar als Grundlage der Entwicklungspsychologie des Menschen von frühester Kindheit her gesehen. Dabei beschränkt sich der Sexualtrieb für Freud nicht auf das genitale Geschehen, sondern er begreift auch andere Körperzonen als erogene und libidinös besetzte Bereiche und charakterisiert alle Formen der Lust im weitesten Sinne als sexuell (Bräutigam). So ist für ihn etwa das Daumenlutschen des Säuglings oder das Stillen der Mutter ebenfalls ein lustvolles, ein sexuelles Verhalten.

Das war in der Tat eine revolutionäre Änderung in der Betrachtung der Sexualität, die nicht unumstritten war. Sie hatte aber eine enorme Wirkung. Sie befruchtete nicht nur die Medizin und Psychopathologie, sondern ebenso die Kunst und Philosophie, die gesamte Kultur. Die Kritik an Freud kommt von den Sexologen, die befürchten, dass mit der Ausweitung der Trieblehre und des Libidobegriffes die ureigentliche Erlebnisqualität des Sexuellen in Verlust geraten könnte. Aber Freud war in dem Sinne auch kein Sexualforscher. Er sah in erster Linie die psychischen Erkrankungen, die Neurosen, die entwicklungspsychologischen Schäden, die durch die Verdrängung von Sexualität – von Lust – verursacht wurden.

1919 wurde das erste Institut für Sexualforschung in Berlin gegründet – unter Hirschfeld. Hier gab es auch das erste Outing; Hirschfeld bekannte sich öffentlich zu seiner Homosexualität, wozu in den 20er Jahren noch sehr viel Mut gehörte.

Nach Freud war der nächste entscheidende Schritt in der Geschichte der Sexualwissenschaft die Erforschung des sexuellen Verhaltens von Mann und Frau durch Alfred Kinsey – die Kinsey-Reporte (1948 und 1953). Ging es bei Freud noch um eine Theorie, eine geistesgeschichtliche Leistung, so versuchte der amerikanische Biologe Kinsey eine reine Bestandsaufnahme des tatsächlichen sexuellen Verhaltens in seiner Zeit.

Die umfangreichen Untersuchungen von Kinsey und seinen Mitarbeitern sind bis heute in ihrer Art einzigartig und stellen einen Maßstab dar, an dem spätere Untersuchungen gemessen werden. Größere Bevölkerungsgruppen der USA wurden bei Kinsey systematisch nach ihrem Sexualverhalten befragt. Es wurden 5300 Interviews mit Männern und 5900 Interviews mit Frauen geführt und ausgewertet, ohne Rücksicht auf moralische Wertfragen und gesellschaftliche Sitten, ohne Rücksicht auch auf so genanntes normales oder abnormales sexuelles Verhalten. Die erste Veröffentlichung über das sexuelle Verhalten des Mannes war 1948, die zweite über das sexuelle Verhalten der Frau 1953.

Trotz der Schwierigkeiten, die solche Befragungen mit sich bringen, kann man doch auf diese Weise sehr wichtige Informationen gewinnen. Die Befragungen von Kinsey und seinen Mitarbeitern führten zu völlig neuen Erkenntnissen über das sexuelle Verhalten von Mann und Frau – zum Beispiel über die Häufigkeit der Masturbation, die Häufigkeit homosexueller Handlungen von Männern und Frauen, über voreheliche Sexualität, eheliche und außereheliche Sexualität, sexuelle Phantasien und ganz generell über die Unterschiede im Sexualverhalten von Mann und Frau.

Aus den Ergebnissen wird man nicht herauslesen können, was „normal" ist. Wie kann man „Normalität" auf dem Gebiet der Sexualität überhaupt bestimmen? Wo liegen dafür die Kriterien? – Das ist ein sehr problematisches Kapitel. Aber man kann durch die Untersuchungen von Kinsey erfahren, wie sich der amerikanische Durchschnittsbürger sexuell verhält. Er scheint sich jedenfalls in seinem Intimbereich freizügiger zu verhalten, als bis dahin angenommen wurde. Auch Kinsey wurde in vielerlei Hinsicht kritisiert, vor allem aber weil dieses epidemiologische Vorgehen zu numerisch, zu oberflächlich sei.

Der nächste große Schritt in der Sexualforschung erfolgte etwa 20 Jahre später – wieder in den USA und zwar durch die Untersuchungen von Masters und Johnson. Hier ging es auch um eine Bestandsaufnahme, aber von ganz anderer Art als die von Kinsey. Masters und Johnson lieferten minutiöse Beschreibungen der Physiologie sexueller Reaktionen von Mann und Frau.

Diese Beschreibungen beruhten auf Beobachtungen der sexuellen physiologischen Abläufe, die das Forscherpaar von außen im Sexuallabor machten. Das Experiment betraf ca. 700 freiwillige Versuchspersonen – zunächst zwischen 20 und 40 Jahren, davon 382 Frauen und 312 Männer. Der größte Teil waren Ehepaare. Insgesamt wurden etwa 10.000 „Reaktionszyklen", das heißt sexuelle Abläufe bis zur Befriedigung durch Orgasmus oder Ejakulation beobachtet und ausgewertet. Später wurde das Programm durch alte Versuchspersonen (bis 89 Jahre) im Hinblick auf die Alterssexualität erweitert.

Die Untersuchung umfasste Beobachtungen bei Masturbation, Petting, normalem Koitus und artifiziellem Koitus. Es wurde sogar der physiologische Ablauf mittels eines Penis aus Plastik beobachtet. Dieser künstliche Penis war so konstruiert, dass er intravaginale Beobachtungen erlaubte.

Man kann sich vorstellen, welchen Schock und welches Aufsehen dieses Experiment in der wissenschaftlichen Welt und besonders in der amerikanischen Öffentlichkeit hervorrief.

Aber auch diese Untersuchungen führten in der Sexualforschung zu wichtigen Ergebnissen. Sie weisen vor allem auf die Unterschiede im sexuellen Erleben und in der sexuellen Reaktionsweise zwischen Mann und Frau hin, die hauptsächlich im Erregungsablauf liegen.

Es liegt nahe, dass gerade im Hinblick auf sexuelle Störungen in der Partnerbeziehung die Untersuchungen von Masters und Johnson besonders hilfreich sind. Das Forscherpaar selbst hat sich auch in der Therapie solcher Störungen hervorgetan. Dass ihre eigene Ehe später geschieden wurde, darf ihre großen Verdienste auf dem Gebiet gerade der Paartherapie nicht schmälern.

Es gibt inzwischen eine ganze Reihe von guten Untersuchungen über das sexuelle Verhalten, aber die drei Ansätze: Freud, Kinsey und Masters und Johnson sind für die Sexualwissenschaft und auch für die klinische Sexuologie des 20. Jahrhunderts die entscheidensten gewesen. Man darf mit Spannung erwarten, von welcher Seite die Impulse auf diesem Gebiet in unserem 21. Jahrhundert kommen werden.

Die jüngsten Arbeiten im Rahmen der Sexualforschung sind vorwiegend epidemiologische Untersuchungen. Seit Kinsey hat die Sexualwissenschaft nicht aufgehört, epidemiologisch zu forschen. Das liegt sicher im Zeittrend. Es mag darüber hinaus mit der Neugierde zu tun haben, zu erfahren, wie sich andere in diesem Intimbereich verhalten und inwieweit man sich davon unterscheidet, oder inwieweit man selbst mit der Mehrheit übereinstimmt. Diese empirischen Bestandsaufnahmen können nämlich in psychisch bedrückenden Fällen sehr befreiend wirken, wenn man so beispielsweise erfährt, dass andere sich ebenso „ungewöhnlich" verhalten wie man selbst. Sie können allerdings auch neue Ängste erzeugen, wenn die Mehrzahl der Befragten zum Beispiel zu einer größeren Anzahl von Orgasmen fähig ist als man selbst und daher die berühmten Versagerängste aufkommen.

Das Veröffentlichen, das Enttabuisieren des Sexuellen muss also nicht notwendigerweise alle Neurosen auf diesem Gebiet bessern. Nach klinischer Erfahrung können dadurch auch neue erzeugt werden. Aber die Therapiemöglichkeiten haben sich deutlich verbessert.

Wenn auch die Sexualwissenschaft bis heute nicht die Unterstützung hat, die ihr von ihrer Bedeutung für das Menschsein her zukommen würde, so geht die Erforschung der Sexualität weiter, und mit jedem neuen Ansatz werden Tabus auf diesem Gebiet abgebaut und die Therapie der Sexualstörungen erweitert.

Behinderte und Sexualität

Als ein wichtiger und mutiger Schritt auf diesem Wege ist der Bundeskongress zum Thema „Behinderte Sexualität – verhinderte Lust?" anzusehen, der im Jahre 2000 in Nürnberg stattfand. Allein die Wahl des Themas war ein entscheidender Fortschritt und ein großes Verdienst der Initiatorin. Denn die Verdrängung des Gedankens an die Sexualität körperlich und geistig behinderter Menschen ist im öffentlichen Bewusstsein weit verbreitet. Insbesondere die Ängste der Entscheidungsträger vor der Sexualität von behinderten Menschen in den betreuenden Institutionen wurden mir persönlich auf meinem beruflichen Wege immer wieder deutlich – zum ersten Mal als ich auf einer entsprechenden Station in einem Bezirkskrankenhaus arbeitete und einen Kontaktraum für intime Partnerbeziehungen einrichten wollte, noch dazu mit einem Bett und einem Wärmespender. Es war Winter, und es war kalt, und die Betroffenen waren gezwungen, ihre sexuellen Bedürfnisse im Freien auszuleben, was immer wieder zu Verkühlungen der verschiedensten Art – sicher auch seelischen – führte.

Das Anliegen, unter menschenwürdigen Bedingungen Sexualität auszuleben, wurde von den Entscheidungsträgern abgelehnt, zunächst aus moralischen Gründen wie etwa: „Wo kommen wir denn da hin? Wollen sie ein Bordell aufmachen?!", wobei es ein Leichtes war, diese Argumente zu widerlegen. Dann wurden die üblichen Ausreden vorgebracht wie, es wäre kein Geld da für die Heizkosten und der Raum wäre bereits seit langem verplant. Dieses Beispiel einer stationären Institution, die Behinderte betreut, ist, glaube ich, exemplarisch für die angstvolle Einstellung der Umwelt zur Sexualität wie zur Behinderung und damit verstärkt zur Sexualität von Behinderten.

Aus sexualwissenschaftlicher Sicht steht außer Zweifel, dass die Unterdrückung sexueller Bedürfnisse nicht nur eine erhebliche Beeinträchtigung der Lebensqualität bedeuten und bis hin zur Existenzkrise führen kann, sondern auch als Ursache vieler psychosomatischer Störungen und Erkrankungen in Erscheinung tritt, die wiederum zur Inanspruchnahme medizinischer Leistungskapazität führen. Damit werden weitaus größere Kosten verursacht als durch die Auflösung längst überholter Barrieren, die der Sexualität behinderter Menschen, aber auch der Sexualität der „vermeintlich nicht behinderten Menschen" im Wege stehen und durch die ewig Gestrigen entgegengestellt werden. Ich möchte hierbei den Begriff „vermeintlich nicht Behinderte" einführen, da die Grenze zwischen gesund und nicht gesund oder normal und nicht normal oder behindert und nicht behindert gerade im Bereich der Sexualität sehr verschwommen ist. Psychische Konflikte haben gelegentlich weitaus größere negative Folgen für die Sexualität des Menschen, als körperliche oder geistige Behinderungen, so dass wir beim Thema „Behinderte Sexualität" im Grunde alle gemeint sind, noch dazu, da jedem von uns augenblicklich eine offensichtliche Behinderung etwa durch Schlaganfall, Multipler Sklerose, Unfälle oder eine die Sexualität verändernde Erkrankung wie Brust- oder Prostatakrebs, um ein paar häufige Beeinträchtigungen zu nennen, widerfahren kann.

Außerdem bewirkt – wie wir wissen – eine Anzahl von nicht sichtbaren somatischen, also körperlichen Erkrankungen Beeinträchtigungen des sexuellen Erlebens – wie z.B. Schilddrüsenfunktionsstörungen, endogene Depressionen, Diabetes und Herz-Kreislauferkrankungen.

In diesem Zusammenhang sind auch die in steigendem Maße konsumierten Medikamente, vor allem die Psychopharmaka und Schlafmitteln sowie einige Mittel gegen Bluthochdruck, übermäßiger Alkoholkonsum u.a. zu nennen. (Es gibt inzwischen bekanntlich auch Medikamente, welche die Potenz deutlich steigern können.)

Ein Großteil der sexuellen Probleme von Behinderten unterscheidet sich also im Wesentlichen nicht von sexuellen Problemen der Menschen, die keine auffallende Behinderung haben. Sexualität hat mit äußerer Schönheit, „normalem" oder unversehrtem Körperbau nur bedingt etwas zu tun. Augenscheinliche Normalität, Schönheit und Unversehrtheit erleichtern in der Regel den Zugang zu einer Partnerschaft. Aber nicht wenige dieser schönen, starken und anscheinend gesunden Menschen haben beachtliche Schwierigkeiten im sexuellen Bereich.

Trotzdem darf nicht übersehen werden, dass körperlich und geistig behinderte Menschen gravierende zusätzliche Probleme – je nach Art ihrer Behinderung – auf diesem Gebiet haben können. Hier muss die Forschung, die Therapie sowie die Fortbildung der betreuenden Person und Institutionen verstärkt ansetzen.

Der erwähnte Kongress hat dazu nicht nur den Anstoß gegeben, er hat darüber hinaus auch auf die möglichen rein praktischen Techniken und Hilfsmittel zur Verbesserung der Sexualität bei bestimmten Behinderungen zum ersten Mal öffentlich hingewiesen.

Dabei ging es unter anderem, um die moralisch immer noch umstrittene „Sexualbegleitung", bei der ein Sexualtherapeut mit einem Liebesdiener oder einer Liebesdienerin, der/die dann die praktischen und körperkontaktbezogenen Handlungen ausführt, zusammenarbeitet. Denn eine der wichtigsten Aufgaben in Bezug auf sexuelles Erleben ist für den Behinderten, wie für jeden anderen auch, den eigenen Körper und seine erogenen Zonen kennen zu lernen. Dies kann zunächst über den Weg der Selbstbefriedigung geschehen. Wenn diese durch spezielle Behinderungen psychischer oder körperlicher Art erschwert ist und auch kein Partner in dieser Hinsicht hilfreich sein kann, dann sollte professionelle Hilfe bei dafür ausgebildeten

Ärzten, Psychologen in Verbindung mit Sexualbegleitung gesucht werden.

Der Sexualmediziner will dazu noch anmerken, dass gerade organische Defizite auch und häufig durch psychotherapeutische Techniken ausgeglichen werden können. Das geht soweit, dass man sagen kann, eine befriedigende Sexualität ist nicht unbedingt an das Vorhandensein oder die perfekte Funktion der Nerven an den primären Geschlechtsteilen gebunden. Das bestätigen uns immer wieder transsexuelle Menschen, die gelegentlich ein ungünstiges Operationsergebnis ertragen müssen. Auch wenn das Gefühl an den Geschlechtsteilen nicht mehr vorhanden ist, kann durch bestimmte Methoden diese Behinderung ausgeglichen und eine gute Orgasmusfähigkeit erzielt werden, indem die verbliebenen erogenen Zonen verstärkt und neue hinzugenommen werden.

Jeder Mensch hat also nicht nur das Recht auf Sexualität – jeder Mensch hat und behält in sich die Möglichkeit zur Sexualität, zum sexuellen Erleben. Auch der behinderte Mensch, auch der im genitalen Bereich behinderte oder der stark bewegungsbehinderte kann mit Hilfe der heute möglichen Sexualtherapien seine Defizite auf diesem Gebiet ausgleichen.

Das Problem ist, dass es aus den eingangs angeführten Gründen heute noch zu wenig Sexualtherapeuten gibt.

Mathias Vernaldi

Der makellose Mensch?

Oder: Der makellose Körper

Sexybilities – Behinderung und Sexualität

Dass man Mensch und Körper in eins setzt, das ist schon ein Teil der Problematik. Ich will einige Gedanken zum Thema auf geistesgeschichtlichem und historischem Hintergrund skizzieren.

Der makellose Körper bewegt sich zwischen Sexobjekt und Sexsubjekt. Ich als heterosexueller Mann, als Sexobjekt, das behindert ist ... das sieht nicht so toll aus. Wenn ich auf eine Party gehe, dann bin ich nicht unbedingt derjenige, von dem die Schönen des Abends sagen, mit dem würde ich gerne die nächste Nacht verbringen. Und wenn ich mich irgendwo – auf Empfängen oder im Freundeskreis – bewege, dann werde ich nicht unbedingt, als Lebensabschnitts- oder Heiratskandidat in Erwägung gezogen. Die tollen Kerle, die süßen Männer, das sind die Anderen. Diese Sicht, die auf mich projiziert wird, will ich einmal versuchen in einen historischen Abriss zu stellen von Körperlichkeit und der Wirksamkeit der Bilderwelt der Medien.

Bilder waren in Vorzeiten eher Symbole als eine Darstellung von etwas Konkretem, geschweige denn von Personen. So gab es in der Höhlenmalerei das stark abstrahierte Symbol eines Jägers, eines Mannes, einer Frau, auch das Bild eines Penis oder einer Vulva, aber es gab nicht die konkrete Darstellung oder Abbildung. Das Symbol umfasst alles, es meint nichts konkretes. Das Symbol wurde gefüllt mit der eigenen Erfahrung.

In der Antike entwickelten sich dann die konkreteren Darstellungen von Menschen. Aber meist standen auch diese noch nicht für reale Personen, wenngleich immerhin schon Ideale so Gestalt annahmen. Die griechischen und römischen Götter wurden erstmalig sehr konkret körperlich dargestellt. Im Vergleich zu ihnen stehe ich persönlich auch wieder ziemlich jenseits des Ideals. Auch wenn der Götterschmied Hefaistos selbst etwas buckelig war und einen Klumpfuss hatte, hatte das nicht unbedingt etwas mit behinderter Körperlichkeit zu tun. Im Mittelalter fand dann wieder ein Rückgang in der konkreten Darstellung statt, Ikonen treten an ihre Stelle. Die Mutter Maria oder der Täufer Johannes waren keine konkreten Personen. Die Form der Darstellung war möglichst einheitlich und erst mit der Renaissance verändert sich dies fast revolutionär. Erstmalig werden tatsächliche Gesichter von konkreten Personen dargestellt, die sich im Umkreis der Künstler bewegten, erstmalig werden Körper wieder in Anknüpfung an die Antike auch nackt dargestellt. Es beginnt die Entdeckung des Ichs, die Entdeckung der Persönlichkeit. Ich und Körper in gleicher Weise wahrgenommen. Gleichzeitig beginnt spätestens mit der französischen Revolution die industrielle Massengesellschaft und sie zieht die Individualisierung nach sich. Nun kommt es also immer weniger darauf an, zu welcher Gruppe ich gehöre, sondern immer stärker darauf, wer ich bin.

Und mit der Moderne beginnt auch die Bilderflut im Alltag. Die Fotografie, das Kino und Fernsehen stehen in unserer Alltagswelt, wir können weder durch die Stadt gehen noch über Land fahren, ohne unentwegt großflächige Bilder zu sehen und auf diesen Bildern – meist in Form der Werbung – makellose Körper. In jeder Seifenoper finden sich mehr oder weniger makellose Körper. Wir werden permanent von etwas umgeben, was dem hellenistischen Schönheitsideal immer noch entspricht und nachgeformt ist. Der Körper wird als Manifestation der Identität empfunden. Vieles was früher Identität angezeigt hat, wie Kleidung, Möbel, Wohnort, Beruf – wechselt immer schneller, der Körper ist immer stärker der eigentliche Ausdruck meiner Identität. Unsere westliche Moderne, unser Zeitalter ist geprägt von einer extremen Veräußerlichung, Verdinglichung und Säkularisierung also Verweltlichung, der Mensch ist der Körper.

Der makellose Mensch ist aber eigentlich noch etwas ganz anderes. Denn der Mensch hat ja nicht nur leibliche Ebenen und Gegebenheiten, der Mensch ist Seele, Geist, und er ist auch in Bezug auf spirituelle, theologische, moralische Wirklichkeiten zu sehen. Von daher könnte man eigentlich nie von einem makellosen Menschen reden. Aber eigentlich geht es uns meist um den makellosen Körper, wenn wir davon reden.

Der Körperkult wird immer massiver. Der Körper steht im Mittelpunkt des Interesses und mit ihm auch die Sexualität als – sagen wir einmal – höchste bzw. lustvollste Wahrnehmung des Körpers.

Unter Makellosigkeit versteht man eine gewisse Gleichförmigkeit und Glätte der Oberfläche, Jugend, Leistungsfähigkeit, Genussfähigkeit. Aber die Genüsse werden auch immer stärker vorgegeben. Man kann vielfältig lesen oder erfahren, was Sex ist und wie sexueller Genuss funktioniert. Sicherlich, das bezieht sich sehr stark auf den genitalen Sex und beschreibt den üblichen Ablauf von Erregung und Entspannung. In der Erlebnisgesellschaft wird vorgegeben, was toll ist, also Sport oder Reisen, oder welche Bilder man als schön empfinden soll. Damit wird auch gleichzeitig der Weg der individuellen Wahrnehmung von dem, was ich persönlich schön finde oder was für mich persönlich erregend ist, verstellt.

Heute wird also nicht nur die Identität am Körper festgemacht, heute lebt es sich auch gut nach dem Motto „Ich bin, was ich verbrauche", „Ich bin, was ich erlebe" – es geht also um meine Konsumidentität.

Nun haben wir als behinderte Leute nicht alleine das Problem, dass wir an Arnold Schwarzenegger nicht heranreichen. Ich hatte noch nie eine Freundin, obwohl ich denke, dass ich durchwegs mit wunderschönen Frauen zusammen war, die aber selbst mit ihrem Körper meist auch nicht zufrieden waren. Irgendetwas stimmte ihrer Meinung nach immer nicht. Auch bei den Männern setzt sich dieser kritische Blick mehr und mehr durch. Es entsteht hier nicht nur eine allgemeine Unzufriedenheit, ich würde es sogar als Terror bezeichnen, der sich hier allmählich ausgebildet hat, und immerhin dazu führt, dass Leute, die es sich leisten können oder die darauf in extremer Weise sparen, sich schwierigen und gefährlichen Operationen unterziehen, um einige Kilogramm weniger Fett am Bauch zu haben oder um ein Paar festere Brüste zu bekommen. Da mühen sich Menschen Stunden und Tage an Gewichten ab oder treten in Fahrräder ohne einen Millimeter dabei vorwärts zu kommen oder üben sich im Langstreckenschwimmen oder beim Erklimmen hoher Berge usw. usf.

Behinderte liegen deutlich jenseits von dem. Behinderung wird in diesem Rahmen als unattraktiv und unerotisch empfunden. Wir sind unattraktiv auch im sozialen Sinne, weil keiner einer behinderten Frau zutraut, für die Kinder zu sorgen und den Haushalt regeln zu können, weil keiner einem behinderten Mann zutraut, für das nötige Kleingeld aufzukommen, sich einen Urlaub in der Karibik zu leisten oder sich ein Eigenheim hinstellen zu können.

Soweit zu mir als sexuellem Objekt und dem Umfeld, in dem ich stehe. Ich als sexuelles Subjekt? Das Objekt- und Subjektsein steht ja miteinander in Verbindung und in Wechselwirkung. Und als sexuelles Subjekt beginne ich auch gleich mal ganz subjektiv mit einem Gedicht, das ich vor 15 Jahren, als ich noch ein jüngerer Mann war, geschrieben habe. Zur Erklärung vorweg, ich komme aus der DDR, daher gibt es im Gedicht vielleicht einige Worte, die im Westen so nicht vorgekommen sind, die aber im Kontext der DDR-Bürokratensprache verständlich ist.

Ärzte und Bürokraten haben meinen Körper benannt,

geschwollene Füße und Waden bezeichnen sie mit Elefantiasis

Skoliose heißt bei ihnen der gebogene Rücken,

die eingeschränkte Beweglichkeit der Gelenke erfassen sie als Kontraktur,

progressive Muskeldystrophie ist die Schädigung, die mich berechtigt eine Invalidenrente und Sonderpflegegeld zu beziehen.

In der Rubrik „Besondere Kennzeichen" führe ich das Prädikat „gehunfähig"

Wenn wir uns nahe sind bebt jede Faser meines Leibes

Ich als sexuelles Subjekt kann Lust empfinden, meinen Leib spüren. Ich kann nur von mir reden, sicher ist es bei anderen graduell verschieden. Meine Körperbehinderung ist erst einmal keine sexuelle Behinderung. Und meine Sexualität ist zunächst einmal nicht gesellschaftlich determiniert. Das als Gegenthese.

Wie gesagt, wir leben in einer extrem veräußerlichten Zeit. Der größte Irrtum unserer Zeit ist, dass die Materie das Grundlegende ist. Der Geist bringt die Materie hervor, das was wir fühlen, denken, das was wir von unserem höheren Sein her sind, bestimmt unsere Wirklichkeit. So sehr der Irrtum, dass die Materie das Einzige ist, dazu führte, dass die Materie das Einzige wird. Wenn ich nur denke, dass ich in meiner Existenz schön bin, dann bin ich schön, dann brauche ich keine Muskelpakete und kein ergonomisch geformtes Rückrat und keine reine Haut. Wenn ich schön bin, dann bin ich schön, und es empfinden mich andere auch als schön und begehrenswert. Ich bin schön nicht trotz meines Buckels, mein Buckel ist schön.

Um es noch überspitzter zu formulieren: Wenn wir schon in einer Zeit des Körperkultes leben, dann sollten wir uns auch unseren eigenen Körperkult leisten. Ich persönlich bin jedenfalls der Meinung, dass sich Körperlichkeit nicht ohne die Seele sehen und erfahren lässt. Sexualität auch mit Prostituierten oder sexuellen Dienstleistern lässt sich nicht ohne das Gefühl erfahren.

Ich bin nun nicht so ignorant, dass ich nicht mitbekomme, dass mein Buckel als hässlich wahrgenommen wird, aber gerade das Spannungsfeld ist es ja dann, das in besonderer Weise interessant, manchmal auch schmerzlich, aber eben von Brisanz besetzt ist.

Mir lag nur daran, die beiden Pole darzustellen, auf der einen Seite gibt es so etwas wie eine allgemeine Wahrnehmung und Ästhetik, die auch für die Selbstwahrnehmung sehr prägend ist. Aber auf der anderen Seite steht auch die Kraft der Eigenwahrnehmung und der Selbstinszenierung, und die Möglichkeiten dazu sind heute größer denn je. Zwischen diesen beiden Spannungspolen bewegt sich letztlich jede/r. Mit einer eigenen Ästhetik der Krüppel wäre ich ein bisschen vorsichtig. Wobei ich es gut fände, wenn auch hier einmal Integration stattfände, wenn es also beispielsweise auch einmal Aktbilder von Behinderten gibt und diese Bilder damit auch immer weiter in die allgemeine Ästhetik einfließen.

Daniela von Raffay

Spas(s)-mus(s)-sein

Etwa zwanzig Lesben und Schwule mit der einen oder anderen Behinderung rollten, hinkten und tasteten sich von Leipzig bis Köln und Hamburg bis München hügelauf, hügelab ins formidable Waldschößchen bei Göttingen.

Sie kamen mit Zug und Auto und sogar mit Mini-Track – das ist ein rasenmäherartiges Gerät, was Rollifahrerin nebst Assistentin auf ihrem Schoß plus Gepäck zum Beispiel jene 13 km vom Bahnhof in vier Stunden über die Landstraße zieht. Hans Hengelein und ich saßen völlig fassungslos im holzgetäfelten Speisesaal, als eine nach dem anderen zur Tür hereinhinkte oder rollte. Da wir beide selbst von der Krüppelfraktion sind, erlaubten wir uns lästerlich durch die Reihen zu gucken und festzustellen, dass es an fast nichts fehlte: Einer trug ein Hörgerät und unterhielt sich mit einem, der stotterte; die andere stützte sich auf bunte Krücken und begrüßte küssend eine Dame im Elektrorollstuhl. Ein wunderschöner, griechisch anmutender Jüngling mit zusammenklappbarem weißem Blindenstock führte ein hochangeregtes Gespräch mit einem sächselnden Kerl, der seinen kleinen Finger tuckig abspreizte. Die Ursache ist allerdings sein Spasmus.

„Spaß-muss-sein!“ Diesen illustren Spruch aus der Behindertenbewegung können wir „Polionauten“ und „Conterganoven“ sehr gut nachvollziehen. Wir fanden, dass jetzt nur noch einer mit Glatze, klein an Wuchs, mit eventuell einer Amputation fehlen würde ... Und tatsächlich – die Flügeltür öffnete sich, und herein krückte unser letzter Gast, ein verschmitzt lächelnder Österreicher, ganz alte K.u.k.-Monarchie: ‚Seine dämonologische Pestilenz‘ der Thomas aus Wien.

Anfangs stellten wir uns vor, einen Film à la „Rocky Horror Picture Show“ zu drehen, wo wir uns voll „freakisch“ („Freaks“ sind laut Wörterbuch: „Krüppel, Anormale, können sowohl fünffüßige Schafe als auch Schwule sein“...) entfalten können, uns im Schloss umgekehrt von den Balken hängen und die verklebten Flügel entfalten, unsere Brüste buntbemalt baumeln, die Schwänze nach Herzenslust schrumpeln und schwellen lassen werden.

Als 1997 in Berlin die Ausstellung „100 Jahre Schwulenbewegung“ (in der Akademie der Künste am Hansaplatz) gezeigt wurde, waren wir mit der Ton-Dia-Show „Rolliges Fleisch“ von Ines de Nil vertreten. An die 100 bunte Fotografien mit tollen Texten und anturnender Musik wurden an die Wände projiziert.

Inzwischen existiert auch der Videofilm „Kein Tag ohne Liebe – Begegnungen der unbekannten Art“ (Ines de Nil, 1999, 21 Min.). Hier sind Interviews mit einzelnen Protagonistinnen und Protagonisten der Freakshow und auch improvisierte Theaterszenen zu sehen.

Internationale Treffen dieser Art gab's bereits 1988 in Großbritannien und 1991 in den Niederlanden – unser kleines Treffen in Niedersachsen sollte nur ein Vorgeschmack sein.

Nur wenige von uns kannten vorher andere behinderte Lesben oder Schwule, wir hatten von daher mit vielen Identitätsproblemen zu kämpfen. Die Isolation, die Leute wie wir häufig in der schwul-lesbischen Subkultur erfahren, wird sowohl durch materielle als auch durch ideelle Barrieren geprägt: beispielsweise durch viele Stufen, zu enge Klos, hohe Tresen: all das bedingt durch das dahinter liegende Normalodenken.

Die soziale und berufliche Situation der einzelnen TeilnehmerInnen ging querbeet: Vertreten waren der sehbehinderte Bürstenbinder und der Theologiestudent, die freiberufliche Schriftstellerin und die von Sozialhilfe lebende Lebenskünstlerin. Viele sind Singles, einige befinden sich in langjährigen Paarbeziehungen, und drei Paare fanden sich in dieser Woche im Schlösschen...

Gegenseitiges Kennenlernen stand also im Vordergrund und wurde durch individuelle Massagen, Körperentspannungstraining und erotische Waldspaziergänge gefördert. Workshop-Themen waren unter anderem: „Was verbindet lesbische Frauen und schwule Männer, die behindert sind?" Hier fanden wir heraus, dass uns beispielsweise. das Helfersyndrom von Nichtbehinderten bzw. – wie es in den USA so schön heißt – von „tabs" (temporarily able bodied), also ‚zeitweise Nichtbehinderten' gleichermaßen auf die Nerven geht. Gemeinsamkeiten fanden wir auch im Verhalten, wenn wir in die Subkultur gehen: Wir versuchen manchmal, unsere Behinderung unsichtbar zu machen, indem wir beispielsweise den Blindenstock oder die Krükken verstecken, und sind dann um so peinlicher berührt, wenn wir endlich zum Tanzen aufgefordert werden und eventuell passen müssen. Ines, der exorbititanten Fotografin gelang es: Wer morgens blass und verkrampft und etwas ängstlich mit ihr in den Workshop-Raum ging, kam spätestens mittags strahlend und mit einer psychischen Federboa um die Schultern zurück. Anwesende NBs (Nichtbehinderte, frei nach Ursula Eggli) fanden es eines der spannendsten, interessantesten und schrillsten Treffen, die sie je miterlebt hatten.

Martin Kessel

Sexuelle Hilfsmittel

Ich befasse mich beruflich seit gut 22 Jahren mit der Sexualaufklärung von Kindern, Jugendlichen und Erwachsenen. Von Haus aus bin ich Pädagoge. Nach zwölf Jahren Tätigkeit bei *pro familia*, gründete ich 1987 die *pro familia Vertriebsgesellschaft für Verhütungsmittel und Aufklärungsmedien*. Wir eröffneten 1988 in Frankfurt das erste Condomfachgeschäft Deutschlands, die CONDOMERIA und entwickelten neue Medien zur Sexualaufklärung, hierbei förderten wir besonders die unschädlichen Barriere-Verhütungsmittel, also Condome, Diaphragma etc. Wir brachten Deutschlands beliebtesten Aufklärungsfilm heraus „Wo komm ich eigentlich her", ein Kinderfilm, der mittlerweile in fast keiner Grundschule mehr fehlt. Dieser Film wird auch immer wieder in der Behindertenarbeit eingesetzt, weil er in einfachen Bildern etwas erklärt. Diesen und zwei weitere Filme von Peter Mayle zur Sexualaufklärung gibt es auch als Gehörlosenfilm mit Untertiteln. Daneben liefern wir an viele öffentliche Einrichtungen den berühmten „Verhütungsmittelkoffer" aus – unser Urprodukt, von dem alles ausging. Das ist ein Aufklärungskoffer, in dem alles über Verhütungsmittel drin ist, und nach wie vor ist er das einzige Produkt auf dem Markt zum Thema Schwangerschaftsverhütung.

Das Unternehmen CONDOMERIA ist gewachsen und wird seit 1997 von mir privatwirtschaftlich unter der Firmenbezeichnung *„KESSEL Sexual Healthcare"* fortgeführt – englisch, weil mir ein vergleichbarer Begriff von sexueller Gesundheit und Prävention in der deutschen Sprache nicht bekannt ist.

Was ist eigentlich Sexualität?

Sexualität ist in unserem Kulturraum allgegenwärtig, und diesen Einflüssen kann sich niemand entziehen. Ob die Bilder über den Kiosk, die Fernsehzeitung oder im Spätprogramm vieler Fernsehsender wirken, überall begegnen uns Bilder der Nacktheit und von Formen des Liebeslebens. Diese Bilder sind für alle Menschen gemacht, egal ob jung oder alt, behindert oder nichtbehindert.

Doch was ist eigentlich Sexualität? Sexualität ist eine Gefühlsspannung, die ein Mensch aufbauen kann, jedoch nicht unbedingt muss. Ein Beispiel macht dies vielleicht deutlich: Während Hunger und Durst Reize sind, die unbedingt innerhalb einer bestimmten Zeit befriedigt werden müssen, ist es bei der Sexualität völlig anders. Ein Mensch, der – nehmen wir einmal an – einmal im Monat Sex hat, mag völlig zufrieden und innerlich ausgeglichen sein. Ihm fehlt nichts. Er baut die Gefühlsspannung einmal im Monat auf und ist damit zufrieden, man könnte sagen „er ist satt" damit. Ein anderer Mensch sucht für sich fast täglich das sexuelle Gefühl und hat schon nach wenigen Tagen ohne Sex von sich den Eindruck, unausgeglichen zu sein. Es fehlt ihm etwas. Beide Menschen sind zufrieden mit ihrem Sexualleben und haben recht genaue Vorstellungen, was ihnen gut tut oder wann ihnen etwas fehlt.

Ein anderes Beispiel, das ich erlebt habe: Ein Paar kam in meine Beratung und erzählte, es sei glücklich – gemeinsame Hobbys, Reisen und der Alltag –, alles sei sehr harmonisch. Sie hätten da nur ein Problem, sie hätten seit acht Jahren nicht mehr miteinander geschlafen und wollten nun dies auch noch in Ordnung bringen. Das Beispiel zeigt, dass auch Menschen, die keine genitale Sexualität ausleben, zufrieden sein können, ohne äußerlich erkennbar krank zu sein oder in anderer Form aufzufallen. Sexualität ist also etwas Intimes, das man oder frau niemandem an der Nasenspitze ansehen kann.

Dies ist aber nicht als ein Plädoyer für Enthaltsamkeit zu sehen. Ich möchte nur die Grundlage dieses Selbstverständnisses von Sexualität meinen Ausführungen vorausschicken. Sexualität zu leben, ist Teil seelischer und körperlicher Gesundheit, auch nach der Definition der Weltgesundheitsorganisation. Diese schützt das Recht, Sexualität als Teil der menschlichen Gesundheit leben zu dürfen.

Sexualität, Behinderung und die Hilfsmittel

Jede behinderte Frau und jeder behinderte Mann hat das Recht auf freie Entfaltung der Persönlichkeit. Dazu gehört auch das Recht auf freie Entfaltung der Sexualität. Diese Gesellschaft wäre gut beraten, endlich damit aufzuhören, Behinderte als besondere Wesen zu betrachten, die vor Sexualität bewahrt werden müssen. Der behinderte Mensch kann zunächst einmal wie ein nicht behinderter Mensch fühlen. Und natürlich ist Sexualität auch ein Teil seines seelischen und körperlichen Wohlbefindens.

Ist die Sexualität von Behinderten etwa bei Nichtbehinderten ein besonderes Thema? Ich glaube, ja. Denn viele Nichtbehinderte nehmen Behinderte als asexuelle Wesen wahr, die nur versorgt werden müssen. Essen und Trinken, gute, liebevolle Betreuung und ein Dach über dem Kopf, das sollte reichen. Aber Sex? Muss das auch noch sein? Muss nicht, aber es kann sein.

Natürlich haben auch behinderte Menschen eine Vorstellung von „richtiger Sexualität", wie Nichtbehinderte auch. Und jede/r sucht, seine/ihre Wünsche zu befriedigen. Nur ist dies nicht so einfach, sonst würde auch ich wohl nicht so oft um Rat gefragt. Auch Nichtbehinderten fällt es häufig schwer, einen Weg für ihre Sexualität zu finden. Die hohe Anzahl der Singles in unserem Land ist ein Ausdruck hierfür. Doch Behinderten sind noch ganz andere Hürden gesetzt. Und – eine Randbemerkung – Sexualität wird auch anderen Gruppen wie beispielsweise Kindern und alten Menschen in unserer Gesellschaft nicht zugestanden.

Es ist also ein gehütetes Tabuthema, das mir auf mehrfache Weise begegnet ist: Als *pro familia* Mitarbeiter war ich von einer Werkstatt und Schule für geistig und körperlich Behinderte eingeladen, über zwei Jahre hinweg die Jugendlichen dort aufzuklären. Obwohl viele der 14- bis 18-jährigen Jungs keine Vorstellung über ihre geschlechtliche Identität und sexuelle Körperfunktionen hatten, erlebten manche täglich lustvoll ihren Körper, masturbierten im Unterricht, an der Bushaltestelle und wahrscheinlich auch zu Hause. Das heißt, sie wussten eigentlich nichts über ihren Körper und haben ihn dennoch täglich lustvoll erlebt. Die nichtbehinderten Eltern plagten vorwiegend zwei Fragen: Wie können wir verhindern, dass die Masturbation in der Öffentlichkeit geschieht und wie können wir die Mädchen noch vor dem 18. Lebensjahr sterilisieren lassen? Meine Bedenken entzündeten sich eher an der Frage, warum die Mädchen schwanger werden könnten, beispielsweise als Folge sexuellen Missbrauchs in Behinderteneinrichtungen.

Es scheint die grundsätzliche Ansicht zu bestehen, dass Behinderte keine Sexualität brauchen. Wir kommen damit zur gesellschaftlichen Frage, was richtig und was falsch ist beim Sex. Kaum ein Thema bewegt die Gefühle mehr – und kaum ein Thema hat mehr Facetten und Meinungen.

Ausgehend vom Grundrecht auf Sexualität als Form körperlicher und seelischer Gesundheit, sollte jeder Mensch soviel und sowenig Möglichkeiten zu gelebter Sexualität haben, wie er sich wünscht, diese

Gefühle zu erleben – Einschränkung: ohne dabei andere Menschen und deren Empfindungen zu verletzen.

Die unschädlichste Form ist die Selbstbefriedigung. Sie ist am wenigsten zu kontrollieren, obwohl sie früher häufig verfolgt und bestraft wurde, sie unterliegt aber nach wie vor dem höchsten gesellschaftlichen Tabu. Was Petty Dotsen für die weibliche Selbstbefriedigung ist, ist Volker Elis Pilgrim für die männliche. Er hat vor 15 Jahren an einer Stelle in seinem Buch wunderschön beschrieben, was ein Junge alles tun kann, um lustvoll Sexualität zu erleben: So kann er sich in die Badewanne setzen und das Wasser so hoch einlaufen lassen, dass die Eichel gerade so noch aus dem Wasser herausschaut, dann muss er einen Junikäfer einfangen und ihn über die Eichel marschieren lassen. Ob es wirklich funktioniert oder ob der Käfer wegfliegt, weiß keiner...

Alle anderen sexuellen Bereiche sind weit weniger tabuisiert. Dabei ist Masturbation gesund! Sie müsste eigentlich gefördert werden wie Sport. Sie hält fit und gesund. Sie stört in der Regel niemanden und wirkt ungemein entspannend. Selbstbefriedigung fällt wenig auf, da sie meist alleine geschieht. Der behinderte Mensch, besonders der, der ständiger Pflege bedarf, ist allerdings selten alleine und kann, je nach Behinderung, nur eingeschränkt masturbieren. Das ist eines der Probleme in den Heimen. Es ist sehr schade, dass oft gerade der behinderte Mensch, der von außen wenig Körperkontakt bekommen kann, auch in der Masturbation eingeschränkt ist.

Zum Schluss des Plädoyers für die Selbstbefriedigung: Wir wissen durch die Ergebnisse der Sexualforschung, dass die Masturbation für Frauen im Ergebnis häufig sehr viel befriedigender ist als die partnerschaftliche Sexualität mit Männern. Die Förderung der Masturbation steht auch im Mittelpunkt, wenn es um Fragen zu Hilfsmitteln geht.

Partnerschaftlich erlebte Sexualität ist für Behinderte ungleich schwieriger zu erlangen als für Nichtbehinderte. Entweder sie finden keine

Partnerin bzw. keinen Partner und/oder die Behinderung lässt Sex mit einer anderen Person nur eingeschränkt bis gar nicht zu. Die Sehnsucht nach einer erfüllten „normalen" Sexualität, wie sie täglich in den Medien auch auf die Behinderten einströmt, kann eventuell zur Qual werden – zum unlösbaren Problem.

Zum Markt der Hilfsmittel

Ich gehe im Folgenden auf sexuelle Hilfsmittel ein und werde mich auf Lösungsmöglichkeiten in Form von Prostitution, wie auch immer organisiert, nicht einlassen.

Welche Wünsche haben Behinderte an sexuelle Hilfsmittel, egal welcher Art? Welche Informationen, Kontakte, Stimulationen und individuelle Befriedigung wird gewünscht?

Bevor wir zum Markt der Hilfsmittel kommen, eine Bemerkung: Sex findet im Kopf statt, nicht irgendwo anders im Körper. Die Stimulation, der Aufbau der Gefühlsspannung und die Befriedigung ist also stark davon abhängig, welche Gefühle und Phantasien ein Mensch entfaltet. Diese Tatsache sollten wir nicht vergessen bei der Einschätzung und Bewertung der Produkte.

Die Hilfsmittel sind in vier Gruppen zu gliedern:

1. Medien, also Bücher, Videos, DVDs, Internet-Seiten und natürlich auch das Fernsehen.
2. Vibratoren, künstliche Vaginas und aufblasbare Puppen
3. Gleitmittel
4. Erektionshilfen

Die *Medien*, die sich Behinderte besorgen können, unterscheiden sich nicht oder nur wenig von den Medien, die Nichtbehinderte nutzen. Die vier Filme aus der Reihe *„Sex, Lust und Leben"* möchte ich in diesem Zusammenhang besonders empfehlen.

Diese Filmreihe über weibliche, männliche und partnerschaftliche Sexualität zeigt so gut wie alles, ohne jeweils pornographisch zu wirken. Sie ist ab 16 Jahren zugelassen und wird auch in therapeutischen Gruppen eingesetzt. Besonders Mut machen kann der neue englische Spielfilm „Vom Fliegen und anderen Träumen", den ich in Vorbereitung des Kongresses kennengelernt habe.

Die Zeichentrickfilme von Peter Mayle „Wo komm' ich eigentlich her?" „Was ist mit mir los?" und „Verliebt, verlobt, verheiratet – geschieden" sind unter anderem auch gut bei geistig behinderten Jugendlichen einsetzbar. Diese Filme gibt es auch für Gehörlose. Eine Liste von Titeln erhalten Sie auf Wunsch.

Das Internet stellt eine neue Form dar, aus der Isolation herauszufinden, und ist eine Chance für Behinderte, die über einen Computer und einen Internetanschluss verfügen. Nicht nur unter *www.singles.de* finden sich unglaublich viele Möglichkeiten, Kontakte zu anderen Menschen zu knüpfen, ohne dazu teure Anzeigen schalten zu müssen.

Vibratoren sind nichts Neues, denn sie werden schon seit Jahren in den großen Versandhäusern – wie beispielsweise Quelle, Neckermann, Otto, Schöpflin und Bader – etwas verschämt als Massagegeräte angeboten. Jede vierte deutsche Frau besitzt mindestens einen Vibrator, so die Statistik. Die Beschaffung ist also offenbar nicht schwierig, die Auswahl vielleicht schon. Hier muss Frau oder Mann herausfinden, was ihm bei der großen Auswahl gefällt. Man sollte darauf achten, dass die Vibratoren leise und aus hautfreundlichem Latex oder Silikon gefertigt sind.

Ob dünner oder dicker, ob mehr in Naturform eines Penis oder neutraler – etwas verspielt als Delfin –, jede Frau wird bei der Fülle etwas für ihre Empfindungen entdecken. Es könnte spezielle anatomische Probleme bei bestimmten Behinderungen geben, die es im

Einzelfall zu beraten gilt. Mir ist klar, dass es hier einen großen Beratungsbedarf gibt, dem ich mich gerne annehmen werde.

Vibratoren sind, und dies ist besonders wichtig, nicht nur zur Selbstbefriedigung einsetzbar, sondern natürlich auch in einer Partnerschaft eine Möglichkeit, eine Behinderung auszugleichen oder eine von dem Paar gewünschte Form der gegenseitigen Befriedigung zu erleben.

Künstliche Vaginas, Beckentorso und aufblasbare Puppen haben immer auf den ersten Blick etwas bizarres. Aber, und das muss man anerkennen, falls es einem Mann Freude bereitet, ist ein weiblicher Beckentorso eine befriedigende Hilfe zur Masturbation.

Die meisten im Erotikhandel angebotenen Puppen sind aus wenig hautfreundlichem PVC hergestellt und riechen dementsprechend auch nach Kunststoff. Einige dieser Modelle werden mit Vibration oder Massageeffekten angeboten, was leider beim Mann nur bedingt hilft. Insofern sind die künstlichen Hilfsmittel für Männer im Vergleich zu Vibratoren für Frauen weniger effektiv in der Anwendung.

Die Verwendung von *Gleitmitteln* in der Sexualität ist in Europa noch in den Anfängen. Dabei sind Gleitmittel nützliche Hilfen für Frauen und Männer jeden Alters. Für bestimmte Anwendungsgebiete sind Gleitmitte jedoch besonders zu empfehlen: bei trockener Scheide (z.B. in der Stillzeit), bei Frauen ab Mitte vierzig und bei der Anwendung von Hilfsmitteln.

Gleitmittel sollten wasserlöslich und neutral im Geruch sein. Nur Produkte ohne mineralölhaltige Trägersubstanzen sind auch latexverträglich z.B. für Condome. Babyöl, Hautcremes oder Olivenöl (auch aus erster Pressung) sind keine geeigneten Hilfsstoffe und werden zudem rasch stumpf. In Kürze wird es sogar erstmals ein Gleitmittel auf Basis der Hyaloronsäure geben, einem erprobten Stoff bei der Behandlung von Brandwunden und Kniegelenken. Dieser Stoff bildet sogar neues Ephitel und wirkt gleichzeitig als neutrales Gleitgel. Die gesundheitlichen Aspekte sind besonders wichtig für Menschen, die eventuell durch körperliche Behinderung sehr hautempfindlich sind.

Erektionshilfen: Schon 1917 wurde eines der ältesten Mittel gegen Erektionsprobleme von Dr. Osbone erfunden: die Vakuumpumpe. Mittels dieses Gerätes können Männer, die Erektionsprobleme haben oder überhaupt keine Erektion mehr bilden können, innerhalb weniger Minuten eine Versteifung des Penis erreichen. Diese kann mittels Silikon-Stauringen gehalten werden. Eine einfache und sichere Methode – ohne Medikamente – wieder Geschlechtsverkehr ausüben zu können. Erektionspumpen sind nicht teuer und können auch ohne negativen Folgen über längere Zeit angewendet werden.

Bei Erektionsschwäche helfen auch Stauringe, um eine aufgebaute Erektion zu halten und befriedigenden Sex mit der Partnerin (oder dem Partner) ausüben zu können. Diese gibt es aus Leder, Kunststoff oder Metall. Stauringe erfordern jedoch, dass der Betreffende noch eine Erektion bilden kann.

Viagra und weitere noch kommende Medikamente zur Potenzhilfe beim Mann sind aufgrund der Nebenwirkungen nicht für alle anwendbar. Doch wer sie einnehmen kann, wird mit diesen Produkten seine Erektionsschwäche überwinden und gleichzeitig befriedigenden Sex haben. Diese Form der Erektionshilfe ist ein großer Schritt nach vorn, vor allem für Männer, die diskret mit „ihrem Problem" umgehen möchten. Da Sex bekanntlich im Kopf stattfindet, kann Mann mittels Viagra die Versagensangst – beispielsweise in einer neuen Partnerschaft – überwinden.

Ich habe eine Reihe von Produkten aus dem Erotikfachhandel bewußt nicht behandelt. Nicht, um Ihnen etwas vorzuenthalten, sondern weil ich mich auf die wichtigsten Produkte, die wirklich helfen, beschränken wollte – und weil ich Ihnen die Masse der Scharlatanerie am Markt ersparen wollte.

Falls sich für Sie weitere Fragen ergeben, erreichen Sie mich telefonisch oder schriftlich. Wer das Thema vertiefen möchte und an der Diskussion und Entwicklung spezieller Hilfsmittel mitwirken will, kann Details ebenfalls unter folgender Adresse erfahren.

Martin Kessel – Dipl. Pädagoge
KESSEL Sexual Healthcare Marketing und Vertriebs GmbH
Kelsterbacher STr. 28
64546 Mörfelden-Walldorf
Tel.: (06105) 203720

Was die technologische Entwicklung bringen kann, an einem Beispiel zum Schluss: Ein taubstummer und homosexueller Mann kann dank SMS-Botschaften sich nun endlich verständlich machen und ohne Probleme kommunizieren. Er konnte damit seine Einsamkeit überwinden und andere in der gleichen Situation kennen lernen. Übrigens gibt es in Berlin und anderen Großstädten Westeuropas Gruppen schwuler Taubstummer, die sich organisiert haben und treffen. An die SMS-Anwendung für diesen Personenkreis hatte bei der Erfindung mobiler Telefone sicherlich niemand gedacht.

Sandra Senger

Körper-Kontakt-Service Sensis

in seiner Konzeption von 1998 bis 2001

Eine Behinderung oder schwere Erkrankung kann das Bedürfnis nach Sexualität (Lust und Sehnsucht nach körperlicher Nähe und Zärtlichkeit) einschränken. Der Weg, für sich eine befriedigte Sexualität zu finden, erweist sich als schwer, gerade dann, wenn dieses Thema tabuisiert wird.

Mit dem Körper-Kontakt-Service, Beratung und Fortbildung möchte *Sensis* Möglichkeiten aufzeigen, die eigene Körperlichkeit besser annehmen zu können und eine befriedigte Sexualität für sich zu finden. Der Körper-Kontakt-Service ist ein Angebot für Frauen und Männer. Nicht jeder, der Fragen hat, möchte gleich einen Körper-Kontakt-Termin vereinbaren. Beratung und Fortbildung macht *Sensis* für Betroffene, Angehörige und betreuende Berufsgruppen.

Sensis bietet körper- und geistigbehinderten Menschen die Möglichkeit, körperliche Nähe und Sexualität in entspannter Atmosphäre zu erleben. Die Mitarbeiter von Sensis sind mit unterschiedlichen Arten von Behinderungen und Erkrankungen vertraut. Sie verfügen über ein spezielles sexualpädagogisches Wissen: Wenn Sie möchten, können sie speziell Fragen zu ihrer Behinderung beantwortet bekommen.

1.1.1 Beratung zum Thema „Sexualität und Behinderung" für Betroffene, betreuendes Fachpersonal, Lebenspartner, Angehörige

Sensis sieht sich als Einrichtung, die den Menschen ernst nimmt, der sich im Ausleben seiner Sexualität gehandicapt fühlt. Das Beratungsangebot richtet sich aber auch an Betreuende und Angehörige, die einen Menschen betreuen und einen Weg suchen, angemessen mit dem Thema umzugehen. *Sensis* möchte helfen, dass über das Tabuthema und den ganz persönlichen Bereich der Sexualität geredet werden kann und für die Probleme, die dieses Thema so mit sich bringt, individuell eine Lösung gefunden wird. *Sensis* ist es wichtig, die Anonymität, die sich die/der Klientin wünscht, zu wahren.

Fragen, bei denen Sensis behilflich sein möchte sind z.B. : „Welches Verhütungsmittel ist für meine Behinderung geeignet?", „Welche Schwierigkeiten können bei einer Behinderung die Sexualität einschränken?", „Gibt es Hilfsmittel zur Selbstbefriedigung, die selbständig ohne Unterstützung von anderen, angewendet werden können?", „Welche Möglichkeiten gibt es, bestimmte Körperdefizite zu kompensieren?" usw.

Das Beratungsangebot[1] umfasst folgende Bereiche:

- Auskunft zu individuellen Fragen der Sexualität (z.B. Suche nach Partnerschaft, Einsatz von Hilfsmitteln zur Selbstbefriedigung, Hilfe in der Pubertät, Partnerschaftsprobleme bedingt durch die Behinderung, Literatur zum Thema Sexualität und Behinderung, Auskunft über Gesprächsgruppen und Fortbildungen zum Thema.
- Vorinformation für die Inanspruchnahme des Körper-Kontakt-Service
- Individuelle Beratung auf das Behinderungs- und Krankheitsbild bezogen

Informationen über Gesprächsgruppen und Fortbildungen erhalten sie kostenlos. Für das Zurverfügungstellen von Literatur wird eine Schutzgebühr erhoben. Der Preis richtet sich nach der Menge des bereit gestellten Materials.

1.1.2 Körper-Kontakt-Service für Menschen mit einer Behinderung (Sexualbegleitung)

Der Körper-Kontakt-Service bietet Menschen mit Behinderung, die sich im Ausleben ihrer Sexualität gehandicapt fühlen, die Möglichkeit ihren Körper und ihre Sexualität kennen zu lernen.[2]

Ein Körper-Kontakt-Termin dauert mindestens 60 Minuten. In dieser Stunde wird den Männern und Frauen, die den Körper-Kontakt-Service in Anspruch nehmen gewährleistet, dass sie Hautkontakt mit der/dem MitarbeiterIn erfahren, dass sie zum Orgasmus geführt werden bzw. ihren „Pseudoorgasmus" herausfinden können. [3]

Die Zeit von mindestens einer Stunde soll gewährleisten, dass KlientInnen sich auf die Situation einstellen können. Es gibt Behinderungsbilder, wo die Wahrnehmung verlangsamt ist. Hier ist es wichtig, dass die/der MitarbeiterIn diese Situation einschätzen und den Kontakt für die/den InanspruchnehmerIn in eine angenehme Atmosphäre verwandeln kann. Dies bedeutet aber durchaus auch für die/den MitarbeiterIn, sensibel die Einschränkungen bewusst zu machen, damit der/die KlientIn für sich lernen kann, mit der eigenen Körperlichkeit besser umzugehen.

Vor dem ersten Körper-Kontakt-Termin findet ein kostenloses persönliches Gespräch statt, in dem die Bedingungen und das Angebot erklärt werden. Wenn sich die/der KlientIn entscheidet, den Körper-Kontakt-Service in Anspruch zu nehmen, wird ein Vertrag abgeschlossen und einige persönliche Daten von der/dem Klienten aufgenommen.

1.1.3. Fortbildung zum Thema „Sexualität und Behinderung" für Betroffene, betreuendes Fachpersonal, Lebenspartner, Angehörige

Mit Seminaren und Fortbildungen möchte *Sensis* Wege und Möglichkeiten aufzeigen, wie eine Offenheit für das Thema entstehen kann, um gezielt Hilfe leisten zu können.

Dabei geht es darum:

- Vorurteile abzubauen
- Selbstbewusstsein von gehandicapten Menschen aufzubauen
- Alternativwege aufzuzeigen
- eine Sensibilität für die Probleme von bestimmten Krankheitsbildern zu schaffen

Sensis bietet also größeren Verbänden, Einrichtungen und unterschiedlichen Personenkreisen (Betroffene, Eltern, Sozialpädagogen, Pflegenden), die sich eine Fortbildung zu diesem Thema wünschen, individuelle Programme an. Die Angebotspalette der Fortbildungen ist gemischt. Sie reicht vom Flirtseminar über die Weiterbildung betreuender Personen und Eltern bis zu Fortbildungen in verschiedenen Einrichtungen. Wenn Sie Interesse haben, senden wir Ihnen gerne das aktuelle Fortbildungsprogramm zu. Sollten Sie in Ihrer Einrichtung einen speziellen Vortrag wünschen, können wir auf ihren individuellen Wunsch eingehen.[2]

Themen, zu denen *Sensis* bereits Angebote gestaltet hat:

- für Menschen mit Behinderung:
  - Wochenendseminar: „Unterstützte Sexualität – Ein Trostpflaster für das, was uns fehlt"
  - Wochenend-Flirtseminar: „Ich mach' was aus mir. Ich will mehr in meinem Leben"
- für Betreuende und Angehörige:
  - Sexualität und Alter
  - Umgang mit der Sexualität bei Querschnittslähmung und spas-

tischer Lähmung. Welche Probleme können auftreten (für Betroffene und Betreuer)
  - Beziehung in der Langzeitbetreuung (Fortbildung zum Umgang mit der Sexualität in den Einrichtungen)
- für Einrichtungen und Lehrkörper
  - Tagesseminare nach Absprache, welche Themen für die Einrichtung, das Studium, die Ausbildung relevant sind

Was bietet Sensis ganz konkret?

Sensis bietet zunächst einmal Beratung an. Diejenige oder derjenige, die/der sich an *Sensis* wendet, soll sein Problem mit Sexualität und Partnerschaft ansprechen können. Mit dem Körper-Kontakt-Service hat er die Möglichkeit, seinen Körper besser kennen zu lernen. Sicherheit kann auch bei der Suche nach partnerschaftlicher Beziehung gewonnen werden. *Sensis* möchte bei Körperbildstörungen erreichen, dass der- oder diejenige für sich herausfinden kann, was sie/er sexuell und partnerschaftlich bieten kann. *Sensis* kann natürlich von Mehrfachkörperbehinderten einfach auch mal genutzt werden, um überhaupt eigene Sexualität zu erleben und Bedürfnisse auszuleben. *Sensis* bietet den Körper-Kontakt-Service auch für geistig-behinderte Menschen an, die ihr Bedürfnis nach Sexualität äußern können. Bei eingeschränkter Geschäftsfähigkeit wird der gesetzliche Betreuer informiert. Der/die KlientIn soll sich mit ihrem/seinen Betreuer beraten können, welche finanziellen Wünsche er sich leisten möchte und kann.

Es hat sich gezeigt, dass das Verarbeiten von negativen Erfahrungen auch in der Gruppe möglich ist. Besonders Frauen wünschen sich Austausch im Gespräch. Vertrauen zu haben, sich auf einen Körper-Kontakt-Termin einzulassen, ist für sie schwieriger. An Männern hingegen nagen die negativen Erfahrungen, die sie in Bezug auf Partnersuche gemacht haben. Trotzdem können sie sich vorstellen, mit etwas Schützenhilfe doch die Partnerin fürs Leben zu finden. So habe ich aufgrund vieler Gesprächen mit behinderten Frauen und Männern mit ihren jeweiligen Wünschen mir das Flirtseminar ausgedacht. Als Seminare des Bundesverbandes haben im vergangenen Jahr bereit, und werden auch künftig verschiedene Seminare stattfinden, 2001 etwa die beiden Seminare:

- Flirtseminar „Ich mach´ was aus mir. Ich will mehr in meinem Leben"
- ein Seminar zum Thema: „Wege und Umwege zum ersten Rendezvous. Gehen wir zu Dir oder zu mir"

Das Flirtseminar

Das Wochenende gliedert sich thematisch wie folgt:

- *Zu seinen Einstellungen stehen, Gemeinsamkeiten finden*

Am ersten Abend geht es um das Kennenlernen. Wie nehme ich zu anderen Kontakt auf? Welche Hobbies und Vorlieben habe ich? Wie schaffe ich es, mit anderen in ein gutes Gespräch zu kommen? Durch die ersten Kennlernspiele lernt man sehr schnell die Namen der anderen TeilnehmerInnen kennen. Gespräche ermöglichen Gemeinsames zu entdecken. Durch weitere Spiele zu den Hobbies, Reisen, Lieblingsessen, Mode usw. kommen engere Kontakte zustande.

- *Sich sehen und gesehen werden*

Am zweiten Tag geht es zunächst darum, sich selber einschätzen zu können. Hier sollen die Teilnehmer bei sich entdecken, wo ihre Bedürfnisse liegen, wie sie sich wohlfühlen, welche Seiten sie an sich positiv finden. Außerdem geht es um die Erwartungen an einen Partner sowie die Vorurteile, die durch negative Erfahrungen auf der Partnerschaftssuche vielleicht schon gemacht wurden. Am Nachmittag experimentieren wir, wie man sich beim nächsten Mal besser darstellen, wie man eine Kontaktanzeige gut gestalten kann. Der Abend schließt mit dem Spiel „Herzblatt" ab. Aus Erfahrung weiß ich, dass Schlagfertigkeit beim Spiel beeindruckt. Es hat den TeilnehmerInnen schon beim ersten Flirtseminar gefallen, dss es Zeit gab, die anderen Teilnehmer kennen zu lernen, das wird auch durch den Sozialformwechsel wie etwa Gruppenarbeit oder Partnerinterview im Rahmen meiner Anleitung unterstützt.

- *Sehnsucht nach Zärtlichkeit, Nähe und mehr*

Am letzten Tag geht es nach einer Fantasiereise darum, das Thema Partnerschaft und Freundschaft zu reflektieren. Jeder kann sich in die Gruppendiskussion soweit einlassen, wie er möchte. Im Rollenspiel können erlebte Situationen nachgespielt und verändert werden. Negative Erfahrungen werden bearbeitet.

- *Wege und Umwege zum ersten Rendezvous.*
  Gehen wir zu dir oder zu mir

Hier geht es um das ganze Spektrum zwischen klassischen und unmöglichen Kontaktmöglichkeiten. Thematisiert wird, wo sich die TeilnehmerInnen in punkto Partnerschaft gehandicapt fühlen. Dieses Seminar ist auch für behinderte Menschen interessant, die bereits in Partnerschaften leben und plötzlich mit neuen Problemen durch die Behinderung in der Partnerschaft konfrontiert werden.

- *Regionales Flirtseminar in Wiesbaden*

Anfangs hat dieses Seminar wöchentlich stattgefunden. Ein Klient, bei dem Mitte 30 die *Multiple Sklerose* immer mehr fortschritt, bat mich, doch nicht nur ein Wochenendseminar anzubieten. Er regte das Stattfinden in einem Wiesbadener Hotel an. Inzwischen findet dieses Seminar einmal im Monat statt. Es hat sich zum Kennlerntreff entwickelt. Bei einem kleinen Imbiss in netter Runde kommen hier vor allen Dingen die Leute zum Zug, die nicht die Möglichkeit haben, für ein Wochenende einen Fahrdienst bzw. eine Betreuungsperson zu bekommen. Da viele Teilnehmer in betreuten Wohneinrichtungen leben, ist es für sie eine gute Möglichkeit, aus ihrem üblichen Alltag herauszukommen und sich mit Leuten, die mit Assistenz wohnen, auszutauschen. In geringer Zahl nehmen auch Nichtbehinderte teil. Ihre Rückmeldung ist immer wieder, dass sie in dieser Runde Vorurteile abbauen konnten.

Frauen nehmen dieses Angebot nur in geringer Zahl an. Aus diesem Grunde wollte ich mit einem zweiten Seminar, dem Schönheitspflegeseminar, den Frauen Mut machen, am Flirtseminar teilzunehmen. Ich habe die Hoffnung noch nicht aufgegeben, dass es eines Tages doch noch zu einem regelmäßige Kontakt-Treffen wird.

Anmerkungen

1 Die Beratung kostet 40 DM für 60 Min.

2 Preisabsprache für die Fortbildung nach Umfang der Vortragsreihe. Es besteht eine Zusammenarbeit mit dem Bundesverband für Körper- und Mehrfachbehinderte und der Pro familia.

3 Ein Körper-Kontakt-Termin von 60 min. kostet zurzeit 130 DM, hinzu kommen die Fahrtkosten (0,52 DM/km). Ein längerer Termin kann vereinbart werden. Ein Körper-Kontakt-Termin kann einmalig oder eine Sexualbegleitung mit mehreren Terminen sein.

Brigitta Balás [1]

Interview mit der Sexualbegleiterin Marina

- *Welche Ausbildung hast du?*

Ich bin Kindergärtnerin und meine Ausbildung habe ich in Polen gemacht. Ich arbeitete drei Jahre lang in einem Kindergarten. Und eines Sommers habe ich meine Freundin besucht, die hier in Berlin schon lebte und dabei habe ich meinen Mann kennen gelernt. Ich bin dann nach Polen zurückgegangen und arbeitete weiter. Entweder hat mich mein Freund besucht oder ich bin nach Berlin gekommen. Wir pendelten zwischen Polen und Deutschland regelmäßig hin und her. Bis er eines Tages wieder an der Tür stand, aber mit einem Heiratsantrag. So bin ich nach Berlin gekommen.

Meine Freundin hat mir geholfen, einige Putzjobs zu besorgen, worauf ich drei Jahre lang jeden Tag in verschiedenen Wohnungen geputzt habe. Das war auch gut so, aber ziemlich anstrengend und nicht besonders anspruchsvoll.

---

[1] Das Interview habe ich mit Marina (38), Sexualbegleiterin, am 5. Febr. 2001 in Berlin geführt

■ *Wie wurdest du Prostituierte?*

Irgendwann habe ich hier in Berlin einen Polen kennen gelernt, der mir einen Platz in einer Live Show anbot. Mein Mann war davon nicht sehr begeistert und wir hatten ziemlichen Stress. Aber ich sagte „ich möchte es wenigstens ausprobieren und wenn es mir aus irgendeinem Grund schwer fällt, höre ich sofort auf." So haben wir uns dann geeinigt, und da ich nicht darunter gelitten habe, musste er es als meinen normalen Job akzeptieren. Ich glaube, er wusste, dass ich diese Arbeit nicht mache, um sexuell auf meine Kosten zu kommen.

So landete ich von einem Tag auf den anderen in der Prostitution. Der Pole war ein richtiger Zuhälter. Unser Deal war, das ich das Geld, das ich anschaffte, mit ihm teile. Ich hatte plötzlich so viel Geld, dass es mich überhaupt nicht störte, etwas davon abzugeben. Außerdem konnte er auch nicht kontrollieren, wie viele Kunden ich hatte. Er brachte mich jeden Tag zur Arbeit und holte mich natürlich auch wieder ab, meine Termine gemacht und ausgemacht, mit welchen Frauen ich wann arbeite. Er war ein richtiger Zuhälter, und ich bin eine richtige Hure geworden. Das ist einfach branchenüblich so.

Nach vier Monaten hat er mir angeboten, mich für 20.000 DM frei zu kaufen. Ich ließ es zu, und bis heute habe ich es nicht bereut.

Mein Mann wollte anfangs überhaupt nichts über mein Geld wissen. So habe ich uns kleine Geschenke gemacht, ein neues Auto, Haushaltsgeräte, Reisen und eine größere Wohnung – alles was man so mit dem ersten Geld macht. Ich verdiente damals sehr viel, Jahr für Jahr ist das weniger geworden. Die Männer haben weniger Geld und die Konkurrenz ist ziemlich gewachsen. Besonders gefreut hat mich, dass mein Mann seine Arbeit nicht aufgegeben hat. Dass er sich nicht auf die faule Haut gelegt hat, fand ich stark. Er hat sich von mir nicht aushalten lassen. So konnte ich arbeiten, wann ich wollte.

■ *Findest du, Prostitution ist ein richtiger Beruf?*

Sicherlich. Wie jeder andere. Ich glaube, ich bin deswegen ziemlich normal geblieben, weil ich mich immer nur beruflich als Prostituierte begriffen habe und „draußen" im wirklichen Leben keine Prostituierte bin. „Draußen" ist, wenn ich den Laden nach acht Stunden verlasse, dann bin ich wieder Marina, die so ist wie jede andere. Sie hat einen Mann, Freunde und Familie und führt ein ziemlich normales Leben. Ich hatte ein Doppelleben, wovon außer meinem Mann niemand wusste. Und das war gut so.

Prostitution ist genau so einen Beruf, wie jeder andere. Als ich noch als Kindergärtnerin gearbeitet habe, war ich während meiner Arbeitszeit Kindergärtnerin, zu Hause aber nicht. Ich glaube, das ist bei allem so. Ich habe mein Gleichgewicht in dieser Arbeit gefunden, weil ich sie nur als Arbeit sehe.

Es gibt gute und schlechte Prostituierte, wie es auch gute und schlechte Kindergärtnerinnen, Lehrer, Ärzte und so weiter gibt. Ich habe richtig tolle Frauen kennen gelernt. Fast alle Ausländerinnen hatten einen Beruf gelernt oder sogar ein Studium abgeschlossen. Sehr viele hatten Familie und Kinder und dieselben Sorgen, wie jede andere von uns auch. Ich finde es ziemlich traurig, dass die Leute, wenn sie von Prostituierten reden, sie immer mit Begriffen verbinden wie: dumm, haben keine Ausbildung, Schlampe und Abzocker. Es kann natürlich auch solche Frauen geben, aber der Großteil von ihnen ist einfach „normal", wie du und ich.

■ *Wie oft übst du diese Tätigkeit aus?*

Früher habe ich in dem Wintermonaten ziemlich oft gearbeitet, habe manchmal auch Doppelschichten gemacht und rotierte zwischen drei Live Shows, die es damals noch in Berlin gab. Im Sommer habe ich ausgesetzt und die Zeit mit meiner Familie und Freunden verbracht. Es ist natürlich von Vorteil, dass man, weil dieser Beruf nicht anerkannt ist, auch keine Vorschriften hat. Man kann Urlaub machen so oft und so lange man will.

- *Möchtest du einem anderen Beruf als dem der Prostitution nachgehen?*

Seit über zwei Jahren arbeite ich ausschließlich mit körperbehinderten Menschen. Es ist zwar auch Prostitution, aber das hat eine andere Qualität. Ich finde, es hat mehr Wertigkeit. Das wird auch von der Gesellschaft anders betrachtet, nicht mehr sofort abgelehnt, sondern sogar als bewundernswert empfunden. Manche Einrichtungen und Betreuer sind dafür sehr dankbar.

Frauen oder sogar Männer, die diese Arbeit ausüben, werden nicht „Prostituierte", sondern „Sexualbegleiter" genannt. Wegen des Begriffes „Sexualbegleiter" gelten sie nicht mehr als Prostituierte, obwohl sie das Gleiche machen.

Ich sehe mich nicht als Prostituierte, sondern eher als Ratgeber oder Supervisor, das gefällt mir. So kann ich sagen, dass ich einem anderen Beruf nachgehe, der sich mit Sexualität auseinandersetzt und Erfahrungen weitergibt.

- *Wieso nennst du Dich jetzt Sexualbegleiter und nicht mehr Prostituierte?*

Ich arbeite nicht mehr so „versteckt" wie früher. Ich gehe zu bestimmten Einrichtungen, habe Kontakt mit Betreuern. Und die Öffentlichkeit reagiert auf den Begriff „Sexualbegleiter" angenehmer und ist damit total einverstanden. Das Wichtigste ist, dass man so nicht mehr am Rande der Gesellschaft steht. Meine Arbeit ist jetzt „offiziell" anerkannt. Mit Sexualbegleiter verbindet man Kompetenz, Erfahrung, Menschlichkeit und Hilfsbereitschaft.

■ *Wie reagiert die Öffentlichkeit auf deine Arbeit?*

Unglaublich. Was für eine Gradwanderung! Alle sind davon sehr angetan und begeistert, sie fördern und empfehlen mich weiter. Zwar sagen alle, so was könnten sie nicht machen, aber es steht eine unglaubliche Toleranz dahinter.

Wenn mich Betreuer anrufen, merke ich wie glücklich und erleichtert sie sind, dass jemand eine derartige Dienstleistung anbietet. Das Gespräch fängt immer so an: „Wir haben einen Problem, können Sie uns helfen?"

Zu 80 Prozent sind es Betreuerinnen, die anfragen und wissen wollen, wie es funktioniert. Und dann erzählen sie von ihren „Heimbewohnern", um mir ein Bild von der Behinderung zu geben, und wir vereinbaren einen Termin für den ersten Besuch.

■ *Wie sieht deine Arbeit dann aus?*

Ich biete körperbehinderten Menschen nicht nur erotische Massage an, sondern auch Geschlechtsverkehr, falls es erwünscht ist und die Möglichkeit besteht, es auszuführen. Mittlerweile habe ich eine Stammkundschaft von über 30 Körperbehinderten.

Seit September letztes Jahres werde ich nach Trebel von Lothar Sandfort eingeladen. Dort biete ich Einzelsitzungen an, die Männer der Gruppe können also um ein erotisches Erlebnis reicher werden.

Ab Oktober 2001 werde ich mit Lothar Sandfort zusammen eine Ausbildung zum Sexualbegleiter anbieten.

■ *Bringt diese Spezialisierung Vorteile mit sich?*

Ja. Es bringt mehr Anerkennung, und es ist schön, wenn die eigene Arbeit anerkannt wird. Leider arbeiten viel zu wenig Frauen und Männer in diesem Bereich mit Behinderten.

- *Ist es eine gut honorierte Marktlücke?*

So kann man es nicht sagen. Ich mache diese Arbeit nicht nur wegen des Geldes, sondern vielmehr für mich.

- *Ist es ein gesicherter Markt?*

Es ist gerade dabei ein gesicherter Markt zu werden. Ich habe das Gefühl, dass zur Zeit ein Umbruch stattfindet.

Im September letzten Jahres habe ich auf einer Fachtagung der Spastikerhilfe in Erkner teilgenommen. Danach habe ich viele Anfragen bekommen, sodass ich vermute, hier wird noch einiges passieren.

- *War es das Geld, das dich zur Prostitution brachte?*

Prostitution hat bestimmte Reize, vorausgesetzt sie wird mit Vernunft gemacht. Ich betrachte es wie eine normale Arbeit, für die man am Ende des Monats etwas mehr „Lohn" bekommt. Man kann selbständig arbeiten, selbst bestimmen, wieviel man arbeiten möchte und wann man seine Freizeit haben will. Natürlich war ich dadurch nie mehr in finanziellen Schwierigkeiten. Ein anderer Anreiz ist, etwas anderes zu machen als der Großteil der Frauen und etwas, wovon niemand weiß.

Irgendwann einmal war es mir allerdings nicht mehr genug, versteckt und ohne Anerkennung am Rande der Gesellschaft zu arbeiten. Mit behinderten Menschen zu arbeitet bedeutet in dieser Gesellschaft anerkannt, toleriert und auch gefördert zu werden. Es ist einfach schön, jemandem so Zuwendung zu geben. Und ich freue mich darüber, dass ich gewechselt habe. Jetzt bin ich mehr als „nur eine Prostituierte".

■ *Wieso arbeitest du nur mit Körperbehinderten?*

Ich weiß es selbst nicht. Ich glaube, für eine Arbeit mit geistig Behinderten bin ich noch nicht reif. Es ist mir unheimlich wichtig, dass ich mit meinen Kunden „normal" kommunizieren kann.

Ich biete nicht nur sinnliche Massage an, sondern auch Geschlechtsverkehr. Das ist zuweilen sehr schwierig, weil die meisten dieser Männer noch überhaupt keine Erfahrung in diesem Bereich haben. Sie wissen anfangs noch nicht, ob sie tatsächlich bis zum Geschlechtsverkehr gehen möchten. Es entscheidet sich oft erst während der Massage. Ich bin für die meisten die erste Frau, mit der sie solche Erfahrungen machen. Sie sind total aufgeregt, und ich muss sie erst einmal etwas beruhigen, ermuntern und auch bestätigen. Daher es ist wichtig für uns beide, dass wir uns ganz genau verstehen.

Obwohl vor kurzem bot ich »erotische Massage« auch für einen jungen Mann an, der spastisch gelähmt ist und nicht sprechen kann. Er kommuniziert mit Hilfe eines Codes, wo die verschiedenen Zahlen unterschiedliche Begriffe kennzeichneten. Wir benutzten nur am Anfang diesen Code, danach hat er meine Fragen mit seinen Augen beantwortet.

■ *Was beinhaltet dein Angebot?*

Es hängt immer davon ab, wen ich gerade besuche. Normalerweise sage ich, dass ich erotische Massage gebe, und nach Wunsch und sofern die Möglichkeit besteht biete ich auch Oralverkehr und Geschlechtsverkehr an.

Ich bevorzuge, die Termine auf den Abend zu legen, diese Tageszeit ist für mich die sinnlichste und erotischste. Für Erotisches ist es mir tagsüber irgendwie zu hell, und es gibt zu viel Ablenkungen. Aber wenn bestimmte Betreuer, die unsere Vereinbarung organisierten, nur tagsüber arbeiten, werde ich natürlich auch am Tage kommen.

Ich nehme immer meine Düfte, Kerzen und bestimmte Musik mit. Damit versuche ich so weit wie möglich eine sinnliche Atmosphäre zu zaubern. Manchmal wird von den Betreuern schon etwas vorbereitet, das zeigt, dass sie den Behinderten etwas Gutes tun möchten.

Ich merke sehr oft, dass meine körperbehinderten Kunden total zufrieden sind, wenn ich ihnen die Möglichkeit gebe, sich zu entscheiden, was wir machen oder nicht. Viele möchten gerne Geschlechtsverkehr haben, aber sind sich nicht so sicher, ob es klappen würde oder nicht. Deswegen freuen sie sich auf eine aufregende Massage, die natürlich die Voraussetzung für weiteres ist. Und dann, wenn sie so weit sind, kann man es mit dem Geschlechtsverkehr versuchen.

Es klappt nicht immer. Ich glaube, man kann mit vaginalem Sex nicht kräftig genug stimulieren und bei manchen dauert es sehr lange, bis sie zum Orgasmus kommen. Behinderte haben nicht die Erfahrung verschiedener sexueller Kontakte und Erlebnisse. Es ist schon gut, wenn sie überhaupt masturbieren können und sich dadurch an sich selbst gewöhnen. Mit den Händen kann man natürlich einen stärkeren Reiz ausüben, als mit der Vagina. Vielleicht irre ich mich, aber ich erlebe es oft so.

Letzte Woche hat mich ein Betreuer eines Heimes angerufen. Ich sollte einem spastisch gelähmten Mann möglichst viel Erotik und auch Geschlechtsverkehr anbieten. Der Behinderte war 40 Jahre alt und hatte ein starkes „Kuschelbedürfnis". Er wollte nichts anderes. Ihm ging es um körperliche Nähe zu einer Frau. Die ganze Zeit haben wir uns ohne Worte fest umarmt und gekuschelt.

Er hat mir erzählt, dass er überhaupt noch nie eine nackte Frau gesehen und angefasst hat. Ihm ging es nicht um Geschlechtsverkehr, aber schon um Sexualität und um Körperkörperkontakt und die Nähe zu einem Anderen.

■ *Wer sind deine Kunden?*

Ich habe es mit verschiedenen körperbehinderten Kunden zu tun und passe mein Angebot den jeweiligen Menschen an. Bei querschnittgelähmten Kunden, die ab dem Bauchnabel nichts mehr spüren, kann ich natürlich keinen Geschlechtsverkehr anbieten. Aber Querschnittgelähmte haben auch ihre erogene Zonen, die man stimulieren kann, oder ich biete eine gemeinsame erotische Dusche an.

Ich habe viele Kunden mit verschiedenen Behinderungsformen, etwa spastisch Gelähmte, Menschen mit Muskelschwund, mit offenem Rückenmark (oder mit Wasserkopf) oder Blinde. Ich arbeite auch mit älteren Männern, die ihre Frauen seit längerer Zeit verloren hatten oder mit Menschen, die im Laufe ihres Lebens durch Unfall behindert wurden. Für jeden wird mein Angebot individuell, den bestehenden Möglichkeiten angepasst.

■ *Hast du auch Frauen als Kundinnen?*

Nein. Trotz Anfragen von Frauen biete ich für sie nichts an. Das liegt nicht an den Frauen, sondern an mir. Ich hatte noch nie sexuelle oder erotische Erfahrungen mit Frauen gemacht. Ich weiß wirklich nicht, was Frauen erwarten und ich möchte andere und mich nicht verletzen. Gleichgeschlechtliche Beziehungen, welcher Art auch immer, lehne ich nicht ab, nur ich hatte noch kein Erlebnis. Wenn, dann möchte ich es ohne Geld und nur für mich tun.

■ *Siehst du einen Unterschied zwischen den Wünschen der nicht behinderten und körperbehinderten Kunden?*

Nein. Es gibt keinen Unterschied. Der Unterschied ist allerdings groß, was die Verwirklichung dieser Wünsche anbelangt. Körperbehinderte, wie auch Nichtbehinderte wünschen sich sexuelle Befriedigung, Erotik und sinnliches Anfassen. Die Wünsche sind die gleichen. Körperbehinderte können sich aber nicht so gut bewegen, bestimmte

Bewegungen beim Sex – wie etwa die Beckenbewegung – funktionieren so nicht. Dadurch fehlt etwas, das ich durch meine Bewegung kaum kompensieren kann.

Außerdem sind die Stellungen beim Geschlechtsverkehr, mit wenigen Ausnahmen, immer die gleichen. Fast immer findet die „Reiterposition" statt, da die meisten nur auf dem Rücken liegen können. Mit nichtbehinderten Männern kann man sofort die für sie und auch für mich beliebteste Stellung auswählen, in der sie ziemlich schnell zum Orgasmus kommen können. Beim Großteil der Behinderten gibt es diese beliebten Stellungen nicht. So sage ich einfach, die Wünsche sind dieselben, die Ausführung ist völlig anders.

■ *Was ziehst du für den Kunden an?*

Zur Arbeit trage ich Reizwäsche – immer schon – aber keine obszöne Wäsche. Ich finde sie sehr schön und vor allem erotisch. Man kann nicht nackt mit den Männern über dein Angebot verhandeln. Und natürlich, je besser man sich präsentieren kann, desto größer sind die Chancen.

Wenn ich zu meinen körperbehinderten Kunden gehe, trage ich natürlich auch meine erotische Wäsche. Und sie sind total begeistert. Wenn ich einen Termin vereinbare, frage ich, ob er bestimmte Wünsche hat, was ich anziehen sollte. Manche sagen dann: „es ist egal, Hauptsache du bist da", manche sagen: „etwas schwarzes und mit Straps". Ich habe damit überhaupt keine Probleme, schließlich isst das Auge mit. Ich glaube, die pure Nacktheit reizt die wenigsten, mich auch nicht.

■ *Ist dein Verhalten anders, wenn du mit körperbehinderten Menschen schläfst?*

Ich glaube, ja. Es liegt bestimmt daran, dass der Zeitrahmen in der Live-Show anders war. Ich hatte damals 15 Minuten für einen Kunden. Ja, 15 Minuten mit allem drum und dran. Wünsche und Preis festlegen, ausziehen, der Akt selbst und schließlich anziehen. Und das alles in einer Viertelstunden. Und es funktionierte. Natürlich gab es Ausnahmen, wenn mein Gast lange überlegt hat, was er endlich von dem Angebot nimmt, oder wenn er davor getrunken hatte, oder wenn er zu viel gelabert hatte, dann war die Zeit abgelaufen, und er musste nachzahlen. Das nächste Mal war er dann schneller. Je schneller der Kunde kommt, desto besser ist es für die Prostituierte. Ich hatte mich an diese Schnelligkeit gewöhnt und musste mich einfach umstellen.

Es ging schließlich nicht um mich, früher ging es nicht um ein richtiges Kennenlernen, sondern um eine schnelle Triebbefriedigung. Von den Kunden wusste ich nicht sehr viel, es blieb alles anonym.

Mit Körperbehinderten ist es völlig anders. Ich habe nicht nur mit ihnen zu tun, sondern auch mit ihrem ganzen Umfeld. Ich gehe zu ihnen, lerne ihre Zimmer, Wohnungen, Betreuer und Behinderungen kennen. Ich erfahre viel Persönliches dadurch, dass ich über ein bis zwei Stunden mit ihnen verbringe.

■ *Wird von dir festgelegt, wieviel Geld du von einem Kunden nimmst?*

Ja und nein. In der Live-Show gab es für alles einen Festpreis, den die Frauen im Laufe der Jahre bestimmt hatten. Man sollte davon nicht abweichen. Natürlich gab es mal Ausnahmen, aber die meisten Frauen arbeiteten für den richtigen Preis.

Bei der Arbeit mit Behinderten gibt es keine festgelegten Preise. Deswegen habe ich selbst bestimmt, wie viel ich nehme. Ich habe mit den Preisen schon eine langjährige Erfahrung und weiß, wie viel was kostet. Wenn ich über den Preis rede, gibt es kaum Diskussionen darüber. Der Preis beinhaltet natürlich auch meine Fahrtkosten, und erfahrungsgemäß liegen Behinderten-Wohnheime am Rande der Stadt.

Ich finde es manchmal ziemlich komisch, den Preis mit den Betreuern zu vereinbaren. Und oft geben mir die Betreuer sogar das Geld und nicht die Betroffenen selbst.

- *Was für eine Verbindung hast du zu den BetreuerInnen?*

Das ist immer noch sehr unterschiedlich. Größtenteils sind sie sehr offen gegenüber dem Thema und freuen sich über meine Arbeit, besonders, dass Sexualität jetzt so „professionell" behandelt wird. Ich glaube, die Betreuerinnen haben langsam genug von dieser ewigen Last, dass Heimbewohner ständig „unter ihren Rock" greifen. Sie sind erleichtert, Hilfe von draußen holen zu können.

Es gibt natürlich auch Situationen, in denen ich das Gegenteil erlebe. Kürzlich hat mich eine Heimbetreuerin angerufen und wollte mit mir einen Termin für einen ihrer Heimbewohner ausmachen. Unser Zusammenkommen scheiterte daran, dass sie nicht wollte, dass ich meine Einzelsitzung (die erotische Massage) in ihrem Heim mache, obwohl der Heimbewohner ein Einzelzimmer hatte. Als ich fragte, wo das Problem liege, da er in einem Einzelzimmer lebt, hat sie geantwortet, dass „so ein Besuch hier nicht erwünscht ist!" So was kann mich aufregen. Das ist eine richtige Doppelmoral. Aber Gott sei Dank sind solche Situationen selten.

- *Gibt es auch Freundschaften zu deinen Kunden?*

Früher gab es so was nicht, ich habe nie meine Telefonnummer vergeben und bin nie mit jemandem ausgegangen. Es gibt keine Freundschaft zwischen Freier und Hure. Jetzt ist es ein bisschen anders, dadurch, dass ich meine Kunden besser kennen lerne, entsteht eine Privatsphäre. Hier dreht sich nicht unbedingt alles um puren Sex, sondern um mehr, um Intimität und Freundschaft. Meine Arbeit und ihre Behinderung, ich glaube, es verbindet uns. Bei dieser Arbeit bin ich mit manchen meiner Kunden zum Beispiel zum Kaffeetrinken ausgegangen. Aber das sind auch hier die Ausnahmen.

- *Weiß jemand von deinen Verwandten, FreundInnen oder Bekannten, dass du als Prostituierte gearbeitet hast und jetzt als Sexualbegleiterin arbeitest?*

Nein. Außer meinem Mann und meinem besten Freund weiß es niemand. Ich glaube, das würde niemand verstehen. Gegen Prostitution hat man so viele Vorurteile, es ist so negativ besetzt. Das kommt natürlich davon, dass keiner Bescheid weiß und alle nur vage Vorstellungen davon haben.

Ich lebe unter Menschen, und ich bin auf die Meinung der anderen angewiesen. (Wenn jemand anderes behauptet, dann hat er keine Ahnung.) Ich habe Angst, das zu erzählen, weil ich Angst davor habe, dass sie mich dann ablehnen, dass ich plötzlich keine Freunde mehr habe. Schließlich lebe ich nicht auf einer einsamen Insel.

- *Gibt es Gründe, den Kontakt zu Kunden abzubrechen? Ist das schon mal vorgekommen, auch bei körperbehinderten Kunden?*

Normalerweise bricht man den Kontakt zum Kunden kaum ab, es sei denn, der Kunde macht etwas, was nicht vereinbart war. Beim ersten Mal kann man das noch besprechen, aber, wenn es öfter vorkommt, dann sagt man ihm, er sollte zu einer anderen Frau gehen. So einen hatte ich auch einmal während meiner Live-Show-Zeit.

Bei meinen körperbehinderten Kunden kam dies bis jetzt noch nicht vor, allerdings habe ich hier auch schon einen Termin abgesagt. Eine Betreuerin hatte mich angerufen und mit mir einen Termin bei einem Körperbehinderten ausgemacht. Als ich da ankam, wollte er von meinen Angeboten nichts haben, nur mit mir sprechen und mir seine Schallplattensammlung zeigen. Ich habe ihn gefragt, ob er tatsächlich möchte, dass ich wiederkomme, und er sagte „nee, lieber nicht".

Er hatte überhaupt kein Verlangen auf etwas Erotisches. Die Betreuerin meinte, dass er längere Zeit keinen Kontakt mit Frauen hatte und wir es versuchsweise probieren könnten. Aber es funktionierte nicht. Er wollte nichts haben.

- *Hast du Dich schon in einen Kunden verliebt?*

Nein. Noch nie. Ich mag meine Kunden als Menschen, aber ich halte auch Abstand. Ich fühle mich zu ihnen hingezogen, mehr aber auch nicht.

Außerdem lebe ich in einer befriedigenden Partnerschaft – in jeder Beziehung. Ich habe die Männer nie so betrachtet, als ob ich mich in sie verlieben könnte. Ich liebe meinen Mann.

Aber ich bin keine Heilige. Ich mache die Arbeit auch wegen des Geldes. Und natürlich fühle ich mich nicht zu all meinen Kunden hingezogen. Selbstverständlich mache ich auch Kunden ein Angebot, zu denen ich mich nicht hingezogen fühle. Genau so ist es auch bei den körperbehinderten Kunden. Manche Menschen mag man eben und andere wieder nicht.

Aber manchmal kann sich meine Antipathie plötzlich ändern. Einmal hatte ich bei einer Einzelsitzung mit einem jungen Mann Schwierigkeiten, irgendwie sind wir nicht warm geworden. Ich versuchte dies und jenes, und er lag nur teilnahmslos im Bett. Es war für mich, wie eine Mauer, die ich nicht durchbrechen konnte. Er war für mich da, aber ich konnte keine Gefühle zu ihm entwickeln, nur Zweifel an mir selbst kamen hoch. Und so endete die Einzelsitzung auch. Ein halbes Jahr später begegnete ich ihm wieder. Ich war mir sicher, er würde mit mir garantiert keine Einzelsitzung mehr machen, aber er wollte. Und sieh an, es hat so richtig „gefunkt“ zwischen uns, aus heiteren Himmel. Auf einmal habe ich richtig viel Zuneigung aufbringen können, was von ihm – und das ist das Wichtigste – aufgenommen wurde.

- *Wie sind denn deine Ideale - gibt es Ideale für Dich? Ideale Körper? ...*

Ich wollte diese Frage auch schon als junges Mädchen immer beantworten, wenn meine Freundinnen schon eine klare Vorstellung davon hatten, wie ihre Partner aussehen sollten. Ich weiß es bis heute nicht. Ich habe nie Idealvorstellungen gehabt. Wenn ich mich zu jemand hingezogen fühle, ist es egal, wie er aussieht. Mir haben die Männer in den Zeitschriften nie gefallen. Was habe ich von einem schönen Mann, mit einem schönen Körper, wenn er ein Blödmann ist?!

Diese Einstellung hat meine ganze Arbeit begleitet. Für mich ist es egal, wie ein Körper aussieht, ausschlaggebend ist, wie man sich gibt. Wie man sich verhält. Wenn einer aber den Blödmann raushängt, und denkt „sie ist nur eine Hure", dann wird er abgelehnt, einfach rausgeschmissen.

So ist es auch bei Körperbehinderten. Ihre Körper können so entstellt sein, dass es schon weh tut, trotzdem werde ich sie nicht ablehnen. Wenn jemand aber blöd daher redet, werde ich ihn trotz Behinderung ablehnen.

Eine Frau wird fast immer wegen des Geldes Prostituierte und dann sollte sie sich nicht allzu blöd anstellen. Auf keinen Fall geht es in der Prostitution um die Schönheit der Männer.

- *Was bedeutet für Dich Sexualität?*

Oh Gott. Sexualität bedeutet für mich das Leben. Ja, ganz einfach, ohne Sexualität gibt es kein Leben. Alle Lebewesen haben Sexualität, ob es Menschen oder Tiere sind, ob es Kinder, Erwachsene, ältere Menschen oder Behinderte sind.

Leider wird das Recht auf Sexualität bei behinderten Menschen gerne ignoriert. Es passiert aus Angst. Viele können es kaum verkraften, wenn ein Behinderter mit seinem krummen Körper auch noch Sex machen möchte.

- *Gehören Liebe und Sexualität zusammen?*

Ich glaube nicht. Nicht unbedingt. Ich liebe meine Kinder, trotzdem habe ich mit ihnen keine Sexualität. Das ist nur ein Argument.

- *Ist Sexualität grundsätzlich für Dich wichtig?*

Na, selbstverständlich. In meiner Sexualität kann ich meine Emotionen, meine Freude und meine Angst ausdrücken. Sexualität ist so wichtig wie essen und trinken – ein Grundbedürfnis, das jeder einfach in sich hat. Von der Geburt bis zum Tod haben alle Menschen Sexualität. Sexualität ist schön zu zweit, aber es ist auch alleine wunderbar.

- *Wie empfindest du die Sexualität zu deinem Partner und in der Prostitution?*

Ich hatte kürzlich eine lange Diskussion über dieses Thema. Ein körperbehinderter Mann behauptete, das Recht auf einen Orgasmus der Frau zu haben, wenn er für Geld mit ihr schläft. Dieses Beharren auf den Orgasmus einer Sexualbegleiterin oder einer Prostituierten löste natürlich eine heftige Debatte aus.

Ich bin nicht Prostituierte oder Sexualbegleiterin geworden, um sexuell auf meinen Kosten zu kommen. Ich trenne das sehr strikt, Arbeit und Privates. Ohne diese Einstellung könnte ich nicht arbeiten. Für Geld kann man nicht meinen Orgasmus kaufen.

Wenn ich mit jemand schlafen möchte, dann steht das Thema Geld nicht an. Privat gebe ich mich im Bett total anders. Dann sind meine tiefsten Gefühle gefragt. In der Arbeit kann ich mir diese Gefühle nicht erlauben. Erlauben ist vielleicht das falsche Wort, ich habe hier einfach nicht so intime und tiefe Gefühle beim Sex.

- *Welches Gefühl hast du, wenn du mit jemanden gegen Geld schläfst?*

Oh Gott, wie soll ich es erklären. Es ist Arbeit für mich, mit jemandem zu schlafen. Diese Arbeit möchte ich ziemlich gut machen. Aber ich vögle weder wie eine läufige Hündin rum noch bin ich „gefühlstot".

Ich glaube, es ist aufgrund der Professionalität, mit der ich und jede andere Prostituierte arbeiten, dass wir mit jemandem Sex haben können, ohne dass dieser uns zu nahe kommt. Ich bin nicht in meinen Kunden verliebt.

Wir müssen klar stellen, ich schlafe mit Männern – zurzeit nur mit körperbehinderten – nicht, weil ich die „Heilige Samarita" bin, sondern erstens wegen des Geldes und zweitens, weil es mich beruflich weiter bringt.

- *Wie ehrlich kannst du in deinem Verhalten sein, wenn du für Geld mit jemanden schläfst?*

Ich lüge meinen Kunden nicht an und mache wenig Theater. Ich versuche ihnen zu erklären, dass ich keinen Orgasmus haben möchte und auch nicht kann. Sie verstehen es sehr gut und diskutieren auch nicht darüber, sie wollen mich nicht überzeugen.

Manche von ihnen möchten trotzdem, dass ich rumstöhne oder ähnliches, weil es sie antörnt. Dann stöhne ich.

- *Tut es dir gut, wenn der Kunde zufrieden ist?*

Ja, selbstverständlich. Wie in jedem anderen Beruf. Wenn der Kunde nicht zufrieden ist, frage ich mich, ob es mein Fehler war, was ich falsch gemacht habe. Ob ich für ihm tatsächlich das angeboten habe, was er wollte.

- *Fragen die Kunden Dich, ob es für dich schön war, ob du auch gekommen bist? Was antwortest du?*

Meiner Erfahrung nach werden diese Fragen nicht gestellt. So etwas läuft auf einer anderen Ebene. Es geht hier um Gefühle und wenn zwei Menschen in so einer intimen Situation sind, dann wissen sie ohne Worte, was abgelaufen ist.

Behinderte Männer wissen auch ganz genau, dass ich dafür Geld nehme, daher kennen auch sie die Spielregeln. Es passierte mit mir schon einmal, dass es besonders schön war und alles so wunderbar gelaufen ist. Man merkt das sofort, die Männer sind auch nicht blöd.

Lothar Sandfort

Ausbildung: Sexualbegleitung

Warum dieser Einstieg? Das Thema Sexualität und Behinderung wird im Moment ziemlich hochgekocht. Das Thema hat es schon immer gegeben, und viele aus der Selbsthilfebewegung haben sich schon immer sehr intensiv mit diesem Thema auseinandergesetzt. Aber zu bestimmten Zeiten haben bestimmte Themen Hochkonjunktur. Behinderung und Sexualität ist bis vor kurzem noch Tabu gewesen, jetzt ist dieses aufgebrochen und viele kommen, setzen sich dazu, hören und genießen die Sensation.

Für uns ist es wichtig, dass die TeilnehmerInnen an unseren Kursen auch bereit sind, zu sich selbst zu schauen. Die Nichtbehinderten werden den Selbsthilfeaspekt dessen, was wir tun, nicht für uns in irgendeiner Weise regeln können. Das geht beim Fahrtendienst, bei der Körperpflege, aber die Auseinandersetzung mit uns selbst und unserer Sexualität, das können nur wir Behinderten selber und zwar jede Person nur für sich. Wir möchten dazu Hilfestellungen geben, einerseits mit sehr praktischer, sehr hautnaher Arbeit, andererseits mit Aspekten aus dem Alltag der Beratung, der Therapie, der Unterstützung. Das ergänzt sich sehr gut – und insgesamt bleibt der Charakter von Selbsthilfe erhalten. Deswegen arbeiten wir auch nicht im

Feld der klassischen Prostitution, sondern nennen das Sexualbegleitung und wollen, dass Behinderte selbst auch bei der Ausbildung mitmachen. Wir möchten den in diesem Bereich arbeitenden Frauen und Männern ein Gefühl dafür vermitteln, was Selbstbestimmung der KundInnen bedeutet.

Die Einsatzmöglichkeiten der Frauen und Männer stellen wir uns auch nicht im Feld der klassischen Prostitution vor, sondern als Erweiterung schon bestehender Berufe. Ich kann mir vorstellen, dass die vielen Zentren für selbstbestimmtes Leben, die es in Deutschland schon gibt, ihre Dienstleistungen erweitern auch um den Bereich Sexualbegleitung. Das wird heute noch nicht gehen, dafür müssen wir selbst innerhalb unseres Dachverbandes noch viel Aufklärungsarbeit und Werbung machen. Dies ist auch kein Programm, das morgen in Gänze steht, sondern etwas, was sich entwickelt. Es ist ein neues Arbeitsfeld, das sich entwickeln muss. Ich stelle mir vor, dass wir im Bereich der Physiotherapie (Praxen für Krankengymnastik), wo viele ja schon die therapeutische Massage anbieten, einige bewegen können, ihre Praxis zu erweitern. Es könnten die Netze der Ergotherapie dazu in Verbindung gebracht werden. Obwohl wir selbst Wert darauf legen, dass unser Angebot kein therapeutisches ist, es geht um Begleitung. Wie wir das, was im Bereich der Körperpflege geleistet wird, umbenannt haben – früher waren das die Helfer, die Pfleger und die Betreuer, wir nennen sie heute Assistentinnen und Assistenten, das verdeutlicht schon eine ganz andere Beziehung. Der Begriff „Sexualbegleiter" soll deutlich machen, dass die behinderten Frauen und Männer die ExpertInnen in eigener Sache sind.

Sie sehen, das ist etwas, das sich erst in zarten Ansätzen entwickelt. Ich stelle mir vor, dass alle Einrichtungen – die Heime, die Werkstätten für Behinderte etc. – Kontakt zu jemandem haben, der in Sexualbegleitung ausgebildet ist.

Die Grundzüge der Ausbildung in Stichworten:

- Jede/r muss sich mit ihrer/seiner Sexualität auseinandersetzen.
- Es wird ein Gefühl vermittelt, was Selbstbestimmung Behinderter im Bereich Erotik und Sexualität bedeutet. Es wird nicht vermittelt, wie die Sexualität Behinderter ist.
- Es werden bestehende Netze genutzt und Berufe erweitert, was nicht ausschließt, dass jemand aus einer ganz anderen Tätigkeit heraus, sich in dieses neue Berufsfeld begeben kann.

Die Ausbildung wird von mehreren Personen geleitet. Wir haben unterschiedliche Kompetenzen, die wir dort einbringen. Wir achten auf unterschiedliche Dinge – als Nichtbehinderte und Behinderte; als Frau und als Mann. Vieles unterscheidet uns, und aus diesem Grund fließen unterschiedliche Kompetenzen ein. Grundsätzlich ist die Ausbildung offen für Behinderte und Nichtbehinderte. Der Bedarf geht eindeutig in Richtung Nichtbehinderter. Wir können darüber klagen, aber der Bedarf geht eindeutig in Richtung des nichtbehinderten Körpers, der nichtbehinderten Beziehung.

Weitere Informationen: http://www.isbbtrebel.de

Werner Schuren

Rechtliche Rahmenbedingungen

für „Sexualassistenz" schaffen

Das Ausleben von Sexualität ist ein menschliches Grundbedürfnis. Dabei geht es Behinderten oft gar nicht nur um Sex oder Geschlechtsverkehr, sondern um Berührungen, um intensive Körperkontakte, Umarmen, Festhalten – und das eben nicht bloß, weil es einen (sexuellen) Zweck hat, sondern damit es gut tut. Es ist daher meines Erachtens abwegig, diese „Sexualassistenz", oder wie es Sandra Senger von SENSIS formuliert, den „Körper-Kontakt-Service" mit Prostitution gleichzusetzen.

Dennoch macht das Gesetz keinen Unterschied: Prostitution im engeren Sinne ist eine Dienstleistung, die in der Ausübung, Erduldung und Stimulation von sexuellen Handlungen gegen Entgelt besteht. Und so ist auch die Dienstleistung „Sexualassistenz" als Prostitution zu definieren.

Die Ausübung der Prostitution ist in Deutschland nicht verboten, aber rechtlich definiert als *„sittenwidrige Tätigkeit"*, die *„gegen das Anstandsgefühl aller billig und gerecht Denkenden verstößt." „Ein Rechtsgeschäft, das gegen die guten Sitten verstößt, ist nichtig."* (§138 BGB) Gesetzlich untersagt ist die *„Förderung der Prostitution"* (§ 180a StGB). Eine Straftat liegt dann vor, wenn jemand *„seines Vermögens-*

vorteils wegen einen anderen bei der Prostitution überwacht, Ort, Zeit, Ausmaß oder andere Umstände der Prostitutionsausübung bestimmt". Die Vermittlung von sexuellen Dienstleistungen befindet sich in gefährlicher Nähe zur *„Förderung von Prostitution"*.

Aus oben Gesagtem ergibt sich, dass sich die „Sexualassistenz" in einer rechtlichen Grauzone bewegt, wobei es auf Juristen ankommt, ob sie von der Zuordnung zur Prostitution ausgehen. Dies hat auch konkrete Auswirkungen. Das Heim, das „Sexualassistenz" für Behinderte ermöglicht, der gesetzliche Betreuer, der seinem Betreuten die finanziellen Mittel für die Dienstleistung „Sexualassistenz" bereitstellen, unterstützen ein sittenwidriges Rechtsgeschäft, das nichtig ist. Heim oder Betreuer bleiben ggf. auf den Kosten sitzen, da sie Leistungen bewirkt haben, die sie nicht bewirken durften.

Leistungen der „Sexualassistenz" dürfen von der Sozialversicherung oder dem Sozialamt nicht bewilligt werden, da diese öffentlich-rechtlichen Leistungsträger keine Kostenübernahme für sittenwidrige Leistungen erbringen dürfen. „Sex auf Krankenschein" scheidet daher derzeit aus. Es ist verwunderlich, dass vom Sozialamt Berlin-Tempelhof-Schöneberg die Kosten eines Behinderten für „Sexualtherapie" durch eine „Sexualbegleiterin" im Rahmen des § 36 BSHG („Vorbeugende Gesundheitshilfe") am 20.05.2001 übernommen wurden und es bleibt abzuwarten, ob dies künftig gängige Verwaltungspraxis wird.

Derzeit laufen Bestrebungen im Deutschen Bundestag, die Sittenwidrigkeit der Prostitution zu beseitigen und Prostitution zu legalisieren. Entsprechende Gesetzentwürfe der PDS (Bundestagsdrucksache 14/4456) und der Fraktionen von SPD und Bündnis 90/Die Grünen (Bundestagsdrucksache 14/5958) wurden bereits im Bundestag in erster Lesung beraten und dürften im Laufe des Jahres 2002 verabschiedet werden. Wenn aber die Sittenwidrigkeit der Prostitution entfällt, beständen künftig auch keine rechtlichen Barrieren für eine „Sexualasstistenz".

Das „Kuratorium Behinderung und Sexualtät e.V." begrüßte in seiner Gründungssitzung die entsprechenden Pläne zur Legalisierung der Prostitution und damit verbunden die Erwartung zur Ermöglichung der „Sexualassistenz" bis hin zum „Sex auf Krankenschein" nach niederländischem und dänischen Vorbild.

Brigitte Frey

Das Recht auf sexuelle Entwicklung -

Möglichkeiten sexualpädagogischer Begleitung

> *„Jeder Mensch hat das Recht auf die freie Entfaltung seiner Persönlichkeit, soweit er nicht die Rechte anderer verletzt und nicht gegen die verfassungsmäßige Ordnung oder das Sittengesetz verstößt."* (Art. 2 Grundgesetz).
>
> *„Jeder junge Mensch hat ein Recht auf Förderung seiner Entwicklung und auf Erziehung zu einer eigenverantwortlichen und gemeinschaftsfähigen Persönlichkeit"* (§1, Kinder- und Jugendhilfegesetz).

Damit hat jeder Mensch auch das Recht auf sexuelle Entwicklung und Begleitung dabei.

Sexualität ist eine Lebensenergie, die Menschen von der Geburt bis zum Tod begleitet. In unterschiedlichen Lebensphasen stehen dabei unterschiedliche Bedürfnisse und Ausdrucksweisen im Vordergrund. Geschlechtsidentität als Mädchen oder Junge, Mann oder Frau, die eigene Körperlichkeit, Kontakt- und Beziehungsgestaltung (in hetero- wie in homosexuellen Beziehungen), Lusterfahrung und der Umgang mit Fruchtbarkeit sind dabei Grundthemen.

Gelebte Sexualität ist immer auch bestimmt von gesellschaftlichen Rahmenbedingungen und der individuell erfahrenen Sozialisation und Biographie, etwa bezüglich Geschlechterrollen, Werten und Normen, oder auch dem Zugang zu Information usw.

Behinderung hat nach einer Definition der WHO drei Dimensionen: Schädigungen (impairments), Fähigkeitsstörungen (disabilities) und damit verbundene soziale Beeinträchtigungen und Benachteiligungen (handicaps).

Trotz oder in Verbindung mit einer Behinderung entwickeln Menschen aber auch besondere Begabungen, beispielsweise die Sensibilität von Menschen mit geistiger Behinderung für die Art und Weise, wie jemand in Kontakt tritt.

Sexualität von Menschen mit Behinderungen war lange Jahre ein Tabu in der Öffentlichkeit. Die Bilder für Menschen mit geistiger Behinderung reichen jedoch vom „ewigen Kind ohne sexuelle Bedürfnisse" bis zur „triebhaften distanzlosen Person". Menschen mit Körperbehinderung werden zum Teil als asexuelles Wesen betrachtet, allein weil sie oder er den gängigen Schönheitsnormen nicht entspricht.

Die sexualpädagogische Arbeit von *pro familia* geht vom Grundrecht jedes Menschen auf die Entwicklung der eigenen Persönlichkeit, einschließlich der Entwicklung der eigenen Sexualität aus. Das gilt für Mädchen und Jungen, Frauen und Männer mit unterschiedlichen Behinderungen genauso wie für alle anderen Zielgruppen.

Sexualität soll nicht behindert werden, sondern selbstbestimmt, an den eigenen Bedürfnissen orientiert und anderen gegenüber mit dem nötigen Respekt gelebt werden können. Dazu ist ein grundsätzlicher Perspektivenwechsel nötig. Die behinderte Frau / der behinderte Mann ist nicht das Objekt der Betreuung, sondern das Subjekt, das Lebensbereiche wie Körperlichkeit, Beziehungen, Sexualleben im engeren Sinn und letztlich auch Fruchtbarkeit soweit wie möglich selbst gestaltet und wenn nötig Assistenz, Anleitung oder Begleitung in Anspruch nimmt.

Im Blick auf einzelne Mädchen / Jungen / Frauen / Männer sind dazu viele Differenzierungen nötig. Die persönliche Lebenssituation, die Bedeutung und Auswirkungen einzelner Behinderungen können hier nicht ausführlich beschrieben werden, sind aber in der konkreten Arbeit von entscheidender Bedeutung. Der Blick auf Menschen mit Behinderungen als eine diskriminierte Gruppe in unserer Gesellschaft zeigt Rahmenbedingungen auf. Der Blick auf Individuen in gesellschaftlichen und persönlichen Rahmenbedingungen macht persönliche Entwicklung möglich.

Zu den *besonderen Rahmenbedingungen* für die sexuelle Entwicklung von Mädchen/Frauen und Jungen/Männern mit Behinderung gehören unter anderem folgende:

1. Menschen mit Behinderung werden in unserer Gesellschaft als Randgruppe gesehen und behandelt. Das spiegelt sich in öffentlichen Bauten, in der Unterbringung in großen Einrichtungen in Randlagen, im konkreten Umgang, im alltäglichen Übersehen- oder Bemitleidetwerden, in pränataler Diagnostik als Selektionsinstrument etc. wider.
   Sowohl diese gesamtgesellschaftliche Situation wie auch die tatsächlichen persönlichen Anforderungen in Pflege und Erziehung beeinflussen die Beziehung von Eltern zu ihrem behinderten Kind.

2. Wenn Kinder, Jugendliche oder Erwachsene pflegebedürftig sind, bedeutet das auch immer einen eingeschränkten Intimbereich. Eltern oder andere Personen müssen sowohl ihre eigenen Intimgrenzen überschreiten wie auch die Intimgrenzen der/des Betroffenen.
3. Mädchen und Jungen mit geistiger oder körperlicher Behinderung haben weniger Freiraum als Kinder und Jugendliche ohne Behinderung. Sie stehen durchgängig mehr unter Aufsicht und

Betreuung (abhängig von der jeweiligen Behinderung), zum Beispiel auf dem Schulweg, in der Tagesstätte,...

4. Der Blick auf Menschen mit Behinderung richtet sich sehr stark auf so genannte Defizite, auf Bedarf an Förderung, Hilfe, Begleitung. Dieser Blick ist einseitig und trägt unter anderem zu einem Machtgefälle und zu Abhängigkeiten bei, die die Entwicklung von Selbstvertrauen, Selbstständigkeit und Selbstbestimmung behindern.
   Therapeutische Maßnahmen sind natürlich grundsätzlich wichtig. Aber auch sie können dazu beitragen, dass der eigene Körper immer als unzureichend und falsch erlebt und bewertet wird. Im Einzelfall kann also weniger mehr sein.

5. Nach Untersuchungen in USA und Österreich (Schriftenreihe der Frauenministerin, Band 10: Weil das alles weh tut mit Gewalt – Sexuelle Ausbeutung von Mädchen und Frauen mit Behinderung, Wien 1996) sind Mädchen/Frauen mit Behinderung noch häufiger als Jungen/Männer von sexualisierter Gewalt betroffen. Beide Gruppen sind häufiger betroffen als Mädchen/Frauen und Jungen/Männer ohne Behinderung.
   Dennoch gibt es kaum Fachstellen, die dieses Thema aufgreifen und mit Betroffenen angemessen bearbeiten können.

6. Nur wenige Informations- und Aufklärungsmaterialien sind auf Mädchen und Jungen mit unterschiedlichen Formen von Behinderung zugeschnitten. Ihr Zugang zu Information wird so begrenzt.

7. Zur sexuellen Entwicklung gehört auch die Auseinandersetzung mit der eigenen Fruchtbarkeit. Dieses Thema wird aber auch für Erwachsene mit Behinderung tabuisiert.

Das allein verhindert weder Schwangerschaften, noch entspricht es einer Pädagogik der Menschenwürde.

Mittlerweile erkennen viele Eltern und Einrichtungen Sexualität als menschliches Grundbedürfnis an. Sie sind jedoch noch unsicher, suchen nach Informationen, Konzepten und Handlungsideen.

Altersgerechte Information und Aufklärung weckt nicht – wie manchmal befürchtet – so genannte „schlafende Hunde". Im Gegenteil: Altersgerechte Information und Aufklärung trägt zum Schutz von Mädchen und Jungen vor sexualisierter Gewalt bei. Sie gibt Kindern und Jugendlichen die Möglichkeit, Ereignisse zu benennen, einzuordnen und ihrem eigenen Gespür für „gut" und „böse" zu trauen.

Grundsätzlich brauchen Mädchen und Jungen mit Behinderung keine „andere" Sexualpädagogik. Wichtig ist das Wissen um besondere Rahmenbedingungen, aber auch die Selbstreflexion von Eltern und PädagogInnen. Einstellungen zu Sexualität und Behinderung vermitteln sich im Alltag weit mehr als in geplanten Aktionen.

Sexualpädagogik beginnt im Umgang mit einem Säugling und seinen/ihren Bedürfnissen. Je nach Entwicklungsphase treten unterschiedliche Körperbereiche und Themen in den Vordergrund.

Eine sexualpädagogische Begleitung, die selbstbestimmte, lustvolle und verantwortlich gelebte Sexualität unterstützt, braucht folgende Elemente:

1. Die Unterscheidung zwischen kindlichen Bedürfnissen und erwachsenen Bedürfnissen und Bildern.
   Kinder entdecken ihren Körper und seine Ausscheidungen zunächst neugierig und unbefangen. Der Entdeckung der eigenen Genitalien und entsprechenden Fragen und Berührungen liegt kein erwachsenes sexuelles Interesse zugrunde, sondern die Neugier auf den eigenen Körper und das eigene Geschlecht.

2. Um ihren Körper zu verstehen und ein inneres Körperbild zu entwickeln, brauchen Mädchen und Jungen Möglichkeiten, sich mit

allen Sinnen zu erleben und zu erkunden. Sie brauchen auch eine Sprache, die ihre Körperteile differenziert und wertschätzend benennen. Und sie brauchen die Erfahrung, dass sie so wie sie sind, in Ordnung sind und geliebt werden.

3. Auch Kinder mit Behinderung sind Mädchen und Junge von Anfang an. Dabei geht es nicht um die Vermittlung von traditionellen Rollenbildern, sondern um die Wahrnehmung ihres Körpers und seiner Anlagen zur Bildung der eigenen Geschlechtsidentität. Sie sind keine Neutren.

4. Selbstbestimmung beginnt mit den ersten Äußerungen eines Kindes, wenn bestimmte Speisen gewünscht oder abgelehnt werden, wenn in der Trotzphase versucht wird, den eigenen Willen durchzusetzen, wenn es der rote Pullover sein muss...

5. Ebenso brauchen Kinder die Erfahrung und Auseinandersetzung mit Grenzen – den eigenen und denen anderer – als Orientierung. Nähe und Distanz wie auch Intimität werden so erlebt und abgesteckt. Bei Mädchen und Jungen, die pflegebedürftig sind, ist hier besondere Sensibilität gegenüber ihren Grenzen und den eigenen als Pflegekraft wichtig.

6. Pubertät ist für alle Jugendlichen eine schwierige Zeit. Für Mädchen und Jungen mit Behinderung stellt sich hier zusätzlich die Frage nach der eigenen Behinderung. Warum ich? Warum so? Die oben beschriebene Einschränkung ihres persönlichen Freiraums behindert sie bei der Kontaktaufnahme mit Gleichaltrigen und bei der Ablösung von den Eltern. Diese Situation ist auch für Eltern schwierig. Jugendliche wünschen sich hier PartnerInnen, die sie ernst nehmen, die sich auch problematischen Themen mit ihnen stellen.

7. Mädchen und Jungen mit geistiger Behinderung entwickeln sich körperlich altersgemäß. Ihre seelische und geistige Entwicklung

kann jedoch auf einem anderen Stand sein. Hier sind Eltern und PädagogInnen gefordert, jedes Mädchen / jeden Jungen in ihrer/ seiner Entwicklung individuell genau zu betrachten, um angemessen auf die jeweiligen Bedürfnisse und Fragen zu reagieren. (s.a. Punkt 1)

8. Zum Erwachsen werden gehört die Ablösung von den eigenen Eltern, das Loslassen der „Kinder", die Entwicklung eigener Lebens-, Berufs- und Beziehungsperspektiven, auch wenn ein Mensch mit Behinderung vielleicht auf Hilfe von außen angewiesen bleibt. Dazu gehört auch die Auseinandersetzung mit der eigenen Fruchtbarkeit. Auch wenn es provozierend klingt – warum sollte die Selbstbestimmung hier Halt machen?

Hans Hello Tluk

Hospitalisierte Begrenzung von Sexualität

– Das andere Konzept

Unsere Einrichtung besteht aus einer sehr große Wohneinrichtung mit 35 Wohnplätzen, einem ausgelagerten Außenwohnheim mit 25 Plätzen in kleinen Wohngruppen und einer ganz neu eröffneten Einrichtung mit 15 Wohnplätzen. Die Elbe-Weser-Werkstätten selbst decken sowohl den stationären (klassische Heime), wie auch den ambulanten Bereich (Einzelwohnungen oder kleine Wohngemeinschaften, deren BewohnerInnen ambulant betreut werden) ab. Angegliedert ist alles an einen großen Werkstattbereich mit verschiedenen Produktionsstätten wie Gärtnerei, Buchbinderei, Wäscherei etc.

Damit die Kontakte der HeimbewohnerInnen nicht nur auf ihr jeweiliges Heim beschränkt sind, sondern auch zum ambulanten Wohnbereich Kontakte geknüpft werden können, haben wir so genannte Anlaufstellen oder Treffpunkte geschaffen. Von hier aus werden dann beispielsweise auch gemeinsame Kickerturniere, Spieleabende, Kochgruppen organisiert und auf dieser Ebene können Partner sich auch gut kennen lernen. Bisher verlassen unsere BewohnerInnen zwar schon den Wohnbereich, gehen aber zumeist nicht aus dem Stadtteil hinaus. Es müssen schon große Ängste überwunden werden, um beispielsweise in den Kernbereich der Stadt zu gehen und dort ganz fremde Leute kennen lernen zu können.

Unsere BewohnerInnen sind geistig behinderte, schwerst und mehrfachbehinderte, körperbehinderte Menschen und – was der Alltag so mit sich bringt – oft eben auch mit Verhaltensproblematiken, Suchtproblemen, psychischen Erkrankungen belastet.

Wir haben kleine Wohngruppen geschaffen, die mit all diesen Behinderungen zurecht kommen. Es ist also alles nicht so homogen strukturiert, Probleme werden nicht in bestimmten Gruppen konzentriert, sondern bleiben gemischt. Auch im großen Heim leben pro Wohngruppe neun Personen, wovon nicht mehr als vier auf den Rollstuhl angewiesen sein dürfen. Diese Zahl überschreiten wir nie, damit für alle Leute auch genügend Raum und Zeit ist, um miteinander zu kommunizieren und gemeinsam den Alltag zu gestalten. In der neueren Wohnstätte gibt es vier Wohngruppen mit zwei bis vier BewohnerInnen. Die Wohnräume sind hier wesentlich größer. In allen Häusern bewohnt jeder Einzelräume. Die Verpflegung und die Kommunikation läuft meist in der großen Wohnküche, die jedoch nicht zentral versorgt wird. Die BewohnerInnen müssen sich an allen Dingen des Alltags beteiligen, also kochen, waschen, einkaufen etc. Auf den Wohngruppen gibt es keine Trennung nach Geschlechtern, Frauen und Männer leben dort kommunikativ zusammen, und das gestaltet sich auch richtig gut.

Wichtig an unserer Arbeit ist, dass wir uns nach außen orientieren. Wir hätten auch gar nicht genügend Räume, um innerhalb des Hauses die vielen Aktivitäten anbieten zu können. Die hier lebenden Menschen sollen außerhalb der Wohnstätte zurechtkommen und hier ihre Kontakte suchen und pflegen. Natürlich benötigen sie hierzu auch die Begleitung von MitarbeiterInnen. So haben wir für diese Außenkontakte in Absprache mit unseren BewohnerInnen bestimmte Angebote entwickelt, die es ihnen beispielweise ermöglichen ein- bis zweimal im Monat kulturelle Veranstaltungen zu besuchen.

Unsere Konzept hinsichtlich der „Kontakte zwischen den Geschlechtern" beinhaltet, dass die altersentsprechenden sexuellen Bedürfnisse respektiert werden, dass beratende Gespräche über Sexualität und Verhütung sowie bei Partnerschaftsproblemen von den MitarbeiterInnen angeboten werden. Das durchdringt unseren Alltag, schon weil wir die Wohnstätten nach den Bedürfnissen der BewohnerInnen und mit ihnen zusammen entwickeln. Sie dürfen nicht zu Orten der Aufbewahrung verkommen. Im Grunde ist das, was wir in unserer Arbeit realisieren, überhaupt nichts außergewöhnliches, ein ganz normaler Alltag, nur dass er sich an den Bedürfnissen unserer BewohnerInnen orientiert.

Ich muss zugeben, dass es anfänglich schon Schwierigkeiten gab, bestimmte Dinge und Verhaltensweisen waren in den Köpfen der MitarbeiterInnen einfach festgesetzt. Zu uns kommt ja in erster Linie ein Mensch, seine Behinderung ist nur zweitrangig. Anfangs kam es zu Problemen mit einigen MitarbeiterInnen, wenn sich beispielweise ein junger Mann eine nackte Frau an die Wand hängte. Das sind nur Kleinigkeiten des Alltags, an denen sich aber zeigt, dass auch die MitarbeiterInnen lernen mussten umzudenken. Es ist nicht so einfach auf der Gradwanderung zwischen dem Arbeitsbereich und dem Privatbereich der BewohnerInnen.

1995 sind in einer gemeinsamen Fortbildung von MitarbeiterInnen und BewohnerInnen drei Arbeitsgruppen entstanden. Die Arbeitsgruppen „Sexualität und Behinderung" setzten sich in der Folge alle zwei Wochen zusammen, dort besprachen die TeilnehmerInnen ihre Probleme und Bedürfnisse. Mittlerweile existieren nur noch zwei Gruppen, die sich nun „Das offene Ohr" nennen, in ihnen kann alles besprochen werden, was jemanden bedrückt oder was Entwicklung ausmachen sollte. Begleitet werden diese Gruppen von zwei Mitarbeiterinnen und einem Mitarbeiter.

Anfangs fehlt vieles, so musste die gesamte Aufklärungsarbeit nachgeholt werden, obwohl unsere BewohnerInnen teilweise schon 30 Jahre alt waren. Auch das war Aufgabe dieser Arbeitsgruppen. Heute sieht das schon anders aus, das werden über Rollenspiele und andere Methoden werden Probleme sichtbar gemacht und Veränderungsmöglichkeiten gesucht. Es wird über Möglichkeiten der Partnersuche informiert. Es wird versucht, ein positives Körpergefühl und den verantwortlichen Umgang mit Sexualität zu erreichen.

Uns kommen dabei häufig Fachberater zu Hilfe, das sind beispielsweise MitarbeiterInnen von *pro familia*, die zielgerichtet bei uns mit eingestiegen sind, um zum einen unsere MitarbeiterInnen zu beraten, aber ebenso um mit den BewohnerInnen in Einzelgesprächen persönliche Problematiken aufzuarbeiten. Inzwischen gehen BewohnerInnen teilweise auch selbstständig zu *pro familia* oder auch zu bestimmten Fortbildungen an der Volkshochschule.

Unsere MitarbeiterInnen versuchen den Alltag so zu gestalten, dass sie die sexuellen Bedürfnisse aufgreifen können. Dadurch wird der Alltag sehr geprägt. Sie greifen nach Bedarf Themen auf wie Verliebtsein, geben Hilfestellungen bei der Partnersuche oder bei Konflikten in bestehenden Partnerschaften. Beispielsweise geht es oft um Fragen der sexuellen Identifikation. Die verschiedenen sexuellen Neigungen spielen im Alltag natürlich auch eine Rolle. Daneben stellen spezielle Arbeitsgruppen – Frauen- und Männergruppen – in den Werkstätten eine zusätzliche Möglichkeit dar, um die bestehenden Probleme bearbeiten zu können. Unsere MitarbeiterInnen beraten, um beispielsweise Freundschaften, das Zusammenwohnen oder das Heiraten zu ermöglichen. Wo keine Partnerschaft besteht, ermöglichen bestimmte Freiräume dem/der Einzelnen sexuell tätig zu werden. Dass jemand zu einer Prostituierten geht, gibt es auch. In einem Fall war dies sogar als „lebensrettende Maßnahme" zu bezeichnen. Ein behinderter junger Mann, der an Hodenkrebs erkrankt war, hatte nach seiner Operation einfach keinen Lebenswillen mehr. Er wollte es doch noch einmal ausprobieren. Woraufhin wir im Rotlichtmilieu nach jemandem gesucht haben. Und nachdem alles geklappt hat, war auch sein Lebenswille wieder da, nun nimmt er seine Strahlen- und Chemotherapie ernst. Natürlich gibt es Moralvorstellungen auch unter dem BewohnerInnen, und da wird dann schon mal darauf gedrängt, doch auf eine Partnerschaft zu warten und die Finger von sexuellen Dienstleistungen zu lassen.

Wichtig ist es, darauf zu achten, was mit dem einzelnen Menschen los ist. Es wäre schön, den BewohnerInnen auch mal eine Rückmeldung zu geben, etwa dass er/sie heute gut aussieht. Das kann man aber in Grunde nur machen, wenn nicht im Bett rasiert wird, sondern diese ganz einfachen Tätigkeiten vor einem Spiegel gemacht werden, damit sich dieser Mensch auch selbst erlebt. Man muss sich in der Auseinandersetzung immer auch selber sehen und das Feedback seiner Umwelt bekommen.

Wir haben den Personaleinsatz in den Wohnheimen grundsätzlich verändert. War es vorher so, dass die einzigen männlichen Mitarbeiter Zivildienstleistende waren, so haben wir heute ein ausgewogenes Verhältnis zwischen weiblichen und männlichen Mitarbeitern. Das ist auch für die Identifikation der BewohnerInnen wichtig.

Berücksichtigt werden muss in unserer Arbeit immer auch die Einstellung der Eltern der BewohnerInnen zur Sexualität. Bei ihnen löst eine beginnende Partnerschaft oft eher Ängste als Freude aus.

Mit einem anderen Problem sind wir erst vor kurzem konfrontiert worden: Es wurden oft 0190-Nummern gewählt. Wären da nicht die enormen Telefonkosten, dann wäre das ja nicht so tragisch, aber diese treiben einen in einer Behindertenwerkstatt doch nun sehr wenig verdienenden Menschen leicht an den Rand des Ruins. So wird es dann doch zum Problem, sich auf diese Weise zu befriedigen.

In unserer Einrichtung haben bisher vier Hochzeiten stattgefunden, die Paare sind auch alle da geblieben. Allerdings hat es auch schon zwei Scheidungen gegeben. Zwei junge Frauen bekamen ein Kind. Mit den Behörden haben wir, nachdem die Kinder geboren waren, keine so guten Erfahrungen gemacht. Das Kind konnte nicht in der Wohnstätte bleiben, denn es hieß, das Kind sei nicht behindert und könne daher nicht in einem Wohnheim für behinderte Menschen bleiben." Ein unsäglichen Kampf mit den Behörden musste einsetzen, um da doch noch Möglichkeiten zu finden.

Bernd Zemella

Sexualität und Partnerschaft bei geistig behinderten Menschen

– ein selbstverständlicher Bestandteil des Lebens auch für Menschen mit Behinderungen

Das Zentrum für Beratung, Diagnostik und Psychotherapie der Evangelischen Stiftung Alsterdorf bietet seit 1990 Sexualpädagogische Beratung für Menschen mit Behinderungen, ihre Betreuer und Angehörigen an.

Im Bedarfsfalle werden Psychotherapien (Einzel- und Paarbehandlungen) vermittelt. Weitere Angebote sind Seminare für Menschen mit Behinderungen, Filmprojekte und die daraus entstandene Video-Reihe sowie eine Partnervermittlungsstelle.

Seminar „Sex – wie geht das?"

Menschen mit einer geistigen Behinderung sind in besonderem Maße auf Anschaulichkeit und Verständlichkeit angewiesen, ohne dass sie aber wie Kinder behandelt werden wollen. Die meisten Ansätze und Materialien zum Aufklärungsunterricht in der Schule sind aber nur begrenzt übertragbar auf unsere Arbeit.

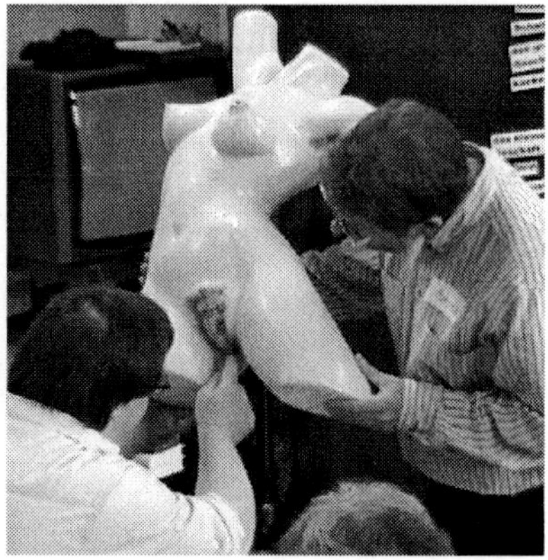

Wir haben aus diesem Grund eine ganze Reihe von Materialien und Darstellungsformen selbst entwickelt und gestaltet und im Laufe von nun fast zehn Jahren immer weiter fortentwickelt.

Im ersten Teil des Seminars geht es um den Körper und die Geschlechtsorgane. Neben der Wissensvermittlung sollen hier die TeilnehmerInnen die wichtige Erfahrung machen, dass es möglich ist, über den eigenen Körper und all seine Funktionen ohne Peinlichkeiten zu sprechen. Die Erfahrung zu vermitteln, dass es den anderen SeminarteilnehmerInnen auch so geht und dass auch sie die gleichen Fragen, Sorgen und Nöte haben, ist ein wichtiges Ziel des Seminars.

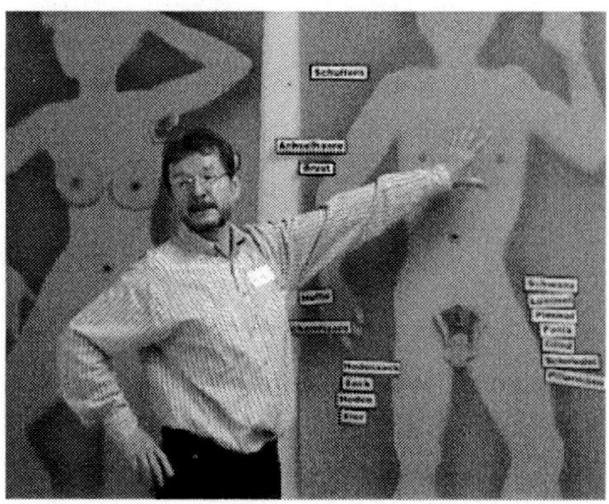

Im zweiten Teil werden die Themen Selbstbefriedigung, partnerschaftliche Sexualität und Verhütung behandelt. Raum für Fragen und Anliegen der Teilnehmer wird gegeben.

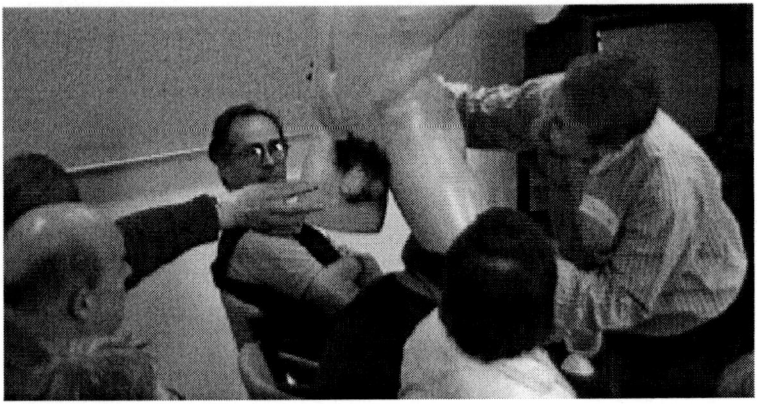

Das Seminar ist ganztägig und wird von Bernd Zemella (Dipl. Psychologe) und Barbara Adden (Sozialpädagogin) geleitet. Die maximale Teilnehmerzahl liegt bei zwanzig Personen. Eine ausgewogene Zusammensetzung hinsichtlich der Geschlechter wird angestrebt.

Video-Reihe: „Freundschaft, Liebe und noch mehr..."

... das gehört auch für Menschen mit Behinderungen immer mehr ganz selbstverständlich zum Leben dazu. Vor einiger Zeit entstand die Idee, diesen Teil von Lebenswirklichkeit auch im Film darzustellen, nicht mit Schauspielern, sondern mit den Beteiligten selbst. So entstand in Alsterdorf im Laufe der letzten Jahre eine ganze Reihe von kleinen Spielfilmen und Dokumentationen, die vor allem durch Authentizität beeindrucken.

Diese Videofilme können in der pädagogischen Arbeit Verwendung finden, als Gesprächseinstieg zu Themen wie Kennenlernen, Partnerwahl, Eifersucht oder Heiraten..., vielleicht macht es aber auch einfach Spaß, sich anzuschauen, welche Geschichten einige Bewohnerinnen und Bewohner der Stiftung erzählen und verkörpern.

Die Verabredung

Eine kleine Romanze, die vielleicht als Einstieg und als Diskussionsgrundlage dienen kann: Wie lernt man sich kennen? Woran merkt man, dass es gefunkt hat? Wie kommt es, dass man schüchtern ist? Wie verabredet man sich am besten? Und worüber spricht man beim ersten Mal? *(VHS 10 Min. 39 DM)*

Der neue Badeanzug

... den Tanja heute zum ersten Mal trägt, scheint ihren Freund Thomas gar nicht zu beeindrucken – der hat nur Augen für Ute. Dabei kennt er sie doch gar nicht!

Der offene Schluss lädt zur Diskussion ein: Ist Tanjas Reaktion nicht etwas übertrieben, wie wird sie sich verhalten, wenn Thomas noch mal anruft, wie wird die Geschichte weitergehen? *(VHS ca. 10 Min. 39 DM)*

Dein ist mein ganzes Herz

Klaus kennt seine Betreuerin Corinna schon lange. Und wenn er ehrlich ist, hat er sich ein bisschen in sie verliebt. Und eigentlich wollte er ihretwegen auch gar nicht so gern in die neue Wohngruppe ziehen. Nun kommt alles ganz anders: Corinna lehnt die Einladung zur Einstandsfete in der neuen Wohngruppe ab und gibt ihm sogar sein Abschiedsgeschenk wieder zurück. Klaus versteht die Welt nicht mehr. Hat Klaus sich zu viele Hoffnungen gemacht? Was ist eigentlich der Unterschied zwischen einer netten Betreuerin und einer richtigen Freundin? *(VHS 12 Min. 39 DM)*

Man kann doch keinen Menschen schenken?!

Ein kurzer Film über das Heiraten. Eine Hochzeit in Alsterdorf mit allem, was dazu gehört: Ein Gesprächskreis zur Vorbereitung zusammen mit anderen Paaren, das Traugespräch, der Polterabend, die standesamtliche und die kirchliche Trauung, schließlich die Feier... *(VHS 29 Min. 49.- DM)*

Sex – wie geht das?

Tabu-Thema..., peinliche Fragen...? Bei diesem Seminar gibt es keine Berührungsängste. Hier wird alles ganz deutlich angesprochen und gezeigt. Die Zusammenfassung von unserem ganztägigen Aufklärungsseminar für Menschen mit Behinderungen. *(VHS 70 Min. 69.-DM)*

Die Schatzkiste

In der Tischlerei soll eine alte Truhe aufgearbeitet werden – ein besonderer Auftrag für Stefan. Aber die Arbeit scheint nicht so recht voran zu gehen. Was hat Stefan nur im Kopf? Und was hat er in die Kiste hineingesteckt. Und was soll das Gerede von einer Schatzkiste? In Alsterdorf gibt es „Die Schatzkiste", eine Partnervermittlung für Menschen mit Behinderungen. Hier wird sie vorgestellt. *(VHS 17 Min. 49.- DM)*

Das erste Mal beim Frauenarzt

– da haben wohl die meisten ein bisschen Angst. Aber wenn man vorher alles ausführlich erklärt bekommt – dazu noch von so einer netten Ärztin! – dann ist das alles vielleicht nur noch halb so schlimm! *(VHS 12 Min. 39.- DM)*

Sonst noch'n Wunsch?

Mirko ist mit seiner neuen Arbeit sehr zufrieden, besonders, weil gleich nebenan das Bistro ist, wo Thomas arbeitet. Mirkos Mutter aber ist gar nicht so begeistert, wenn ihr Sohn jetzt immer später nach Hause kommt. Und als sie dann noch herausfindet, dass es gar nicht die Gabi ist, in die sich Mirko verliebt hat, sondern Thomas, da hängt aber der Haussegen schief! Ein Film über die Liebe zwischen Männern. *(VHS ca. 20 Min. 49.- DM, lieferbar gegen Ende 2001)*

„Die Schatzkiste"
eine Partnervermittlungsstelle für Menschen mit Behinderungen

In Alsterdorf gibt es jetzt eine Partnervermittlung. Wer die Frau oder den Mann fürs Leben sucht..., wer einen Freund sucht oder eine Freundin..., wer einen Gesprächspartner sucht oder einen Menschen, mit dem er sein Hobby teilen kann..., der sollte sich doch vielleicht an die „Schatzkiste" wenden. Mit ein bisschen Glück findet sich ja vielleicht dort was passendes...

Es ist ganz einfach – und außerdem kostet es auch gar nichts! ... Man meldet sich bei Bernd Zemella im Zentrum für Beratung, Diagnostik und Psychotherapie (Adresse s.u.) und füllt dort eine Karteikarte aus. Man gibt seinen Namen an, die Adresse oder Telefonnummer und man beschreibt, welchen Menschen man gern kennen lernen möchte, und was man zusammen unternehmen würde. Das Ausfüllen ist ganz einfach, denn Bernd gibt die Angaben direkt in den Computer ein. Wer möchte, kann auch ein Foto von sich machen lassen – das ist bei der Vermittlung sehr hilfreich. Am Bildschirm kann sogar überprüft werden, ob das Lächeln auch strahlend genug ausgefallen ist, und einen Ausdruck der Karteikarte kann man anschließend auch mit nach Hause nehmen!

Mit ein bisschen Glück kommt dann irgendwann einmal ein Partner-Vorschlag. Das erste Treffen dann – und das ist das ganz Besondere an der „Schatzkiste"! – kann auf Wunsch in Alsterdorf stattfinden, im Zimmer von Bernd. Der hilft über die anfängliche Schüchternheit hinweg und passt auf, dass die erste Verabredung auch klappt!

Nicht immer wird die Suche erfolgreich sein und sicherlich können auch nicht alle Träume in Erfüllung gehen! Manche werden auch viel Geduld haben müssen! Aber einen Versuch ist es doch wert, und je mehr Menschen sich in die „Schatzkiste" eintragen lassen, umso besser sind auch die Vermittlungschancen!

Bei Interesse wenden Sie sich an:

Dipl. Psych. Bernd Zemella
Evangelische Stiftung Alsterdorf
Zentrum für Beratung, Diagnostik und Psychotherapie
Dorothea-Kasten-Straße 3
22292 Hamburg
Tel.: (040) 5077-3542
E-Mail: b.zemella@alsterdorf.de

Manuela Bannasch

Kontakte finden und gestalten[1]

Jeder Mensch ist Einzel- und Gruppenwesen. Warum sind Kontakte für jeden so wichtig und unentbehrlich? Den Luxus des Nonkonformismus kann sich doch wahrhaft keiner leisten, auch wenn in dieser Gesellschaft immer mehr Menschen zum Einzelkämpfer werden. Wir sind so sehr angewiesen auf Anerkennung und Auseinandersetzung. Erst in dieser Wechselwirkung kann der Mensch seine eigene Persönlichkeit bilden. Kontakte sind Halt im Leben, Bestätigung, Abwechslung und Vitalität, Rückmeldung und Lernmöglichkeit, praktische Hilfe und Tipps, Übung, Intimität...

Der Selbstwert entwickelt sich durch Einflüsse und Elemente von Erziehung und sozialem Umfeld. Auch die Medienlandschaft bietet Menschen Leitbilder und wird immer mehr zur Pädagogik. Eine realistische Selbsteinschätzung ist unter diesen Bedingungen sehr schwer zu erreichen. Sich seiner selbst bewusst zu werden, ist ein äußerst schmerzhafter Prozess. Es bedeutet nämlich in erster Linie sich seine Grenzen einzugestehen, jedoch zugleich auch seine eigenen Möglichkeiten entdecken zu können.

[1] Folgende Anmerkungen sind nicht nur für behinderte Menschen gedacht, auch nichtbehinderten Menschen sind diese Ausführungen durchaus zu empfehlen.

Es sind nicht unerhebliche Schwierigkeiten, denen behinderte Menschen in der Gesellschaft ausgesetzt sind. Die architektonischen Rahmenbedingungen tragen nicht gerade zur Integrationsförderung bei, das heißt, Menschen, die in ihrer Mobilität behindert sind, ist keine Spontaneität in ihren sozialen Begegnungen und Unternehmungen möglich. Längere Vorbereitungen sind nötig, um am gesellschaftlichen Leben teilzunehmen. Und oft klappt es dann doch nicht mit der Kontaktaufnahme und Durchbrechung des Ghettos, denn diese „Leistungs- und Ästhetikmafia" hat sehr wohl ihre Probleme mit behinderten Menschen, die ja doch nur zu deutlich die Zerbrechlichkeit des Lebens dokumentieren – jenseits von unseren Medienschönheiten und unserem Machbarkeitswahn.

Wenn man einen nichtbehinderten Menschen befragt, dann heißt es: „Natürlich habe ich nichts gegen Behinderte, und ich lasse mir mangelnde Hilfsbereitschaft oder Ignoranz nicht unterstellen." Doch wird die Zuwendung im privaten Umgang häufig immer weniger, weil man nicht weiß, was mit einem behinderten Menschen anzufangen ist. Kann nämlich ganz schön beschwerlich sein. Nehmen wir die geburtsbehinderten Menschen: Sie haben fast keine Erfahrungen im sozialen Nahfeld, nie gelernt auf Zwischentöne und versteckte Absichten zu reagieren und in der Auseinandersetzung selbst ihr Leben zu gestalten. Solch einem Menschen ständig wie bei einem Kind jegliche Situation erklären zu müssen, ist sehr anstrengend. Oder der spätbehinderte Mensch, der permanent den Verlust des alten Lebens beklagt. Dieser Mensch, der in seinem biologischen und sozialen Anfangsstatus verharrt und nichts anderes tut als seine Krankheit zu kultivieren, wird merken, dass seine einst tragenden Kontakte schwinden. Natürlich braucht der spätbehinderte Mensch eine Phase des Abschiednehmens, die auch *bittere Trauerarbeit* heißt. In diesem Lebensabschnitt ist es am besten, sich an eine Selbsthilfegruppe oder einen „peer counselor" (selbst behinderter Berater) zu wenden. Ein geschützter Raum bietet Verständnis von Gleichbetroffenen, aber auch die Chance zu zaghaften sozialen Versuchen.

Ein kritisches Selbstbild zu entwickeln, keine überzogenen Ansprüche zu haben ist für *jeden* Menschen unabdingbar, um sich einer wirklichen Beliebtheit zu erfreuen. Auch dass von der Umwelt *automatisch sofortiger Einsatz in allen Lebenslagen* erwartet wird, trägt nicht gerade dazu bei, einen behinderten Menschen liebenswert erscheinen zu lassen. Diese Anspruchshaltung führt letztlich dazu, dass Hilfswillige – ob behindert oder nichtbehindert – den Rückzug antreten. Weder mit einer Konsumhaltung noch mit der „Gebetsmühle ihrer Leidensgeschichte" machen sich behinderte Menschen interessant.

Es ist sicherlich mühselig – für einen behinderten Menschen noch mühseliger – das Rüstzeug für ein Leben in der Gemeinschaft zu erwerben. Sich in seinem Nachteilsausgleich auszuruhen und ständig nörgelnd ein Wunder einzufordern, belastet die Mitmenschen im näheren Umkreis. Wir sollten auch bedenken, dass im gegenwärtigen Klima auch unsere nichtbehinderten Mitbürger es schwer haben, einen ehrbaren Platz in der Gesellschaft zu erobern. Genannt als Sorgen seien nur Arbeitsplatzverlust und Scheidung.

Annäherung von beiden Seiten ist dringend notwendig, um eine gleichberechtigte Selbstverständlichkeit von behinderten Menschen in unserem Sozialgefüge zu schaffen. Warum trauen sich nichtbehinderte Menschen nicht, einen behinderten Menschen zu kritisieren? Warum geht man dem statt Konfrontation, Aussprache und Kompromiss lieber aus dem Weg? Eine entsprechende Konfliktbereitschaft wäre ein Lernfeld und eine Herausforderung und eine Bereicherung für nichtbehinderte und behinderte Menschen.

Der behinderte Mensch muss seine Ressourcen, die er auf jeden Fall hat, entdecken und ausbauen. Jedoch – wer hilft ihm dabei in diesem „Sozialdarwinismus"? Auch Misserfolge gehören dazu, der behinderte Mensch sollte sich nicht davon entmutigen lassen. Ich selbst habe auch einige für nichtbehinderte Menschen unglaublich nervende Versuche gebraucht bis ich meine wahren Talente entdeckt habe.

Soll heißen, dass mein Ausprobieren für mich Übung und Talentsuche war, für die beteiligten Menschen jedoch so manches Mal eine Geduldsprobe darstellte.

Behinderte Menschen können doch nicht die nichtbehinderten anklagen, dass sie von diesen auf ihre Behinderung reduziert werden, wenn sie sich selbst nur über ihre Behinderung definieren. Ich bin doch einfach viel mehr als meine Behinderung: meine Hobbys, meine Interessen, meine Vergangenheit, meine Freunde...

Unter behinderten Menschen herrscht oft – das wurde von der REHA-Forschung herausgefunden – ein wahrer Wettbewerb nach dem Motto „Meine Behinderung ist viel schlimmer als deine". Die reinste Jammerolympiade! Es gibt auch eine Hierarchie, eine regelrechte Hackordnung, Uneinigkeit in den eigenen Reihen, Hass auf andere Randgruppen. Aggressionen oder Autoaggressionen und Alkohol spielen auch bei behinderten Menschen eine ganz große Rolle. Und es gibt auch behinderte Menschen, die nur noch von ihrem Suizidwunsch beseelt sind. Mit solch einem Verhalten umzugehen, ist nicht minder schwierig.

Das andere Extrem unter den behinderten Menschen sind die „Positiv-denken-Anhänger". Eine ausgesprochene Sekte mit ihrem *Glauben ohne Eigenverantwortung*. Dieses „Heile-Welt-Getue" ist einfach schrecklich. Denn jeder hat mal einen schlechten Tag und das ist auch ganz normal. „Alles ist machbar" mit dieser wirklichkeitsfernen Einstellung manipulieren so genannte „moderne Heilsbringer" wie Murphy, Carnegie und Konsorten. Tatsächlich richtet die „Positiv-denken"-Bewegung ganz großen seelischen Schaden an. Es gibt nun mal Dinge im Leben, die ein kleines Menschlein in keiner Weise beeinflussen kann. Zutiefst unglücklich ist der Mensch, der trotz „Positiv denken" einen (erneuten) Schicksalsschlag zu bewältigen hat. Krisen gehören zum Leben. Balance in allen Dingen zu finden, ist für *jeden* Menschen eine Herausforderung. Permanentes Harmoniestreben ist auch eine Sucht und beschert garantiert keinen Seelenfrieden. Auch ein behinderter Mensch muss seine Persönlichkeit und seine Würde achten und rechtzeitig im Umgang mit anderen seine Grenzen ziehen. Auseinandersetzungen wird es immer geben, weil jeder Mensch – ob behindert oder nichtbehindert – seine Eigenarten hat. Es kommt nur darauf an, wie der einzelne Mensch Konflikte löst. Eine regelrechte „Streitkultur" wird mittlerweile auch in Seminaren an der Volkshochschule vermittelt. Die richtige Einschätzung von Nähe und Distanz ist unverzichtbares Element einer sozialen Kompetenz. Und bitte nicht gleich verlieben, bloß weil ein Mitmensch nett ist. Hüte dich vor der Überbewertung einer Situation. Dadurch erschwert sich der behinderte Mensch auch seine Integration, weil dem/der Auserkorenen eigentlich nur der Abbruch der Beziehung übrigbleibt, sofern er/sie keine Hintergedanken hat. Somit hat der behinderte Mensch vielleicht einen echten Freund, auf jeden Fall aber einen abwechslungsreichen Kontakt verloren.

Ich will hier an dieser Stelle auf einen sehr heiklen Punkt eingehen und den Hintergrund deutlich aussprechen. Natürlich gibt es auch für behinderte Menschen Kontaktarten, die über das übliche soziale Maß hinausgehen. Behinderte Männer und Frauen werden jedoch oftmals von nichtbehinderten „Partnern" regelrecht ausgebeutet – ein hoher Preis für ein bisschen Körperkontakt und Zuwendung. Nichtbehinderte nutzen dieses elementare und nicht steuerbare Bedürfnis von behinderten Menschen oft aus, indem sie sich ihre finanziellen Wünsche erfüllen lassen. Gerade sichtbar behinderte Frauen werden nicht selten Opfer sogar von Heiratsschwindlern.

Ein Beispiel aus meinem Bekanntenkreis soll die wahren Beweggründe eines nichtbehinderten Mannes aufzeigen. Eine sichtbar behinderte Frau, die sehr wenig Erfahrung mit dem anderen Geschlecht hatte, lernte einen Mann über ein Inserat kennen. Nachdem sie bereits einige Monate mit ihm befreundet war, versuchte er, mit mir anzubandeln. Dies, obwohl sie damals von ihm schwanger war. Als ich ihn abwies – mir gefallen nun einmal keine „polternden" Männer, die noch dazu liiert sind –, erklärte er mir wortwörtlich: „Sie ist zwar nicht die Schönste, aber ich habe sie trotzdem genommen." Ziemlich gönnerhaft, was für eine Großtat, was für eine Aufopferung! Nach kurzer Zeit war mir klar, welche Ehe die beiden führen würden. Wenn dieser Mann seine Frau um ihrer selbst willen lieben würde, dann hätte er kein Kind von ihr verlangt. Er wusste, dass sie aufgrund ihrer eigenen Behinderung und weiterer nicht unerheblicher Risikofaktoren ihr eigenes Leben und das Leben des Kindes gefährden würde. Ich hatte sie mehrfach eindringlich gewarnt und konnte sie einfach nicht erreichen. Meine Befürchtungen waren berechtigt: Die Entbindung verlief höchst dramatisch. Warum heiratet ein Mann eine sichtbar behinderte Frau, wenn er nachweislich und wiederholt einen anderen Frauentyp begehrt? Im geschilderten Fall ist es für den Ehemann ein „großes Glück", da sie ihm eine hohe Rente und Immobilien bieten kann. Normalerweise muss ein Ehemann für den Lebensunterhalt seiner nicht berufstätigen Ehefrau aufkommen. Bei diesem Ehepaar ist es keine ökonomische Lebensgemeinschaft: Sie bringt ihre monatliche „Mitgift" mit ihrer hohen Rente in die Ehe ein sowie beträchtlichen Immobilienbesitz. Unwahrscheinlich, dass dieser Mann seine Frau geheiratet hätte, wenn sie diese monetären Attribute nicht aufweisen würde. Meine gesamte Einschätzung über den Verlauf der Ehe hat sich bewahrheitet. Das schlimme Ende ist abzusehen, da der Ehemann Choleriker ist und Alkoholprobleme hat. Diese ansonsten sehr kluge Frau, die immer so stolz auf ihre Emanzipation war, hat einen Großteil ihrer Persönlichkeit für einen sonderbaren Ehemann aufgegeben, für dessen chauvinistischen Eskapaden sie sich bei anderen Menschen immer entschuldigen muss. Diese zugegebenermaßen drastische Geschichte bestätigt leider empirische Studien.

- Status und Geld ist es, was eine sichtbar behinderte Frau oftmals einem nichtbehinderten Mann bieten muss, damit sie geheiratet wird.
- Ein nichtbehinderter Mann, der zu einer gleichberechtigten Partnerschaft nicht fähig ist, kann über eine sichtbar behinderte Frau ein enormes Machtpotential aufbauen. Es ist der ängstliche Mann, der unbedingt eine Frau braucht, die ihm so schnell keiner weg-

nimmt. Interessant sind die Reaktionen der Gesellschaft auf solch eine Konstellation: „Der gute, arme Mann, dass der sich solch ein schweres Schicksal angetan hat, sich so aufopfert." Keiner ahnt die tatsächlichen Motive.

- Deformationsfetischismus: Es erregt den nichtbehinderten Mann gerade diese körperlich sichtbare Beeinträchtigung. Sie ist für diesen Typ Mann ein Kick wie für einen anderen blonde Haare oder lange Beine. Ludwig XIV., Baudelaire und Descartes bevorzugten schielende und hinkende Frauen. Die meisten der behinderten Frauen, die ich befragt hatte, waren jedoch bereit, sich als Fetisch instrumentalisieren zu lassen, um Nähe leben zu können und nicht nur sterile Berührungen zu erfahren. Daraus ist ganz klar die Einsamkeit der behinderten Frau zu ersehen.

In der Geschäftsstelle des Kuratoriums melden sich immer wieder nichtbehinderte Männer, die tatsächlich die Ansicht vertreten, dass sie einer sichtbar behinderten Frau nichts Großartiges wie Ausgehen oder Geschenke bieten müssen, weil sichtbar behinderte Frauen ja eh einen sexuellen Notstand hätten und demzufolge leicht rumzukriegen wären. Ich jedoch sage, dass auch eine sichtbar behinderte Frau das Recht hat, „hofiert" und als Individuum wahrgenommen zu werden.

Natürlich gibt es auch nichtbehinderte Frauen, die sich ganz gezielt einen behinderten Partner suchen. Wenn es nicht ein gesicherter Lebensstandard ist, den diese Frauen anstreben, dann haben sie meist ein ausgeprägtes Helfersyndrom. Für viele behinderte Männer ist es tatsächlich eine große Erleichterung in den Alltagsverrichtungen, wenn sie eine Partnerin gefunden haben, die sehr gern bemuttert. Und so manche nichtbehinderte Frau hat endlich eine Aufgabe gefunden.

Jeder Mensch denkt und wünscht sich, dass er um seiner selbst willen geliebt und begehrt wird. Die Nähe ist innig und die Ekstase ist das intensivste aller Lebensgefühle. Es ist jedoch alles nur ein flüchtiger Augenblick und eine Lebenspartnerschaft verlangt von beiden

Partnern viel mehr ab. Nämlich Achtung voreinander und Verantwortung füreinander. Ein nichtbehinderter Partner muss sich darauf einstellen, dass der behinderte Partner in der Lebensführung eingeschränkt ist. Ergo: Entsprechend der Behinderung hat dieser Umstand natürlich auch Auswirkungen auf die gemeinsame Gestaltung der Beziehung.

Dass aber trotz dieser Beeinträchtigungen und Einschränkungen eine harmonische und spannende Ehe gelingen kann, möchte ich anhand einer realen Liebesgeschichte aus meinem Bekanntenkreis beweisen. Elfi und Klaus aus Stuttgart lernte ich vor einigen Jahren kennen und ich habe ihren Zusammenhalt voller Erstaunen eine Zeitlang miterlebt. Sie ist blind und er ist sehbehindert mit einer sehr guten Orientierung. Als er Witwer wurde, hat sie ihm in seiner Trauer beigestanden. Sie haben geheiratet und die mittlerweile erwachsene Tochter liebt ihre Stiefmutter sehr. Die beiden sind nun über zehn Jahre verheiratet, und es werden wohl noch einige Jahre mehr werden. Auch eine durch einen Schlaganfall bei ihr eingetretene halbseitige Lähmung wird an dieser positiven Vorausschau nichts ändern. Er kümmert sich mit Witz und einer Selbstverständlichkeit um sie. Er dankt ihr. Und er begehrt sie, denn sie ist ein Prachtweib. Sie umsorgt ihn, zumal er ja auch die ganzen Jahre berufstätig war. Sie dankt ihm mit Witz und einer Ernsthaftigkeit. Es ist eine unglaubliche Lust, die beiden live zu erleben. Der Schlüssel zu ihrem Glück? Beide haben ihre Erwartungen der Realität angepasst. Soll heißen, dass beide sehr selbstkritisch mit sich umgehen und dennoch wissen, was sie aneinander haben. Die beiden haben mir gezeigt, dass es auch zwischen nicht so „perfekten" Menschen eine tiefe Verbindung geben kann. Als ich Elfi vor kurzem einmal nach dem Geheimnis ihrer funktionierenden und glücklichen Ehe fragte, meinte sie nur, dass er sie als ganz normale Frau behandle. Das berührt mich. Beide beherrschen die „Kunst der nachdenklichen Heiterkeit". Somit sind beide ein Vorbild für mich. Eine unglaubliche Lebenslust und Neugierde verbindet die beiden, die es in ihrem Leben auch nicht immer leicht hatten und haben. Für beide ist das Leben ein Abenteuer – im Trubel und in der Stille. Dazu kann ich nur ein schlichtes „Ja" sagen und mich freuen, dass ich ihnen begegnen durfte. Es gibt sie noch, diese wundervollen Liebesgeschichten, die das Leben schreibt und die dem Betrachter das Herz öffnen...

Den moralischen Zeigefinger möchte ich nicht erheben. Ich möchte Mut machen, auch mal unkonventionelle neue Wege der Kontaktaufnahme zu beschreiten. Inserate in den Printmedien und im Internet oder Agenturen sind mittlerweile auch salonfähig. Für eine Bekanntschaftsanzeige braucht man jedoch schon einige Erfahrung (siehe erstes Fallbeispiel) oder zumindest jemanden, der einem bei der Selektion zur Seite steht. Eine Agentur wie die „Rollenden Herzen" kann durch pädagogische Qualifikation schon im Vorfeld ansetzen und behinderte Menschen beraten, die einen Partner suchen. Eine realistische Sicht und Selbsteinschätzung ist allerdings dringend erforderlich. Was erwarte ich? Aber auch: *Was kann ich selbst bieten?* Es spielen auch praktische handfeste Punkte eine Rolle. Was brauche ich selbst an Hilfe und Pflege? Wie wirke ich auf andere? Behinderte Menschen vernachlässigen sich nicht selten. Werden sie darauf angesprochen, reagieren sie zumeist trotzig oder gleichgültig. Saubere Kleidung und Körperpflege sind wesentliche Bausteine in der Kontaktaufnahme und in der Kontaktpflege. Auch ein behinderter Mensch kann mit einem schicken Kleidungsstück hinreißend und sexy aussehen. Ich selbst traf mal eine rothaarige Frau in einem roten Kleid und in einem roten Rollstuhl mit roten Lippen – dieses Knistern in der Luft, einfach betörend. Outfit ist ein Mittel der Kommunikation, vermittelt dem Betrachter das Gefühl: „Ich nehme mich wichtig und bin nicht nur reduziert auf meine Unfähigkeiten." Hobbys dienen auch interessanten Gesprächsinhalten und ermöglichen uns einen Wissensvorsprung. Wir müssen unser Potential entdecken und wertschätzen, dadurch stabilisieren wir uns.

Nachfolgender Hinweis wird auch von sehr vielen nichtbehinderten Menschen nicht beherzigt, sehr zum Leidwesen des jeweiligen Gesprächspartners. Wer kennt absurde Gespräche nicht? Deshalb im

Gespräch bitte auf Blickkontakt und Lautstärke achten, deutlich sprechen, keine Monologe führen. Benimmregeln kompensieren manches, sind ein regelrechtes „Schmiermittel" in der Sozialordnung. Zu diesem Zweck habe ich ein sich überaus lohnendes „Knigge"-Seminar besucht. Auch behinderte Menschen haben Pflichten. Normen sind ein nivellierter Tummelplatz fast aller Bürger. Ein der Situation angemessenes Verhalten zu erlangen, die richtige Einschätzung von Situationen ist zugegebenermaßen ein schwieriges Sozialtraining für behinderte Menschen. Soziale Kompetenz ist der gewogene Austausch zwischen Geben und Nehmen.

Meine eigenen Erfahrungen möchte ich als drittes Fallbeispiel anführen. Als nicht sichtbar behinderte Frau habe ich zwar keine Probleme mit der Kontaktaufnahme, durchaus aber mit der Kontaktgestaltung. So werde ich stets und immer wieder von behinderten und von nichtbehinderten Menschen überfordert. Ich strenge mich schon sehr an, damit auch ich einen sinnvollen Beitrag für unsere Gemeinschaft leisten kann. Für meine verhältnismäßig viele ehrenamtliche Arbeit bin ich nicht wenig der Kritik ausgesetzt. Keiner denkt daran, dass ich diese Aufgaben als behinderte Frau bewältige. Ständig und wiederholt muss ich mich rechtfertigen, warum ich bei bestimmten Witterungsverhältnissen die Wohnung nicht verlassen kann, warum ich mich schon wieder ausruhen muss, warum meine Wohnung nicht aufgeräumt ist, warum ich vormittags nicht einsetzbar bin, warum ich keine Zeit habe, warum, warum, warum...

Viele Situationen sind einfach grotesk. Nicht nur einmal ist es mir passiert, dass potentielle oder sogar tatsächliche Partner, die sich sehr wohl anfangs um mich bemüht hatten, das Weite suchten, wenn sie aufgrund meiner Alltagsstrukturierung von meiner Behinderung erfahren haben. Angst vor meiner Hirnverletzung. Angst davor, dass ich ein Pflegefall werden könnte. Angst davor, dass ich sterben könnte. Und ich muss, obwohl ich ja die Betroffene bin, Verständnis dafür aufbringen, dass Mann sich von mir entfernt. Schier verzweifelt wegen dieses Umstandes habe ich sehr viel Zeit mit Grübeln verbracht, denn direkt hat mir ein Mann niemals seine Angst gestanden, nur mein penetrantes Fragen brachte die Antwort. Ganz besonders kurios sind die männlichen nichtbehinderten Kandidaten, die versuchen, mir noch ihre eigene Last aufzubürden, sobald sie von meiner doch recht ausgeprägten „Problemlösungsfähigkeit" erfahren. So hoffte ich also auf Empathie in der Partnerschaft mit einem behinderten Mann. Auch das funktionierte nicht, weil mich das immense Ausgleichen der behinderungsbedingten Defizite eines schwerer behinderten Mannes sehr anstrengt. Ein Mann mit Substanz, der in einer Partnerschaft das aushält, was mir widerfahren ist – er ist mir bis jetzt noch nicht begegnet in dieser gnadenlosen Marktwirtschaft, in der die zwischenmenschlichen Beziehungen nicht selten nur von Geld, Geltung und Prestigedenken bestimmt werden.

Im Laufe der Jahre habe ich so einigermaßen gelernt, mit den angeführten sozialen Diskrepanzen umzugehen. Gelungen ist es mir durch die Wertschätzung wichtiger Menschen und durch die absolute Erkenntnis, dass diese Behinderung zu meinem Leben und meiner Entwicklung dazugehört. „Es ist, was es ist", um mit Erich Fried zu sprechen. Ich habe einen tiefen Frieden in mir gefunden, seitdem ich es als das Meine anerkannt habe.

Kontakte sind lebensnotwendig für die menschliche Entwicklung. Kasper Hauser ist das exponierteste Beispiel massiver Deprivation. Er war ab Kleinkindalter sehr viele Jahre von zwischenmenschlichen Kontakten ausgeschlossen. Begegnungen und Erlebnisse sind dringend geboten, um Mensch zu werden und zu sein.

Zum Schluss möchte ich – vielleicht sogar als Trost – von den „Lazaruskreisen" erzählen. Lazarus war ein Soziologe und hat die menschlichen Kontakte in Bedürfniskreise gegliedert. Diese Bedürfniskreise sind im Bild zu vergleichen mit einer Zielscheibe. Alle Bedürfnisse sind Einzelfunktionen. Viele verschiedene Bedürfnisse hat ein Mensch und der Mensch selbst entscheidet, welches Bedürfnis, also welche Kontaktart er mit welchem Menschen lebt. Im äußersten Kreis sind nur Bekannte – man sagt „Guten Tag und guten Weg" – im innersten Kreis sind sehr intime Dinge zu finden, die einfach nicht mit jedem Menschen zu teilen sind. Es gilt für jeden Menschen, sein Gegenüber nicht zu überfordern. Alles, aber auch wirklich alles, von einem *einzigen* Menschen abzuverlangen ist untragbar für jede menschliche Beziehung.

Vor einer „Symbiose" muss gewarnt werden: Bei einem Abschied ist der „Sinn des Lebens" verschwunden oder der eine Partner steht und fällt mit der Laune des anderen.

Ich habe einige Jahre lang Rehabilitationsgruppen geleitet, über 500 Einzelberatungen durchgeführt, viele Jahre Kontakte und Freundschaften mit Menschen unterschiedlichster Behinderungen gepflegt, und ich habe jahrelang für die gemeinnützigen Angebote eines Behindertenvereins gesorgt ohne tatkräftige Unterstützung der intellektuellen und überhaupt nicht sonderlich eingeschränkten Vereinsmitglieder. Insofern fühle ich mich durchaus befähigt, mit diesem doch sehr kritischen Beitrag in der Öffentlichkeit Stellung zu beziehen und eine Diskussion anzuregen. Natürlich werden meine stellenweise pauschal wirkenden Äußerungen niemals dem einzelnen Menschen gerecht. Mir war es jedoch wichtig, ein breites Spektrum aufzuzeigen, und logischerweise konnte ich demzufolge die einzelnen Positionen nur anreißen. Mein Aufsatz hatte einzig und allein die Frage zu beantworten: „Wie finde ich als behinderter Mensch meinen Platz in der Gemeinschaft?". Ich hoffe, dass ich einige, auch kritische Denkanstöße geben konnte.

Bernd Müller-Pohl

Die „*Rollenden Herzen*"

Kontakte finden und gestalten

Im Juli 1998 wurden die *Rollenden Herzen* ins Leben gerufen. Wir waren und sind immer noch die einzige bundesweit agierende Partnervermittlung, die gezielt Menschen mit Behinderung anspricht und auch vermittelt.

Da wir uns von den üblichen Partnervermittlungen abgrenzen wollen und außerdem nicht nur Lebenspartner, sondern auch Freizeitpartner vermitteln, bezeichnen wir uns als „Kontaktzentrale für behinderte und nichtbehinderte Menschen".

Das Ziel *der Rollenden Herzen* ist es, Partnerschaften und Beziehungen zu ermöglichen. Durch unsere Kontaktzentrale haben wir neue Kontaktmöglichkeiten und damit auch Perspektiven für Menschen mit Behinderung geschaffen, und wir hoffen, dass durch unsere Arbeit das Thema „Behinderung, Partnerschaft und Sexualität" in Zukunft vielleicht weniger tabuisiert wird und als Selbstverständlichkeit in unsere Gesellschaft einfließt.

Mittlerweile bestehen die *Rollenden Herzen* aus knapp 250 Mitgliedern, seit Beginn haben sich etwa 300 Partnervorschläge ergeben. Aus diesen Vorschlägen ist auch schon so manche Partnerschaft oder

Freundschaft hervorgegangen, so dass wir unsere bisher geleistete Arbeit als erfolgreich bewerten und optimistisch in die Zukunft blikken.

Ich will im Folgenden die inhaltlichen Kernpunkte der *Rollenden Herzen* darstellen und sie unserer Praxiserfahrung sowie der gesellschaftlichen Realität gegenüberzustellen, um so vielleicht neue Anregungen und Denkanstöße hinsichtlich dieser Thematik zu geben.

Es gilt „aktive Möglichkeiten" zu schaffen, und genau hier liegt der Schlüssel zu einer Partnerschaft und auch der Ansatzpunkt unserer Arbeit. Die *Rollenden Herzen* wollen Menschen mit Behinderung nicht als „Pflegefall in allen Lebenslagen" definieren, sondern ihnen als selbstständig agierende Menschen Möglichkeiten bieten, sich aktiv und eigenverantwortlich auf die Suche nach dem passenden Partner zu machen. Nur so können Selbstbewusstsein und Selbstvertrauen – wichtige Bestandteile jeder Partnerschaft und Beziehung – aufgebaut werden.

Der Name *„Rollende Herzen"* steht für Bewegung, Aktivität und Grenzen überschreiten. Wir bieten unseren Mitgliedern die Möglichkeit, Bewegung in ihr Leben zu bringen, aktiv ihre Partnersuche zu gestalten und eigene sowie gesellschaftliche Grenzen zu überschreiten. Hierzu ist aber auch ein gewisses Maß an Eigeninitiative, Realitätssinn und Toleranz erforderlich.

An dieser Stelle muss sich auch die soziale Arbeit fragen, ab welchem Punkt die Kompensation sozialer Benachteiligungen aufhört und emanzipatorische Möglichkeiten durch eine „Überpflege" verhindert werden. Bei unserer Arbeit fällt uns jedenfalls immer wieder auf, dass viele Menschen mit Behinderung sich selbst als „zur Unselbstständigkeit und Passivität gezwungenen Pflegefall" definieren und eine Erwartungshaltung uns gegenüber an den Tag legen, die wir weder erfüllen können noch wollen, und die sie selbst auf der Suche nach einem Partner nicht weiter bringen kann.

Menschen, die sich an uns wenden, müssen wissen, was die *Rollenden Herzen* an Möglichkeiten und Unterstützung bieten, aber auch, was unsere Mitglieder von uns nicht erwarten können:

- Eine Partnerschaft kann bei uns nicht „erkauft" werden. Was wir unseren Mitgliedern anbieten, ist die Dienstleistung der Kontaktvermittlung.
- Wir sind aber kein „Eheanbahnungsinstitut", bei dem man sich den gewünschten Partner bestellen kann, der dann frei Haus geliefert wird.
- Unsere Mitglieder erhalten nach vorheriger telefonischer Absprache einen Partnervorschlag bestehend aus Telefonnummer, Namen und Anschrift bzw. – je nach Wunsch des Mitglieds – lediglich den Vornamen und die Telefonnummer.
- Für die Kontaktaufnahme und -pflege sind die Mitglieder selbst verantwortlich. Wobei wir natürlich bei Problemen oder Fragen jederzeit zur Verfügung stehen.

Eine erfolgreiche Suche über uns oder gar eine erfolgreiche erste Vermittlung können wir nicht garantieren. Enttäuschungen und Fehlschläge lassen sich bei der Partnersuche nicht ausschließen. „Trial and error" ist ein unausweichlicher Bestandteil auch bei der Partnerfindung.

Der zweite wesentliche Bestandteil der Arbeit der *Rollenden Herzen* ist – neben der Kontaktvermittlung –, dass wir unsere Mitglieder auf diesem Weg begleiten. Wir unterstützen und beraten sie bei Problemen, motivieren sie nach Fehlschlägen nicht aufzugeben oder hören ihnen einfach nur zu, wenn es darum geht, mal richtig Dampf abzulassen.

Wir vermitteln keine Pflegehilfen oder Traumpartner mit Idealmaßen und finanzieller Absicherung, sondern unterstützen unsere Mitglieder auf der Suche nach einem Partner, mit dem sie gemeinsam ihr Leben gestalten möchten.

Wir werden in unserer Praxis immer wieder damit konfrontiert, dass sich entscheidende Kriterien des Partnerwunsches an Äußerlichkeiten oder an einer gewissen „Funktionalität" orientieren und andere, viel wichtigere persönliche Eigenschaften außer Acht gelassen werden.

In unserer Arbeit erleben wir es immer wieder, dass das uns vermittelte Bild des gewünschten Partners bzw. der Partnerin eher dem einer examinierten Krankenschwester bzw. eines Krankenpflegers entspricht, als dem eines Lebenspartners. So kommt es dazu, dass beispielsweise eine Kontaktaufnahme abgelehnt wird, weil der vorgeschlagener Partner kein Auto besitzt, obwohl die sonstigen Eigenschaften, wie Interessen und Charakter des ersehnten Partners übereinstimmen.

Sicherlich bedeutet eine Behinderung auch immer Einschränkungen und es ist hilfreich, wenn der Partner Hilfestellungen im Alltag geben kann, aber meines Erachtens sollte dies nicht die Basis und schon gar nicht die Bedingung einer Partnerschaft sein.

„Barrierefrei" bedeutet auch, eigene Barrieren abzubauen, um flexibel und kreativ die anderen „Barrieren" bewältigen bzw. gegen sie angehen zu können.

In diesem Zusammenhang ist der nächste Punkt von Bedeutung: die Vermittlung von nichtbehinderten Menschen. Immer wieder treten behinderte Menschen an uns heran, die ausschließlich einen nichtbehinderten Partner suchen. Die Chancen für einen Partnervorschlag sind hier allerdings ziemlich gering, da wir nur sehr wenige nichtbehinderte Mitglieder haben.

Zwar versuchten wir von Anfang an, Behinderte und Nichtbehinderte gleichermaßen anzusprechen und zu vermitteln, sind aber bisher beim Erreichen dieses Zieles an unsere und an gesellschaftliche Grenzen gestoßen.

„Darf mein Partner behindert sein und wenn ja, wie?" – diese Thematik ist eine der interessantesten und aufschlussreichsten Erfahrungen unserer Arbeit. Denn unsere Beobachtungen in diesem Feld machen nicht nur das Verhältnis von nichtbehinderten zu behinderten Menschen deutlich, sondern zeigt auch die individuelle Akzeptanz unter behinderten Menschen und die Akzeptanz hinsichtlich ihrer eigenen Behinderung auf.

Konkret haben wir folgende Tendenzen im Laufe unserer Arbeit erfahren:

- Nur wer seine eigene Behinderung akzeptiert, ist zu einer Beziehung fähig, insbesondere mit einem ebenfalls behinderten Partner.
- Wenn diese Akzeptanz nicht vorhanden ist, wird ein ebenfalls behinderter Partner als negatives Spiegelbild empfunden und eine Partnerschaft unmöglich.

Diese „Nichtakzeptanz" der eigenen Behinderung ist eine denkbar schlechte Voraussetzung für eine Mitgliedschaft bei den *Rollenden Herzen,* und häufig betrifft das Menschen, die erst vor relativ kurzer Zeit mit ihrer Behinderung konfrontiert wurden. Es ist notwendig, diesen Menschen eine fachlich kompetente Beratung und Unterstützung zur Bewältigung dieser Situation anzubieten. Deshalb streben wir künftig auch eine engere Zusammenarbeit mit regionalen Einrichtungen an, die diese Hilfestellungen gewährleisten und hier Perspektiven schaffen können.

Es werden aber auch explizit Partner mit der gleichen Behinderung gesucht, um besser Erfahrungen austauschen zu können. Oftmals beobachten wir Hemmschwellen und Berührungsängste zwischen den Betroffenen.

Die Kategorien „behindert" und „nichtbehindert" reichen in unserem Alltag bei weitem nicht aus, da unsere Mitglieder die unterschiedlichsten Arten von Behinderung haben. Art und Grad der Behinderung sind je nach Interessenlage oder Lebenssituation wichtige Kriterien für einen eventuellen Partnervorschlag. Wir berücksichtigen dies in unserer Arbeit, um unnötige Enttäuschungen und unrealistische Hoffnungen zu vermeiden. Aber trotzdem werden wir des Öfteren davon überrascht, welche Kriterien der gewünschte Partner erfüllen muss. Ein paar exemplarische Beispiele hierfür sind:

- „Man darf die Behinderung nicht sehen"
- „Nicht schon von Geburt an behindert"
- „Kein/e Rollstuhlfahrer/in"
- „Die Behinderung des Partners bzw. der Partnerin darf nicht schwerer sein als die eigene, sondern möglichst leichter."

Durch solche – und oftmals noch wesentlich komplexere – Kriterien wird unbewusst eine Art „individuelle Rangordnung" unter den unterschiedlichen Behinderungen aufgebaut. Plötzlich scheint nicht mehr der Mensch im Vordergrund zu stehen, sondern dessen Behinderung und dessen gesellschaftliches Ansehen. An dieser Stelle frage ich mich dann immer, wie denn eine gesellschaftliche Integration erreicht werden soll, wenn schon unter den Betroffenen solche Hierarchien und auch Vorurteile aufgebaut werden.

Wir, die *Rollenden Herzen*, sind darum bemüht, diese Hemmschwellen und Berührungsängste bei unseren Mitgliedern abzubauen. Es hat sich gezeigt, dass sobald erst einmal eine Kontaktaufnahme stattgefunden hat, meist die Behinderung in den Hintergrund tritt und allgemeine Themen der Partnerschaft in den Mittelpunkt rücken. Und an dieser Punkte entscheidet über den Erfolg oder Misserfolg unseres Partnervorschlags.

Es kommt eben bei der Partnersuche und einer glücklich gelebten Partnerschaft auf die beteiligten Menschen mit all ihren Eigenschaften an. Und die Behinderung ist nur ein Bestandteil vom Ganzen und kein Grund, den Wunsch für eine Partnerschaft aufzugeben. Attraktivität ist keine gesellschaftliche Norm, und eine Behinderung schließt sie auch nicht aus, vielmehr ist Attraktivität das individuelle, subjektive Empfinden jedes Einzelnen, und die *Rollenden Herzen* bieten die Gelegenheit, sich auf die Suche nach der eigenen persönlichen Attraktivität zu begeben.

Partnerschaft und Sexualität sind wesentliche Bestandteile und Bedürfnisse des menschlichen Lebens, und wir haben es oft bei unseren Mitgliedern erlebt, dass allein die Perspektive auf eine Partnerschaft und das Kennenlernen anderer gleichgesinnter Menschen wieder neuer Schwung, Spaß am Leben und „Schmetterlinge im Bauch" gebracht haben.

Mittlerweile sind die Rollenden Herzen aus ihren Kinderschuhen herausgewachsen, und durch immer höher werdende Mitgliederzahlen und konzeptionelle Verbesserungen mittels unserer Praxiserfahrung konnten und werden wir die Qualität unserer Arbeit kontinuierlich steigern.

So wird es möglich sein, sich über uns ein Persönlichkeitsprofil erstellen zu lassen. Es soll dazu beitragen, die eigenen persönlichen Eigenschaften, die für eine Partnerschaft relevant sind, besser einschätzen zu können und dabei helfen, gezielter nach einem passenden Partner zu suchen. Das Persönlichkeitsprofil wird von einem Diplom Psychologen mit jahrelanger Erfahrung auf diesem Gebiet erstellt. Als Grundlage dient ein bewährtes qualitativ-methodisches Analyseverfahren. Für Nichtmitglieder bieten wir diesen Service einen Monat lang ebenfalls kostenlos im Internet an.

Ferner wird der Internetservice künftig sowohl für unsere Mitglieder als auch für Besucher unserer Seiten wesentlich verbessert und ausgebaut – es lohnt sich also immer mal wieder, auf unsere Seiten zu schauen, egal ob sie nun Mitglied sind oder nicht.

Und „last but not least" kann ich verkünden, dass es bald für jedes Bundesland regionale Ansprechpartner der *Rollenden Herzen* geben soll. Dadurch wollen wir insbesondere Menschen mit Behinderung die Gelegenheit bieten, sich selbstständig eine Existenz aufzubauen, und es ermöglicht uns, trotz steigender Mitgliederzahlen auch weiterhin persönlichen Kontakt und Unterstützung zu gewährleisten.

Ich hoffe, einen Einblick in die Ziele und in die Arbeit der *Rollenden Herzen* verschafft zu haben und stehe für Fragen und Anregungen hinsichtlich unserer Arbeit zur Verfügung.

„Rollende Herzen"
Allermöher Deich 17
21037 Hamburg
Tel: 040/ 39905412
Handy: 0171/ 6577258
eMail: service@rollende-herzen.de
Internet: www.rollende-herzen.de

Dr. Ismail Baloglu (Sandra Senger)[1]

Was ist bei Körperbehinderung möglich?

Bei einer Behinderung kann nicht nur eine Spastik die Sexualität einschränken. Eine Körperbehinderung kann sehr vielfältig aussehen. In diesem Bericht möchte ich auf Gruppen von Erkrankungen eingehen, bei denen die Sexualität behindert sein kann.

1. Gruppe: Angeborene Systemerkrankungen des Skeletts

In dieser Gruppe können so genannte Missbildungen an den Knochen beobachtet werden. Diese Missbildungen gehen mit Wachstumsstörungen oder Wachstumswucherungen einher. Sie können durch eine falsche Stoffwechselverarbeitung der inneren Organe bedingt sein (endogene Ursache, also im Körper entstehend), sie können vererbt sein, aber auch durch äußere Einflüsse (exogene Ursache) der Umwelt entstanden sein. In dieser Gruppe sind viele der Erkrankungen genetisch bedingt, wie die Übersetzungen zeigen.

---

1 In den zu den einzelnen Punkten jeweils eingerückt kursiv gesetzten Passagen geht Sandra Senger auf die konkrete Situation bzw. Lösungsmöglichkeiten ein

Hierzu gehören:

- **Osteochondrodysplasien**: Geschwulstbildung an den Knochen, höckerige und spornartige Knochenvorsprünge
- **Achondroplasie**: vererbter Zwergwuchs, nur die bindegewebeartigen Schädelknochen sind nicht von der Wachstumsstörung der Knochen betroffen
- **Osteogenesis imperfecta**: Neigung zu häufigen Knochenbrüchen durch eine Störung der knochenaufbauenden Zellen (Osteoblasten)
- **Osteofibrosis deformans juvenilis** = Jaffé-Lichtenstein-Syndrom: schubweise, fortschreitende Skelettfehlbildung durch Fehlgestaltung des Knochens mit Bindegewebe
- **Fibröse Dysplasie**: bindegewebsartige Knochenfehlbildung
- **Multibles Osteochondrom** (vermehrte Knochenneubildung) = Echondromatose
- **Dysplsia cleidocranialis**: Knochenfehlbildung zwischen Schlüsselbein und Hals, z.B. Stiernacken
- **Pachydermie**: flächenhafte Verdickung der Haut, Wucherungsneubildung aller Hautschichten, kann angeboren sein
- **Diaphysäre Dysplasie**: Fehlbildung am Mittelteil eines langen Röhrenknochens, z.B. Oberschenkelknochen, Oberarmknochen u.a.
- **Osteopetrose** (Marmorknochenkrankheit): Albers-Schönberg-Krankheit = Krankheit, die häufig in der Pubertät erkannt wird, einhergehend mit Knochenneubildung, die zu Verhärtung und Unbeweglichkeit führt, Betroffene leiden an häufigen Knochenbrüchen, die rasch wieder verheilen
- **Chondroplasia calcarea congenita**: angeborene Knorpelgewebestörung, die mit Verkalkung des Knochens einhergeht
- **Metaphysäre Dysplasie**: Knochenfehlbildung an der Metaphyse = Längenwachstum des Knochens ist gestört
- **Metaphysäre Chondrodysplasie**: erbliche Störung der Knorpelbildung, dadurch kommt es zu Minderwuchs, zu kleinen Armen und Beinen

- **Multiple epiphysäre Dysplasie**: Vermehrte Fehlbildung der Knochenendglieder, dadurch Wachstumsstörungen
- **Dysostosen**: Störung des Knochenwachstums infolge einer vorgeburtlichen Entwicklungsstörung
- **Akrozephale Syndaktylie**: Missbildungssyndrom mit Störung der Schädel- und Extremitätenentwicklung, Hände sind auch missgebildet
- **Heritäre Osteoonchychodysplasie**: Nagel-Patella-Syndrom, Knochenfehlbildung an der Kniescheibe, die erblich bedingt sein kann
- **Primäre Wachstumsstörungen**
- **Arochnodaktylie:** Mehrfinger- oder -zehenbildung
- **Partieller Riesenwuchs**: vereinzelte Körperteile sind zu groß ausgebildet
- **Primäre Stoffwechselerkrankungen**: durch Stoffwechselerkrankungen, wie z.B. Diabetes usw. kann es auch zu Missbildungen an den Knochen kommen
- **Mucopolasaccharidosen**: angeborene Speicherkrankheit mit Veränderung des Skelettsystems durch falsche Verarbeitung des Mehrfachzuckers Mucpolysaccharid, der im Zentralnervensystem verarbeitet wird
- **Gaucher'sche Krankheit**: Speicherkrankheit, die auch mit einem Minderwuchs einhergeht, und durch falsche Verarbeitung von Knochenzellen verursacht werden kann, Stoffwechselerkrankung

Das Wort Systemerkrankung kann entweder eine generalisiert (an allen oder vielen Teilen des Skeletts) zu beobachtende Störung sein oder aber auch eine für das Gesamtsystem im Grunde ganz belanglose örtliche Abweichung von der Norm. Sehr viele Behinderte dieser Krankheitsgruppe haben ein sehr zufriedenstellendes Sexualleben.

Ein Problem stellt sich dieser Gruppe beim Kinderwunsch. Da viele Erkrankungen vererbbar bzw. vorherrschend vererbbar sind, sollten Bedenken und Probleme in einer Beratung geklärt werden. Spezielle genetische Institute, die beraten können, gibt es beispielsweise in Erlangen.

2. Gruppe: Arthrogryposis multiplex kongenita

- **Guérom-Stern-Syndrom**, seltene angeborene einseitige oder symmetrische Versteifungen oder Luxationen (Verrenkung/ Verschiebung zweier gelenkbildender Knochen) vor allem der großen Gelenke mit Beuge- oder Streckversteifungen.

Bei diesen Erkrankungen handelt es ich um eine teilweise oder völlige fibröse (bindegewebsartige) Versteifung der Gliedmaßen und Gelenke, unterschiedlicher Lokalisation. Fast immer ist der Befall symmetrisch (auf beiden Seiten). Das Betroffensein nur einer Gliedmaße ist selten.

Die Starre ist vor allem in den Schulter- und Hüftgelenken meist geringer als im Bereich der Ellbogen und Kniegelenke sowie der Hand- und Sprunggelenke.

> *Je nachdem wie stark die Versteifung der Gelenke ausgeprägt ist, ist die Unbeweglichkeit auch größer. Diese Unbeweglichkeit macht auch das Ausleben der Sexualität schwerer. Stellungen müssen ausprobiert werden, es muss herausgefunden werden, was angenehm ist, was nicht. Es ist auch möglich, dass die Betroffenen nur durch fremde Hilfe eine sexuelle Befriedigung erfahren können.* *(Sandra Senger)*

3. Gruppe: örtliche Missbildungen des Haltungs- und Bewegungsapparates

Hierzu gehören:

- **Amelie** = Das Fehlen ganzer Gliedmaßen
- **Peromelie** = angeborener amputationsähnlicher Defekt, Stummelbildung etwa an Oberarm oder Oberschenkel

- **Phokomelie** = Robbengliedrigkeit, Ansetzen einer fehlgebildeten Hand bzw. eines Fußes nahe dem Rumpf.
- **Extomelien/Dysmelien:**
  Fehlbildungen im Bereich der Extremitäten.

Diese Fehlbildungen können angeboren sein, durch Störungen in der pränatalen Entwicklung, können aber auch durch äußere Ursachen bedingt sein (z.B. Medikamente, Röntgenstrahlen).

Zu dieser Gruppe würden auch die Contergan-Anomalien gehören. Contergan, war ein Schlafmittel, das in den 50er und frühen 60er Jahren bei Einnahme während der Schwangerschaft zu Missbildungen führte.

Bei diesen Behinderungen kommt es auf die Schwere der Fehlbildung an. Je nach Ausprägung kann die Sexualität ganz normal gelebt werden oder durch die Bewegungseinschränkung erschwert sein.

Sollte die Gliedmaße durch eine Amputation und Vorerkrankung beeinträchtigt worden sein, kommt es darauf an, wie der Betroffene diese Situation für sich bearbeitet hat. Der Verlust der Gliedmaße muss verarbeitet werden. Der Umgang mit der neuen Bewegungssituation erfordert Übung, auch in Bezug auf die Sexualität. Je nachdem, wie die Narbe verheilt ist, kann die Amputation durchaus unangenehm aussehen. Dies kann Betroffenen auch peinlich sein. Außerdem kann es für den oder die PartnerIn unangenehm sein, Ekelgefühl und Schamgefühl können die Sexualität einschränken. Phantomschmerzen und Stumpfschmerzen müssen behoben werden. Diese Schmerzen können den Genuss ebenfalls einschränken. Es kommt immer auf die Persönlichkeit des Menschen an, wie er das Fehlen von Gliedmaßen verarbeitet. *(Sandra Senger)*

4. Gruppe: Degenerative Erkrankungen

Zum Beispiel:

- **Arthrose:** Gelenkerkrankung
- **Spondylose:** Erkrankung bei der es zu Veränderung der Wirbelsäule kommt, z.B. aufgrund geschädigter Bandscheiben

Dieser Gruppe unterteilt sich in primäre und sekundäre Erkrankungen. Bei der primären Arthrosis, Spondylosis, Spondyloarthrosis deformans liegen Abnützungs- und Aufbrauchserscheinungen des Gelenkkorpus bzw. der Wirbelsychondrosen vor. Bei deren Entstehung spielt in vielen Fällen neben der Alterung eine chronische absolute oder aber relative Überrlastung eine Rolle.

Jegliche Abweichung der Gelenkform oder des Gelenkaufbaus von der Norm – gleichgültig, ob angeboren oder im Laufe des Lebens erworben – setzt dessen Tragfähigkeit herab und kann so zur Entstehung einer Arthrose bzw. Spondyloses führen. Man spricht von einer praearthrotischen Deformität (Körperverformungen vor dem Gelenk). Im Einzelnen unterscheidet man eine fehlerhafte Anlage der Gelenkkörper, postentzündliche Arthrose (nach einer Entzündung entstandene Gelenkerkrankung) und posttraumatische Zustandsbilder, insbesondere Frakturen (Knochenbrüche).

Auch Krankheiten wie Rachitis (Knochenveränderung aufgrund von Vitamin-D-Mangel, also der englischen Krankheit), Osteomyelitis (Entzündung des Knochenmarks) oder durch angeborene oder erworbene Missbildungen verursachte Veränderungen der Statik, zum Beispiel ungleiche Beinlänge, O- oder X-Bein begünstigen die Entstehung von arthrotischen Veränderungen vor allem in den großen Beingelenken. Bei dieser Gruppe kann die Sexualität, insbesondere durch schmerzhafte Beweglichkeit von Gelenken oder aber durch Kontrakturen (Gelenkversteifungen), beeinträchtigt werden.

Diese Gruppe setzt sich häufig auch mit dem eigenen Körperbild stark auseinander. Je nachdem wie ausgeprägt die Verformungen sind, kann die Psyche mehr oder weniger an der entstellten Erscheinung leiden. *(Sandra Senger)*

5. größte Gruppe: Entzündliche Erkrankungen der Knochen und Gelenke

Die entzündlichen rheumatischen Erkrankungen lassen sich in drei Gruppen einteilen, wobei Überschneidungen auftreten können.

- **chronische Arthriden (**Gelenkentzündung, die sich über zwei Wochen fortsetzt, evtl. auf Lebenszeit) und **Spondyarthritiden** (Gelenkentzüng der Wirbelsäule)
- **Konnektivitiden** (Bindegewebsentzündung) mit Synovitiden (Entzündung der Gelenkinnenhaut) und Athriden
- **Mikrobiell bedingte Arthriden** (durch Infektion ausgelösten Gelenkentzündungen)

Zur ersten Gruppe gehört die chronische Polyarthritis (Gelenkentzündung, die mehrere Gelenke betrifft und länger fortdauert).

Die Polyarthritis ist eine meist chronisch und progredient (fortschreitend) verlaufene Systemerkrankung des Bindegewebe, die sich mit destruierender (zerstörender) Veränderung an den Gelenken manifestiert und fakultativ verschiedene innere Organe befällt. Die Erkrankung kann in jedem Lebensalter auftreten, am häufigsten entwickelt sich die chronische Polyarthritis zwischen dem 25. und 50. Lebensjahr. Frauen erkranken daran etwa dreimal häufiger als Männer. Die Angaben der Morbiditätsrate schwanken zwischen 0,5 und 3,5 Prozent, Werte zwischen eine und zwei Prozent dürften der tatsächlichen mitteleuropäischen Situation am nächsten kommen. Damit ist die chronische Polyarthritis die häufigste entzündlichen Gelenkerkrankung. Etwa vier bis sieben Prozent der Erkrankten sind Kinder bis zum 16. Lebensjahr. Die Ursache der Systemerkrankung ist unbekannt.

Verschiedene Untersuchungen sprechen für eine fehlgesteuerte, unzureichende Immunantwort (Abwehr) des Organismus auf einen Kontakt mit einem bisher nicht definierten Antigen. In den letzten Jahren wurde eine gewisse genetische Krankheitsdisposition (Krankheitsneigung) bestätigt, die Familienuntersuchungen bereits lange erkannt hätten. Etwa 70 Prozent der Erkrankten sind Träger des Erbmerkmals HLA-DRW4, welches allerdings auch in der normalen Population bei etwa 30 Prozent gefunden wird,

Eine weitere Erkrankung in dieser Gruppe ist Spondylitis ankylosans, der so genannte Morbus Bechterew. Es handelt sich um eine chronisch entzündliche Systemerkrankung bei der neben der destruierenden (zerstörenden) auch prolifierte (gewebswuchernde) Veränderungen an den Ileosacralgelenken (Hüftgelenken) und an der Wirbelsäule ablaufen, die schließlich zu einer vollständigen Ankylose (Verknöcherung) führen können.

Häufig besteht eine Kombination mit Arthriden stammnaher und peripherer Gelenke und eine Neigung zur Endosopathie. Bisher wurde die Morbiditätsrate mit 0,2 bis 0,3 Prozent der Bevölkerung angegeben. Bei 70 bis 90 Prozent der Patienten mit gesichertem Morbus Bechterew findet sich die häufigste Form der so genannte sernonegativen Spontarthriden und ihr typischer Repräsentant.

Neue Impulse für die Erforschung der Epidemologie des Morbus Bechterew ergaben die Entdeckung der genetischen Beziehung der Erkrankung zur Histokompatibilität (Gewebeübereinstimmung) Hlab 27. So sprechen neuere Untersuchungen für eine etwas mehr ausgeglichenere Erkrankungsverteilung zwischen Frauen und Männern.

Bei Frauen verläuft allerdings die Erkrankung durchwegs milder. Das Vollbild des Morbus Bechterew wird bei Frauen wesentlich seltener als bei Männern beobachtet.

Als Ursache der Erkrankung werden unter anderem mikrobielle Antigene bei einer bestehenden genetisch determinierten (abgrenzenden) Krankheitsneigung des Organismus zu einer speziellen Reaktionsweise des Bindegewebes diskutiert, ohne dass hierfür bisher schlüssige Beweise vorliegen. So wurden in einigen Untersuchungen im Darm, von an Spondylitis anylosans erkrankten Patienten, vermehrt Klebsiellen gefunden, deren Oberflächenstrukturen mit Hlab 27 reagieren können. Bei Patienten mit Spondylitis anylosans lässt sich das Blutgruppenmerkmal Hlab27 in 90 bis 95 Prozent der Fälle nachweisen. Das bedeutet, ein positiver Hlab-27-Befund macht bei entsprechendem klinischen Bild eine Spondylitis ankylosans wahrscheinlicher, bedeutet aber nicht die Diagnose für diese Krankheit. Andererseits macht ein negativer Befund die Spondylitis anylosans unwahrscheinlich, schließt die Erkrankung aber nicht aus.

Die nächste Erkrankung dieser Gruppe ist die **Arthritis psoriatica** (Gelenkentzündung aufgrund einer bestehenden Schuppenflechte – Psoriasis) und palendromer Rheumatismus. Bei diesen Erkrankungen kommt es zur chronischen Polyarthritis, welche die Gelenke stark verformt, die Betroffenen weisen starke Verschleißerscheinungen auf. Durch diese Verschleißerscheinungen und die Verformung der Gelenke kann die Sexualität behindert sein.

> *Die eingeschränkte Beweglichkeit, das Auftreten von Schmerzen bzw. das Zurechtkommen mit der fortschreitenden Gelenkverformung können die Sexualität einschränken. Alternativstellungen müssen gefunden, evtl. können Hilfsmittel eingesetzt werden. Eine Sexualität, die für den Betroffenen eine Entspannung bietet, kann hilfreich sein. Die Auseinandersetzung mit dem Körper kann eine Körperbildstörung aufdecken, die den Betroffenen an seiner Sexualität zweifeln lässt. Die Betrof-*

fenen müssen an ihrem Selbstbild arbeiten bzw. für Alternativen offen sein, um noch eine gute Sexualität leben zu können.
(Sandra Senger)

Zur zweiten Gruppe – Konnektividen (systemische entzündliche Bindegewebserkrankungen) – gehören Erkrankungen wie:

- **Lupus erythematodus disseminatus:** schwere Autoimmunerkrankung, sich selbst zerstörendes Abwehrsystem. Es kann praktisch alle Organe betreffen. Vor allem unklare Fieberschübe zusammen mit Gelenkbeschwerden und/oder Hautveränderungen lassen an einen systemischen Lupus erythematodes denken
- **Polymyositis:** Gruppe von Erkrankungen mit gemeinsamem klinischen Merkmal, Muskelschwäche und Atrophie
- **Progressiv systemische Sklerose:** Sclerodermia: Autoimmunkrankheit, die zu den Kollagenosen gehört: Es kommt im Organismus zu Verhärtung des Bindegewebes, außerdem zu Hauterscheinungen
- **Polymyalgia rheumatica:** Erkrankung, die mit Muskelschmerzen im Schulterbereich und zum Teil auch im Beckengürtel einhergeht. Häufig sind ältere Menschen betroffen. Charakteristisch ist eine Morgensteifigkeit der Muskulatur, die bis zur Gehunfähigkeit gehen kann
- **Panarththeriitis nodosa:** knotige Entzündung aller Schichten der arteriellen Gefäßwand
- **Vegener'sche Granulomatose:** Geschwulstbildung
- **Sygren-Scharp-Syndrom**

Alle diese Erkrankungen gehen mit Entzündungserscheinungen einher, die einmal als Hauterscheinung sichtbar werden, bzw. Gelenkschmerzen verursachen. Eine Sexualität die Entspannung bringt, könnte hier eine Möglichkeit bieten, Sexualität zu leben. Wobei ein gutes Berühren eine wesentliche größere Bedeutung hat, als sich körperlich stark zu verausgaben.
(Sandra Senger)

Zu den mikrobiell bedingten Arthriden (durch Infektion ausgelösten Gelenkentzündungen) – der dritten Gruppe – gehören die para- und postinfektiösen Arthriden (Gelenkentzündungen die beispielsweise durch operative Eingriffe entstanden sind), Gonokokkenarthritis (Gelenkentzündung aufgrund einer bestehenden Gonorrhoe, das ist die Geschlechtskrankheit Syphillis) sowie die Tuberkulosearthritis (Gelenkentzündung aufgrund der Erkrankung Tuberkulose)

> *Für ersten beiden Gruppe gilt: Bei diesen Erkrankungen muss erst die Infektionsgefahr abgesteckt werden. Vorsichtsmaßnahmen müssen getroffen werden. Die dritte Gruppe zeigt, dass Behinderungen durchaus auch durch Geschlechtsverkehr entstehen können. Wir befinden uns heute aber in einer Gesellschaft, wo ich denke, dass Aufklärung dazu beiträgt, sich zu schützen und ohne Reue zu genießen. (Sandra Senger)*

6. Gruppe: Erkrankungen des zentralen und des peripheren Nervensystems

Je nach der Lokalisation des Schadens und ihrer Hauptsymptomatik lassen sich die Krankheiten des zentralen und peripheren Nervensystems in schlaffe und spastische Lähmungen, in Mischformen sowie Störungen und Erkrankungen der Stammganglien gliedern. Diese Mischformen sind häufig. Die folgende Darstellung erhebt keinen Anspruch auf Vollständigkeit. Die fast stichwortartige Schilderung will lediglich einige für die Orthopädie wesentlichen Gesichtspunkte und Hinweise vermitteln.

Schlaffe Lähmungen, unter dieser Gruppe steht die *Poliomyelitis anterior akuta*. Es handelt sich um eine durch einen Virus verursachte Infektionskrankheit. Von schlaffen Lähmungen anderer Genese lässt sich die Poliomyelitis gewöhnlich leicht durch das Fehlen von Sensibilitätsstörungen abtrennen. Sensibilitätsausfälle werden nur ausnahmsweise beobachtet, dagegen fast regelmäßig Störung der

Trophik und bei Eintritt der Lähmung in frühem Kindesalter und je nach deren Ausmaß Störungen des Längenwachstums. Dabei verläuft allerdings die Schwere der Wachstumsstörung durchaus nicht mit dem Ausmaß der motorischen Lähmung parallel. Andere schlaffe Lähmungen sind nicht heridiäte Muskelatrophie (Muskelverkürzung) des Typs Douchenne Aran, Neuritis und Polyneuritits (Polyneuropathien – Entzündungserscheinungen an den Nervenendigungen) sowie traumatische Nervenschädigungen.

Die bedeutendste der traumatischen Nervenschädigungen ist eine Lähmung des Nervus ischiadicus. Sie bewirkt den Ausfall der gesamten Unterschenkel- und Fußmuskulatur: den Dreschflegelfuß. Eine Wiederherstellung im Fuß- und Zehenbereich ist bei der Ischiadicuslähmung fast nicht möglich. Die Versorgung besteht in der passiven Stützung des Fußes in Mittelstellung. Bei dieser Gruppe ist das Sexualleben sicherlich verhindert.

Wobei es auf die Bewegungsfähigkeit der Betroffenen ankommt. Sind die unteren Extremitäten gelähmt, bedeutet dies nicht, dass die Sexualorgane gleichzeitig betroffen sein müssen. Gerade wenn die Arme und Hände gesund sind, lässt sich auch eine Sexualität leben. Sexuelle Hilfsmittel sowie unterschiedliche Stellungen müssen ausprobiert werden, um für sich den geeigneten Weg herauszufinden. Sollte sich die Lähmung oder Spastik auch auf die obere Sexualtität ausdehnen, sind die Betroffenen auf Hilfe angewiesen. Hier sollte eine Sexualassistenz Hilfe leisten, um zunächst einmal herauszufinden, welche Berührung angenehm ist, was überhaupt noch spürbar und erfahrbar ist. (Sandra Senger)

Eine andere Gruppe sind die spastischen Lähmungsbilder. Eine spastische Krampflähmung (spastische Paralyse) oder Teillähmung (spastische Parese) kann bei einer Störung der Nervenleitung im Bereichkortikobulbären bzw. kortikospinalen Neurons in dessen Verlauf von den motorischen Bezirken der Hirnrinde bis zu seinen Endigungen an den Hirnnerven bzw. Vorderhornzellen des Rückenmarkes zustande kommen.

Neben rein motorischen Ausfällen verschiedener Ausdehnung wie *Monoplegie* (Lähmung einer Gliedmaße), *Tetraplegie* (Lähmung aller vier Gliedmaßen), *Diplegie* (Lähmung beider Arme), *Paraplegie* (Lähmung beider Beine), *Hemiplegie* (Halbseitenlähmung, ein Bein und ein Arm) kommen alle Abstufungen zwischen einer leichten Parese und der vollständigen Paralyse vor. Es besteht oft eine für die zentrale Lähmung charakteristische Hypertonie der Muskulatur und einer Hyperflexie (zu starke Beugung eines Gelenks). Außerdem finden sich je nach Sitz der Störung athetotische und kuratische (unwillkürlich, langsame, geschraubt-wurmförmige Spreiz-, Streck- oder Beugebewegung) Zwangsbewegungen unterschiedlicher Ausprägung.

Unter dieser Gruppe ist der frühkindliche Hirnschaden oder die cerebrale Kinderlähmung eingereiht. Dieser Begriff fasst eine Reihe von Krankheitsbildern unterschiedlicher Genese zusammen, deren gemeinsame Symptomatik die Krampflähmung unterschiedlicher Ausdehnung athetotische und kuratische Zwangsbewegungen, Störung der Koordination und eine mehr oder weniger ausgeprägter Intelligenzdefekt sein können. Die Ursache eines solchen frühkindlichen Hirnschadens kann in seltenen Fällen endogen (durch den Organismus, durch innere Einflüsse), dürfte aber meist exogen (durch äußere Einflüsse) sein. Es kann sich um Embryopathien (Geburtsfehlbildungen in den ersten drei Schwangerschaftsmonaten), oder um die Folge von Fetopathien (Fehlbildungen nach dem dritten Schwangerschaftsmonat) handeln. Eine solche Schädigung kann durch Medikamente, die beispielsweise zum Zweck der Abtreibung eingenommen worden sind, durch Überdosierung von Insulin bei Diabetes, durch Virusinfekte (etwa Röteln, Toxoplasmose und Listeriose) sowie vielem anderen eintreten. Auffallend groß ist die Zahl der Frühgeburten unter den zerebral geschädigten Kindern.

Manches spricht dafür, dass Asphyxie (Sauerstoffmangel während der Geburt) oder die versuchte Spätabtreibung durch Eihautstich eine erhebliche Rolle spielen, wenn es um die große Anzahl der Frühgeburten und die Schädigung des Fetus geht. Weitere Ursachen können sein Karbomonocidvergiftung der Mutter (Selbstmordversuch mit Autoabgasen), exogener und endogener Sauerstoffmangel (Blutverlust, Anämie, Zirkulationsstörung in der Placenta), Placenta praevia (vorzeitige Lösung des Mutterkuchens), Insertionsanomalien in der Nabelschnur (Fehlbildungen der Nabelschnur), vorsichtige Placentalösung, Hernien der Nabelschnur (Ausstülpungen an der Nabelschnur, die die Versorgung des Kindes nicht mehr gewährleisten). Bei zeitgerechter Geburt nach ungestörtem Schwangerschaftsverlauf können zerebrale Schäden (Schäden, die das Gehirn betreffen) durch intracraniale Blutungen in Folge eines Tenteriumrisses (Riss an einem der Blätter des Tentorium cerebrelli, vorderer Hirnbereich), durch Asphyxie bei verzögerter Austreibung oder einer Nabelschnurumschlingung usw. eintreten.

Postpartum (Zeit nach der Geburt) können spezifische und unspezifische Meningitiden (Hirnhautentzündungen) und Cephalititiden (Entzündungen im Kopfbereich), die mit Defekt zur Ausheilung gekommen sind, für das Zustandekommen eines frühkindlichen Hirnschadens verantwortlich sein. Bei dieser Gruppe kann es zu sehr großen Problemen bei der Sexualität kommen.

Neben der Sexualität hängt die Behandlungsfähigkeit des cerebral geschädigten Kindes davon ab, ob die erhaltene Intelligenz ausreicht, ein systematisches Übungsprogramm zu verarbeiten. Ob und in wieweit trotz der Spastizität und der Koordinationsstörung aktive Willensimpulse die Peripherie erreichen. Inwieweit die Bewegungsabläufe durch Rigor (versteifte Bewegung, wie ein Roboter, Zahnradphanomen) und Zwangsbewegungen gestört sind und schließlich von der Ausdehnung der Störung. Bei der normalen Behandlung des cerebral geschädigten Kindes, beispielsweise nach Bobath wird versucht, die Hemmung der anormalen Reflexe zu lösen mit dem Ziel, den Muskeltonus zu normalisieren und auf dieser Basis in normaler Entwicklungsfolge, normale Haltungs- und Bewegungsformen zu entwickeln, das kann auch der Verbesserung der verhinderten Sexualität dienen.

Hierbei sollte aufgepasst werden, dass bei schwerbehinderten Cerebralparetikern (Lähmung durch einen Hirndefekt) die Verhütung eine wichtige Rolle spielt, da diese in der Regel selbst nicht in der Lage sein werden, Kinder zu versorgen.

Zu den spastischen Lähmungsbildern zählt man die *spastische Spinalparalyse* (Lähmung in den Beinen, die damit einhergeht, dass die Beine noch bewegt werden können, aber entweder nur unwillkürlich oder verlangsamt), *spastisch nicht progrediente retidäre Paraplegie* (fortschreitend verlangsamt, gehemmte Beinlähmung), *ischämischer Cerebralinsult* (Ausfall durch eine Unterversorgung der Hirngefäße), *Hirnembolie* (Verstopfung eines Blutgefäßes, durch eine in die Blutbahn geratene und mitverschleppte Substanz im Bereich des Gehirns), *Thrombose der Hirnarterien* (teilweise oder völliger Verschluss eines Gefäßes, Vorstufe einer Embolie), *Multiple Sklerose* (Erkrankung des Gehirns und des Rückenmarks mit Bildung von verhärteten Entmarkungsherden), die so genannte MS. Bei der MS möchte ich etwas bleiben. Sie stellt eine chronische (nicht heilende), wahrscheinlich entzündliche Nervenerkrankung dar, die Jugendliche etwa vom Pubertätsalter an und junge Erwachsene bevorzugt befällt. In Hirnstamm und Rückenmark sind stecknadelkopf- bis bohnengroße graurötliche sklerotische (verhärtetes Gewebe) Herde nachweisbar. Die Ventrikel (Hirnkammern) sind erweitert. Die weiße Substanz ist weniger weiß und weich beim Gesunden. Die in Schüben verlaufende Krankheit ist in ihrer Symptomatik außerordentlich wechselnd. Bei dieser Erkrankungsgruppe stellen sich sicherlich sexuelle Probleme ein, sobald Lähmungen auftreten.

Weitere Krankheitsbilder in dieser Gruppe sind die *funikuläre Myelose* (weitere Rückenmarkserkrankung mit vielseitigen Degenerationsherden), *Tabes dorsalis* (Rückenmarkschwindsucht, Spätstadium der

Syphillis) sowie die *Parkinson'sche Krankheit* (neurologische Erkrankung die durch Rückbildung der Substantia nigra zu gehemmten, verlangsamten Bewegungen sowie anderen Symptomen führt).

In dieser Gruppe kommt es nicht nur durch die Bewegungseinschränkungen zu Störungen der Sexualität. Die Sensibilität kann es durch die Erkrankung den Betroffenen nochmals schwerer machen, ihre Berührungssituation im Geben und Nehmen einzuschätzen. Da Fein- und Grobmotorik gestört sein können, ist je nachdem auch keine Selbstbefriedigung möglich. Durch die Schädigung der Hirnareale kann außerdem die Sprache betroffen sein bzw. der Betroffene von seinem ganzen Wesen verändert sein. Gerade die Wesensänderung macht es Betroffenen in der Parterschaft schwierig.

Es ist aber durchaus möglich, dass die Betroffenen noch sehr gut ihre Gefühle äußern können, sie aber von ihren Partnern nur noch als Kranke wahrgenommen werden.

Probleme, wie Inkontinenz, Erektionsstörungen, Impotenz sind aber behebbar. Hier lassen sich Alternativwege finden, wenn beide Partner dazu bereit sind. *(Sandra Senger)*

7. Gruppe: Kombiniert spastisch schlaffe Lähmungsbilder

Hierzu gehört:

- *Syringomyelie* (Erkrankung des Rückenmarks als Folge einer mangelhaften Schließung embryonaler Verwachsungslinien),
- *amyotrophische Lateralsklerose* (Systemerkrankung des Rückenmarks mit Symptomen der Muskelatrophie und der Pyramidenbahnläsion infolge Rückbildung des ersten und zweiten Neurons)
- *Querschnittslähmung* (Lähmung durch Ausfall motorischer, sensibler und extrapyramidal-motorischer Leitungsbahnen des Rückenmarks).

Die von mir bis jetzt aufgelisteten Erkrankungen stellen selten gesehene, die angeborenen Systemerkrankungen, örtliche Missbildungen, dagegen häufig gesehene Erkrankungen dar, ebenso wie degenerative Gelenkerkrankungen und entzündliche Erkrankungen der Knochen und Gelenke. Bei all diesen Erkrankungen kann es, wie bereits erwähnt, zu sexueller Behinderung kommen, bei allen ist jedoch ein genitaler Orgasmus möglich. Die Ursache der Schwierigkeiten ist vielmehr mechanischer Herkunft, das heißt, meist geht es um schmerzhafte Gelenkbewegungen und Kontrakturen.

Die wichtigste Therapie für diese Krankheitsgruppe ist die krankengymnastisch-physikalische, welche die Kontrakturen beseitigen kann. Entscheidend sind hierbei folgende Gelenkabschnitte: Hüftgelenk und der Bereich der Wirbelsäule, auch die Knie- und Sprunggelenke sowie die Arme. Die krankengymnastischen Übungen sind wichtig, um Kontrakturen zu beseitigen, das heißt, zu lockern und gleichzeitig eine Muskelkräftigung zu erlangen. An der Wirbelsäule erkrankte Patienten können in bestimmten Positionen unter sehr starken Schmerzen leiden. Auch hier wird die Krankengymnastik benötigt. Sie soll zur Verbesserung der Bewegung und des Muskelstatus helfen. Die Patienten müssen feststellen, welche Position schmerzarm bzw. schmerzfrei ist. Sexueller Kontakt sollte möglichst in diesen Positionen erfolgen.

Sehr viele Patienten, vor allem Frauen, sind nicht in der Lage die Beine abzuspreizen, beispielsweise durch Erkrankungen am Hüftgelenk. In diesem Fall sollte je nach Bewegungseinschränkung entweder die Seitenlage oder aber aus der hinteren Position sexueller Kontakt erfolgen.

Reichen die krankengymnastischen Übungen zur Beseitigung der Kontrakturen nicht aus, so gibt es noch die Möglichkeit der ambulanten Rehabilitation oder aber auch die stationäre Behandlung in geeigneten Kliniken.

Die prothetische Versorgung hat in der Orthopädie während der vergangenen 25 Jahren riesige Fortschritte gemacht. Beispielsweise können heute kontraktierte Hüftgelenke zum großen Teil durch eine Addutorentenotomie (operative Muskelverkürzung) oder aber durch eine prothetische Versorgung beseitigt werden. Ich muss jedoch betonen, dass ein prothetisch versorgtes Hüftgelenke nicht völlig frei beweglich ist und auch bei extremer Belastung die Luxationsgefahr (Auskugelung eines Gelenks) besteht. Partner sollten hierzu ausführlich beraten werden.

Ich komme nun zur größten Problemgruppe: Patienten mit *Querschnittslähmungen*. Die Querschnittsläsion des Rückenmarks kann einen Komplex von Symptomen bewirken, der je nach Art und Sitz der Schädigung sich unterschiedlich entwickelt und unterschiedlich verläuft. Die Schädigungen des Rückenmarks können durch den Raum beengende Prozesse im Bereich des Wirbelkanals – etwa durch gut und bösartige, vom Knochen, von den Blutgefäßen oder auch den Rückenmarkhäuten ausgehende Tumoren –, durch entzündlich auf den Wirbelkanal übergreifende Prozesse und durch traumatische Schäden hervorgerufen werden.

Eine Querschnittslähmung trifft den Menschen immer unvorbereitet. Dem Patienten wird bewusst, was sie glauben, verloren zu haben. Eine Querschnittslähmung kann eine sexuelle Beziehung total beenden, kann aber auch eine neue beschließen. Querschnittsgelähmte Männer sind in der Lage eine Erektion zu haben. Um dies zu erklären, möchte ich den Erektionsmechanismus darstellen. Neurophysiologisch führt die genitale Stimulation durch Berührungsreize über einen Reflexbogen zu Erektion. Gleichzeitig werden Signale über das Rückenmark an das Gehirn geleitet und dort kommen Impulse vom Rückenmark zu den Schwellkörpern, die dann durch subjektiv empfundene Gefühle, Lust oder Angst, die Erektion unterstützen oder aber hemmen.

Die Nervengefäßversorgung erfolgt durch die Rückenmarkssegmente S2 bis S4, Th11/L2. Liegt die Läsion oberhalb der TH11/L2 und dies ist bei der Mehrzahl der Querschnittsgelähmten der Fall, so können Erektionen auf genitalen Berührungsreiz herbeigeführt werden, nicht auf psychogene Reize. Die Gliedsteife ist in diesem Fällen meist reduziert. Bei inkompletten Lähmungen sind alle Variationen möglich. Das Problem liegt im frühen Abklingen der Erektion. Der Grund hierfür ist, dass durch Rückenmarksverletzung, also die Unterbrechung der Bahnen, die das Rückenmark durchlaufen, die Impulse vom Gehirn das Genitale nicht mehr erreichen können.

Ein weiteres Problem bei Querschnittsgelähmten stellt die Harninkontinenz dar. Hierbei sollte im Gespräch mit den Paaren geklärt werden, dass dies kein großer Grund zur Beunruhigung sein sollte, da frisch ausgetretener Urin aus dem Körper sauberer ist, als andere Flüssigkeiten im Körper. Auf jeden Fall wesentlich sauberer als zum Beispiel die Mundflora beim Zungenkuss. Ein weiterer Faktor bei Querschnittsgelähmten ist die fehlende Sensibilität im Genitalbereich, durch die kein richtiger Orgasmus mehr möglich ist. Durch erotische Fantasien und Berührungen an empfindlichen Zonen besteht aber auf jeden Fall die Möglichkeit einer zufriedenen Sexualität. Beim sexuellen Kontakt können sich die erogenen Zonen verlagern, neue erogene Zonen lassen sich finden.

Des Weiteren stellt sich oft die Kürze der Erektion, wie bereits erwähnt, als Problem dar. Die einfachste Methode zur Verlängerung einer Erektion ist der Penis-Ring. Dieser wird an der eregierten Peniswurzel angebracht, zugezogen, wodurch der Blutrückfluss der Schwellkörper vermindert wird. Es muss jedoch darauf geachtet werden, dass der Penisring nicht zu stark zugezogen wird und nach 20 bis 30 Minuten wieder entfernt wird, um Hautschäden zu vermeiden.

Eine weitere Methode stellen Medikamenten dar. Hierzu muss man sagen, dass so genannte Aphrodisiaka bei Querschnittsgelähmten keinen Erfolg haben. Durch das Medikament Viagra kann jedoch bei 70 Prozent der Männer eine Erektion erlangt werden. Die Einnahme sollte etwa 60 Minuten vor dem geplanten Geschlechtsverkehr eingenommen werden, was wiederum auch für die Partnerin von Vorteil ist. Auf jeden Fall sollte vor Einnahme von Viagra das Risiko eines Herzinfarkts und Schlaganfalls durch den betreuenden Arzt überprüft werden. Es wird empfohlen, mit 50 mg Tabletten zu beginnen.

Die vierte Möglichkeit ist SKAT – die selbständige Injektion in den Schwellkörper. Fünf bis zehn Minuten nach der Injektion kommt es zu einer etwa 30 Minuten anhaltenden Erektion. Die Injektion sollte jedoch nicht häufiger wie zwei- bis dreimal in der Woche durchgeführt werden. Ansonsten besteht die Gefahr, dass bei den Schwellkörpern eine fibrotische Umwandlung erfolgt. Der Erfolg liegt bei bis zu 75 Prozent.

Eine andere medikamentöse Methode ist MUSE, die jedoch in Deutschland nicht zugelassen ist. Dieses Medikament wird direkt in die Harnröhre verabreicht. Problematisch an dem Medikament ist seine Aufbewahrung, da es nicht über 30 Grad gelagert werden darf.

Ich möchte auch noch die Möglichkeit des Implantates erwähnen. Hierbei handelt es sich um die älteste Methode mit fast hundertprozentigem Erfolg. Zwei Silikonzylinder werden in die Schwellkörper operativ eingebracht. Diese Silikonzylinder sind über einen Hoden mit einer Pumpe verbunden und können darüber mit Flüssigkeit gefüllt werden. Durch das Drücken der Pumpe kann die Erektion erreicht werden, und nach Geschlechtsverkehr wird durch ein Ventil die Flüssigkeit wieder entleert.

Nur 5 bis 10 Prozent aller Querschnittsgelähmten können durch Masturbation eine Samenerguss erzielen. Bei Kinderwunsch kann zur Befruchtung die Vibrostimulation (Stimulator wird zur Samengewinnung an den Peniskopf gehalten) angewendet werden. Technisch ist das einfach selbst durchführbar. Die zweite Möglichkeit zur Befruchtung ist die rektale Stimulation. Eine weitere Möglichkeit stellt die Hodenbiopsie dar. Bei der Mikroinsemination wird über einen kleinen Hautschnitt Gewebe aus dem Hoden entnommen. Aus dieser Masse werden dann einzelne Samenzellen separiert. Unter dem Mikroskop wird sodann eine einzelne Samenzelle in eine Eizelle eingebracht. Die Erfolgsquote liegt bei 30 Prozent.

Theorie ist das eine, Praxis das andere. Bei den Maßnahmen sollte jede/r sich überlegen: Was bedeutet mir die sexuelle Stimulation? In der Partnerschaft ist mein Rat, sich intensiv darüber auszutauschen, was eine gute Alternative darstellen könnte. Besteht keine Partnerschaft ist es wichtig, sich selbst kennen zu lernen. Jede/r muss für sich festzulegen: Was möchte ich sexuell erleben, wie stelle ich mir meine Sexualität vor, und was lässt sich realistisch umsetzen, damit die Lust Lust bleibt?

(Sandra Senger)

Dr. Dieter Löchner-Ernst

Therapie der neurogenen Sexualstörung

nach Verletzungen, erworbenen und angeborenen Erkrankungen des Rückenmarks aus urologischer Sicht

Die Sexualität gehört zu den elementaren Grundbedürfnissen des Menschen. Sie steht im weitesten Sinne im Dienste der Kommunikation und in einer engen Wechselbeziehung zur Lebensqualität. „Von einem Menschen Lust empfangen, ist die fundamentale Form menschlicher Beziehungen" sagt P. Nijs[1]. Als Brücke zwischen der Lustdimension und der partnerschaftlichen Dimension ist ein erfülltes Sexualleben die Basis für ein friedvolles Zusammenleben. Auch aufgeschlossene Moraltheologen räumen mittlerweile ein, dass unser Leben bestimmt wird durch „Religiosität" (bemerkenswert: nicht Religion!) und „Sexualität".

Wie für andere Körperfunktionen gilt auch für die Sexualität, dass sie erst in ihrer Störung – ihrer Dysfunktion – Beunruhigung hervorruft.[2] Meist werden sie dem Betroffenen erst nach Überwinden der Akutphase bewusst. Obwohl mittlerweile in nahezu allen Zentren eine sexualtherapeutische Aufklärung erfolgt, wendet sich in dieser Phase nur ein kleiner Prozentsatz mit konkreten Problemen an einen Therapeuten. Der größte Teil kommt erst später, teilweise Jahre später, wobei sich Verheiratete mehr für die Erektion, Unverheiratete für die Fortpflanzung interessieren.[3] Eine Umfrage unter Querschnittgelähmten hat ergeben, dass ein großer Teil mehr unter dem Verlust der Sexualfunktion leidet als unter der Tatsache nicht mehr gehen zu können.[4]

Behinderte leben wie Nichtbehinderte ihre Sexualität bezogen auf ihre Vergangenheit, ihre Erziehung und ihre hinzugewonnenen Erfahrungen. Der hilfesuchende Patient sollte deshalb zuallererst ermutigt werden, verbliebene Möglichkeiten seines Sexualbereiches zu erkunden. Teilweise gelingt es, bei der Anwendung sexueller Praktiken traditionelle Hemmungen abzubauen und mit den verbliebenen Möglichkeiten ein ausgeglichenes Sexualleben zu führen. Gegebenenfalls sollte er motiviert werden, innerhalb der von ihm und seinem Partner tolerierten Grenzen eine Umbewertung und Verschiebung sexueller Praktiken anzustreben.

Der Therapeut ist gehalten, in einem Gespräch die individuellen Bedürfnisse des Betroffenen *und* – wenn möglich – des Partners zu hinterfragen. Therapiemaßnahmen müssen an diesen Bedürfnissen orientiert und ohne persönliche Präferenzen vorurteilsfrei vorgeschlagen werden. Dies setzt voraus, dass der Therapeut auf einem soliden Informationsstand steht. Bedauerlicherweise ist dies nicht immer der Fall. Nicht selten wird dem Patienten beschieden, dass nichts mehr zu machen sei und man sich damit abfinden müsse. Auch das Buch „Sexualität trotz(t) Handicap" weist neben ausgezeichneten Passagen in dem Kapitel „Was tun bei unerfülltem Kinderwunsch?" ein eklatantes Informationsdefizit auf.

Medizinische Basis

Die vollständige Durchtrennung des Rückenmarkes führt unausweichlich zu einer Störung der Sexualfunktion: bei Männern zu einer Beeinträchtigung der Gliedsteife (Erektion) und des Samenergusses (Ejakulation), bei beiden Geschlechtern durch den Verlust der Sensibilität im Genitalbereich auch zu einer Veränderung des Höhepunktgefühls (Orgasmus).

Bei allen Verletzungen (Querschnittlähmung) oder Erkrankungen des Rückenmarks (Infektion, Tumor etc.) bzw. des zentralen Nervensystems (Multiple Sklerose, Morbus Parkinson usw.) desgleichen, auch bei angeborenen Fehlbildungen (Spina bifida) etabliert sich die Sexualstörung entsprechend der Lage und Ausdehnung der Verletzung im Rückenmark.

Für die Sexualfunktionen sind bestimmte *Zentren im Rückenmark* verantwortlich. Dies sind die Segmente TH11 bis L3 und S2–S4. Die Segmente TH11 bis L3 steuern den Transport des Samens aus den Hoden in den hinteren Teil der Harnröhre und ebenso das Entstehen einer Erektion. Die Segmente S2–S4 koordinieren den pulsierenden Samenausstoß (Ejakulation). Gleichzeitig sind sie auch verantwortlich für die unwillkürlich (reflektorisch) auftretende Erektion. Die Auswahl der Therapiemaßnahmen orientiert sich am Verletzungsmuster. Bei unvollständigen (inkompletten) Verletzungen sind alle Varianten möglich.

Weibliche Betroffene behalten im Gegensatz zu männlichen auch nach vollständiger Verletzung des Rückenmarks einen wichtigen Teil ihrer Sexualfunktion. Sie können weiterhin schwanger werden und Kinder gebären, also in traditioneller Sichtweise ihre „Aufgabe" erfüllen. Dies hat in der Vergangenheit dazu geführt, dass die Sexualstörung der Frau im Vergleich zu der des Mannes als weniger gravierend verstanden wurde. Erst in den letzten 20 Jahren wurde diese Sichtweise wieder korrigiert, im deutschen Sprachraum unter anderem von Brigitte Winter-Klemm, einer Psychologin, selbst im Rollstuhl sitzend.

Amerikanische Untersuchungen haben ergeben, dass die klitorale Stimulation (Stimulation am Kitzler) bei gelähmten Frauen, zu einer Zunahme der vaginalen Pulsrate sowie der Durchblutung des äußeren Genitale und Befeuchtung der Scheide führt.[5] Ein *Orgasmus* im klassischen Sinne konnte nicht herbeigeführt werden. Aber von allen Frauen wurde ein wohltuendes und durchaus lustvolles Gefühl beschrieben. Die Intensität dieses Gefühls wiederum war abhängig von den sexuellen Erfahrungen, welche die Betroffenen *vor* Eintritt der Rückenmarksverletzung gewonnen hatten. Dies ist gleichzeitig auch ein Hinweis auf die sexualtherapeutischen Schwierigkeiten bei der Therapie der *angeborenen* Sexualstörung. Die Situation von Personen mit angeborenen Querschnittlähmungen (Spina bifida) ist völlig unterschiedlich. Auf der einen Seite findet die frühkindliche Phase der Sexualentwicklung anders statt. Andererseits beeinflussen häufig zusätzlich angeborene Schäden die Entwicklung und das Befinden der Betroffenen.[6]

Wie wir von Betroffenen mit einer Querschnittlähmung erfahren konnten, gelingt es durch liebevolle Zuwendung und Phantasie, im Kopf ein Gefühl der *Befriedigung* zu erlangen, das zwar nicht mit dem Gefühl vor Eintritt der Lähmung verglichen werden kann, aber dennoch ein zufriedenstellendes Sexualleben ermöglicht. Das heißt, durch erotische Phantasien, teilweise auch durch Verlegung erogener Zonen in sensible Hautareale, kann ein Teil des sensiblen Defizits wettgemacht werden. Dies gilt für weibliche und männliche Betroffene gleichermaßen.

Wunderschön ausgedrückt hat dies ein Paraplegiker in einem Brief an mich, in dem er – nicht zu unrecht – die seiner Meinung zu negative Feststellung über die Orgasmusfähigkeit bei Vorliegen einer Querschnittlähmung in meinem Lehrfilm „Nicht Vorbei" kritisierte. Er schreibt:

> *„Erwischt hatte es mich mit 38 Jahren – bis dahin durfte ich so manch lustvolles Freudenfest feiern – und hatte gewiß nicht über Defizite zu klagen! Die intensivsten und zugleich schönsten erotischen Feste habe ich jedoch erst nach meinem Unfall erleben dürfen – mit Höhepunkten, die all das, was üblicherweise als „Orgasmus" bezeichnet wird, als blass/schwach erscheinen ließ. Natürlich handelt es sich dabei um meine höchst subjektive Wahrnehmung. Das setzt natürlich einen Gleichklang auf allen Ebenen zur Partnerin voraus, auf körperlicher, geistiger, vor allem*

seelischer Ebene, und gehört zu jenen Facetten des Lebens, die eben nicht „machbar" (und damit manipulierbar) sind, sondern die sich – wenn überhaupt – nur als seltenes Geschenk „ereignen". Aber weil es, auch querschnittgelähmt, Erlebnismöglichkeiten gibt, die weit über das hinausgehen, was als rein körperliche Befriedigung bezeichnet wird, würde ich absolut verneinende, einschränkende Statements weglassen." (Zitat Ende)

Dem ist nichts mehr hinzu zu fügen.

Therapieoption der weiblichen Sexualstörung

Gerade für die Therapie der *weiblichen* Sexualstörungen ist in den letzten beiden Jahren in den Vereinigten Staaten ein Gerät entwickelt worden (Eros CTD, Vertrieb in Deutschland: Fa. Heise Dortmund), mit dem sich erstmalig Orgasmusstörungen, mangelnde Befeuchtung der Scheide, verminderte Sensibilität der Klitoris erfolgreich therapieren lassen. Ein kleiner Silikontrichter wird über die Klitoris gestülpt. Der Trichter ist mit einem handtellergroßen Gerät verbunden. Dieses Gerät erzeugt ein permanentes, individuell einstellbares Vakuum, auf niedriger Einstellstufe auch einen pulsierenden Sog. Die Behandlung erfolgt nach einem vorgegebenen Schema.

Das Gerät wurde an der Universitätsklinik Minneapolis an Frauen mit Sexualstörungen erprobt. Über 50 Prozent der behandelten Frauen konnten nach der Anwendung leichter einen Orgasmus erreichen. Bei über 70 Prozent verbesserte sich die Befeuchtung der Scheide und bei über 80 Prozent die Sensibilität der Klitoris. Zwar hatte keine der Frauen eine neurologische Erkrankung. Dennoch könnten wir uns den Einsatz bei neurologischen Störungen vorstellen. Mit einer Zunahme der Befeuchtung der Scheide beispielsweise wäre auch bei komplett gelähmten Frauen zu rechnen, bei inkomplett gelähmten eventuell mit einer Besserung der anderen Störungen.

Therapie der männlichen Sexualstörungen

Etwa 80 Prozent der Querschnittgelähmten sind Männer. Es ist deshalb naheliegend, dass man häufiger – der Urologe ohnehin – mit der Therapie der männlichen Sexualstörungen befasst ist. Am besten lassen sich die Therapiemaßnahmen der neurogenen Sexualstörungen *(Samenerguss / Erektion)* am komplett gelähmten Querschnittgelähmten darstellen, da hier eine neurologisch klar definierte Situation vorliegt.

A . SAMENGEWINNUNG

Abhängig von Art und Lage der Rückenmarksverletzung kann nur ein geringer Prozentsatz der querschnittgelähmten Männer einen Samenerguss beim Verkehr erreichen und nur zirka 5 bis 10 Prozent durch Masturbation.[7] Es wurden deshalb technische Verfahren zur Samengewinnung entwickelt, die entsprechend der Lähmungsart zur Anwendung kommen. Der gewonnene Samen muss dann zum geeigneten Zeitpunkt (Eisprung) der Partnerin übertragen werden.

Rektale Elektrostimulation

Die rektale Elektrostimulation ist die älteste Methode zur Samengewinnung. Sie war zunächst für die Tiermedizin entwickelt und 1948 erstmals an einem querschnittgelähmten Mann eingesetzt worden.[8] Durch rektal (in den Enddarm) eingeführte Elektroden kommt es über eine Erregung der verantwortlichen Nerven zu einem Samenerguss. Erst 1975 konnte mit Samen, der durch diese Stimulationstechnik gewonnen wurde, eine Schwangerschaft herbeigeführt werden.[9]

Vorteil dieser Technik ist die breite Einsetzbarkeit bei nahezu allen Lähmungstypen. *Nachteil* ist einmal der hohe Preis des Gerätes (ca. 30.000 DM), der den Einsatz auf Spezialabteilungen beschränkt, zum anderen die reduzierte Samenqualität und das hohe Risiko eines Samenergusses in die Blase (retrograde Ejakulation).

Penile Vibrostimulation

Diese Art der Stimulation wird heutzutage vorrangig eingesetzt. Die mit einer Gummikappe geschützte Olive eines leistungsfähigen Vibrators wird mit kräftigem Druck an der Peniseichel aufgesetzt. Unabhängig vom Vorhandensein einer Erektion können damit echte Ejakulationen provoziert werden. 1970 wurde diese Stimulationstechnik erstmals am querschnittgelähmten Mann angewandt.[10] 1980[11] und 1981[12] wurde von den ersten Schwangerschaften berichtet.

Nachteil ist, dass diese Stimulationstechnik nur bei Lähmungen oberhalb TH 11 eingesetzt werden kann. Da aber etwa 80 % der männlichen Querschnittgelähmten diese Art der Rückenmarksverletzung aufweisen, fällt dieser Nachteil wenig ins Gewicht.

Der große *Vorteil* dieser Stimulation ist, dass der Patient die Technik erlernen und das wesentlich preisgünstigere Gerät (DM 950 Ferti Care personal, in Deutschland erhältlich bei Fa. Heise Vertriebs-GmbH) selbst erwerben kann. Er kann so Stimulation und Samenübertragung zu Hause in der häuslichen Intimsphäre durchführen. Hierzu muss der Samen in einem Gefäß aufgefangen, mit einer Spritze aufgesogen und anschließend in der Scheide deponiert werden. Knapp die Hälfte unserer Patienten hat dieses Verfahren mit Erfolg zu Hause so durchgeführt.[13] Ein weiterer Vorteil ist die bessere Samenqualität im Vergleich zur rektalen Elektrostimulation[14,15] und die deutlich geringere Gefahr des Samenergusses in die Blase.[16]

Mit beiden Verfahren ist *Vorsicht* geboten bei Lähmungen oberhalb TH6. Hier kann es zu einer so genannten *autonomen Dysregulation* (Blutdruckanstieg mit Abfall der Pulsfrequenz) kommen. Diesen Patienten wird deshalb präventiv zirka zehn Minuten vor der Stimulation eine Kapsel Nifedipin (Adalat®) verabreicht.

Medikamentöse Samengewinnung

Ist mit beiden Verfahren, Samen nicht zu gewinnen, kann die Stimulation mit Physostigmin (Anticholium®, 5ml subcutan injiziert) kombiniert werden.[17] Durch Physostigmin wird ein Teil des für den Samenerguss verantwortlichen autonomen Nervensystems (Parasympathikus) stimuliert und eine heftige Enthemmung der Reflexe unterhalb der Läsionsebene ausgelöst. Seltene Nebenwirkung ist ein therapiebedürftiger Abfall der Pulsfrequenz und Übelkeit. Der Patient sollte deshalb mindestens eine Stunde nach der Injektion unter Beobachtung liegen bleiben. Das Gegenmittel ist Atropin.

Samenqualität

Die Qualität des gewonnenen Samens ist bei den meisten Querschnittgelähmten gemindert, das heißt, bei variierender Gesamtzahl der Samenzellen erreicht der Anteil beweglicher Samenzellen beim größten Teil der Querschnittgelähmten bestenfalls 15 bis 20 Prozent (Normalwert über 50 Prozent). Weder durch Hormonanalysen noch durch feingewebliche Untersuchungen des Hodens konnte die Ursache hierfür gefunden werden. Vermutet wird ein Zusammenwirken mehrerer Faktoren. Einmal das langdauernde Verbleiben des Samens in den Hoden und die chronisch erhöhte Temperatur im Hoden durch die Sitzposition im Rollstuhl[18] und natürlich der Zustand des unteren Harntrakts.

Immer noch sind viele Ärzte, Therapeuten und Patienten der irrigen Meinung, dass es im Verlauf einer Querschnittlähmung zu einer kontinuierlichen Verschlechterung der Samenqualität kommt. Dies ist nicht der Fall. Die von uns behandelten Patienten waren zum Zeitpunkt der induzierten Schwangerschaft im Durchschnitt 11,6 Jahre im Rollstuhl, der älteste 24 Jahre. Dies ist sehr wichtig zu wissen, da immer wieder Patienten oder deren Angehörige ängstlich zu uns kommen, meist nur wenige Monate nach Lähmungseintritt und uns bitten, Samen zu gewinnen und eingefroren zu lagern. Diese Patienten oder deren Angehörige kann man beruhigen. *Zwischen Lähmungsdauer und der Samenqualität besteht keine Korrelation.*

Auch die häufig geäußerte Sorge, dass aufgrund der verminderten Samenqualität, das Risiko erhöht ist, behinderte Kinder zu bekommen, ist unbegründet. *Die genetische Qualität des Samens ist nicht beeinträchtigt.*

Derzeit besteht medikamentös keine Möglichkeit, die Samenqualität zu verbessern. Allerdings konnte durch Akupunktur ein vorübergehender Anstieg der beweglichen Samenzellen erzielt werden.[19,20]

Auch die Tatsache, dass ein Elternteil im Rollstuhl sitzt – in Einzelfällen auch beide – ist für die Kindererziehung kein Problem. Zu den meisten Paaren halten wir guten Kontakt. Alle Kinder gedeihen gut und sind gesund. Die Fehlgeburtenrate ist – je nach Alter – mit der jener Paare vergleichbar, bei denen beide Elternteile gesund sind.

Mikroinsemination (ICSI) und operative Samengewinnung (TESE)

Ist die Anzahl beweglicher Samenzellen sehr gering oder durch die genannten Stimulationstechniken Samen nicht zu gewinnen, werden andere, zum Teil technisch anspruchsvolle Verfahren eingesetzt. Durch eine enorme Verbesserung der Inseminationstechnik von Seiten der Frauenärzte sind die Erfolgschancen deutlich angestiegen. Es ist heutzutage möglich, unter dem Mikroskop eine einzelne Samenzelle direkt in eine Eizelle einzubringen (ICSI). Das heißt, die Anzahl lebendiger Samenzellen hat für dieses Verfahren an Bedeutung verloren.

Zur Samengewinnung wird über einen kleinen Hautschnitt aus dem Hoden etwas Gewebe entnommen, aus dem die Samenzellen unter dem Mikroskop herausgearbeitet werden. Der hormonell vorbehandelten Partnerin werden durch transvaginale (durch die Scheide) Punktion mehrere Eizellen entnommen und mit je einer Samenzelle versehen. Bei erfolgreicher Befruchtung erfolgt später die Übertragung in die Gebärmutter. Nach ärztlichem Standesrecht muss für diese Prozedur das Paar verheiratet sein.

Ergebnisse

Wir konnten mit den genannten Stimulationstechniken bei 242 Patienten von 336 (72%) Samen gewinnen. Lediglich bei 41 Patienten (17%) war zur Samengewinnung die rektale Elektrostimulation notwendig.

Seit 1986 haben sich 149 Paare mit konkretem Kinderwunsch an uns gewandt. Bei 85 Paaren (56%) (davon 24 mehrfach) konnten 123 Schwangerschaften herbeigeführt werden, gefolgt von der Geburt von 102 gesunden Kindern (neunmal Zwillinge, einmal Drillinge). 54 der Schwangerschaften (44%) konnten erfreulicherweise zu Hause durch das Paar selbst induziert werden. Bei 69 Schwangerschaften (56%) war ärztliche Unterstützung notwendig. 35 Schwangerschaften (29%) konnten nur mit Hilfe der Mikroinsemination erzielt werden. Unsere Erfolgsrate liegt – wenn wir alle Techniken zusammenfassen – bei 56 Prozent.

B. EREKTIONSSTÖRUNG

Erektionsstörungen sind keine „Privatsache" des betroffenen Mannes, sondern wirken sich auch immer auf die Partnerin und die Partnerbeziehung aus.[21] Leider gibt es immer noch Therapeuten, die Hilfsmittel und andere Lösungsmöglichkeiten als „künstlich" und „technisch" bei der Therapie der Erektionsstörung ablehnen. Sie beraten mit der Zielvorstellung, dass man ein „Mann" auch ohne Erektion sein kann. Das ist prinzipiell richtig. Besteht der Mann aber auf dem Wunsch nach einer Erektion, wird er nicht selten ohne Hinweis auf andere Alternativen als „Therapieversager" verabschiedet.

Unserer Erfahrung mit Betroffenen nach vermittelt das vaginale Zusammensein für viele Paare einen solchen Grad der intimen Nähe, dass sie auch ohne Erleben eines herkömmlichen Höhepunktes nicht darauf verzichten wollen. Am Ende des Videofilms „NICHT VORBEI"[22] beschreibt ein Paar, beide im Rollstuhl sitzend, wie viel ihnen dieses „klassische" Zusammensein bedeutet, auch ohne Erreichen des so genannten Höhepunktes. Die genaue Kenntnis der aktuellen Therapieoptionen ist deshalb für jeden Therapeuten unerlässlich.

Die erektile Dysfunktion, verursacht durch eine Verletzung oder Erkrankung des Rückenmarks, hat einen ähnlichen Bezug zu den eingangs erwähnten Zentren im Rückenmark wie der Samenerguss. Betroffene mit einer hohen Rückenmarksverletzung beispielsweise können auf Berührungsreize am Glied eine reflektorische Erektion auslösen. Bei einer tiefen Rückenmarksverletzung ist eine Erektion auch auf psychische Einflüsse herbeizuführen, die Gliedsteife aber meist reduziert. Dazwischen sind Mischformen möglich.

Beim Auslösen einer Erektion läuft eine Kaskade komplizierter neurophysiologischer Vorgänge ab, deren genauer Ablauf letztlich noch nicht vollständig bekannt ist. Für die Therapie der neurogenen Erektionsstörung ist die Kenntnis der physiologischen Vorgänge jedoch von untergeordneter Bedeutung. Eine ausführliche Darstellung ist deshalb überflüssig.

Für einen Querschnittgelähmten ist es im Allgemeinen weniger schwierig, eine reflektorische Erektion auf Berührungsreize herbeizuführen. Das Problem ist, dass die Erektion häufig zu früh abklingt, da unterstützende Impulse, wie subjektiv empfundene Lust, durch die Unterbrechung der Nervenbahnen im Rückenmark das Genitale nicht mehr erreichen. Die Tatsache, dass Reflexerektionen spontan auftreten oder herbeigeführt werden können, bedeutet im Umkehrschluß, dass die Blutversorgung der Schwellkörper intakt ist. Man kann aus diesem Grund auf eine ausgedehnte Diagnostik verzichten. Natürlich können bei einer neurogenen Erektionsstörung zusätzlich hormonelle Probleme oder Störungen der Gefäßversorgung vorliegen, die dann eine weiterführende Diagnostik notwendig machen. Im Regelfall ist dies nicht so.

Für die *Therapie der neurogenen Erektionsstörung* steht bis auf wenige Ausnahmen die gesamte Palette der aktuell vorhandenen Mittel zur Verfügung, von konservativen Hilfsmitteln bis hin zu operativen Maßnahmen. Die Therapieoptionen unterscheiden sich nicht von denen, die bei den anderen, organisch bedingten Erektionsstörungen zur Anwendung kommen.

Allgemeine Maßnahmen

Der Betroffene sollte zuallererst in einem Gespräch ermuntert werden, sich durch eine sorgfältige Selbstbeobachtung über die verbliebenen Möglichkeiten Klarheit zu verschaffen und vorhandene Reflexe auszunutzen. Einem Teil der querschnittgelähmten Männer gelingt es mit Hilfe klassischer Berührungsreize eine Erektion herbeizuführen und durch Auslösen einer Spastik (beispielsweise durch Einnehmen einer bestimmten Sitzposition oder Lage) die Qualität und Dauer der Erektion soweit zu verbessern, dass sie für den Geschlechtsverkehr genutzt werden kann.

Technische Hilfsmittel

Ein sehr einfaches Hilfsmittel ist der *Penis-* oder *Erektionsring*. Um einen vorzeitigen Blutabfluss aus den Schwellkörpern zu verhindern, kann nach eingetretener Erektion ein Ring aus elastischem Material an der Peniswurzel angebracht werden. Dieser Erektionsring ist in jedem Sexshop erhältlich. Der Ring darf nicht zu stramm sein und muss nach spätestens 30 Minuten gelöst werden, um Druckschäden an der Penishaut zu vermeiden. Dies gilt ganz besonders für Betroffene, bei denen die Sensibilität am äußeren Genitale vermindert oder völlig aufgehoben ist.

Technisch aufwendiger ist das Herbeiführen einer so genannten passiven Erektion mit einer *Vakuumpumpe*. Hierbei wird ein am unteren Ende luftdicht abschließender Acrylzylinder über das Glied gestülpt. Mit einer mechanischen oder elektrischen Pumpe wird ein Unterdruck im Zylinder erzeugt, der eine Längen- und Dickenzunahme des Gliedes verursacht. Um einen Abfluss des Blutes aus den Schwellkörpern zu verhindern, muss *vor* Abnahme des Zylinders auch hier ein Gummiring entsprechender Stärke an der Peniswurzel angelegt werden. Trotz der speziell gefertigten Gummiringe unterschiedlicher Stärke müssen auch diese nach spätestens 30 Minuten entfernt werden. Zum luftdichten Abschluss sollte das Schamhaar an der Peniswurzel zuvor entfernt und die körpernahe Zylinderöffnung dick mit einer Creme ausgekleidet werden.

Nachteil ist, dass die apparative Einrichtung eine Vorbereitung verlangt, die der Erotik nicht eben dienlich ist. Außerdem beklagen Patienten, dass das Glied unter dem Penisring umknicken und so den Verkehr behindern kann. Bei eigenen Versuchen an querschnittgelähmten Männern mit Schließmuskellähmung kam es weiterhin beim Saugvorgang zum störenden Urinabgang in den Zylinder. Es versteht sich von selbst, dass bei der Anwendung dieses Hilfsmittels der Partner mit einverstanden sein muss.

Medikamentöse Therapie

Die Einführung von *Sildenafil* (VIAGRA®) hat die Therapie der erektilen Dysfunktion enorm bereichert. Sildenafil blockiert indirekt den Abbau einer Substanz, die in den Schwellkörpern für das Entstehen der Erektion verantwortlich ist. Das Präparat ist nicht luststeigernd und entfaltet seine Wirkung erst 30 bis 60 Minuten nach der Einnahme.

Man beginnt mit einer Testdosis von 50 mg, steigert oder vermindert auf 100 mg bzw. 25 mg. Eine Dosissteigerung über 100 mg ist zwecklos. Sildenafil hilft auch bei der neurogenen Erektionsstörung[23] und zeichnet sich durch eine hohe Ansprechrate von über 70 Prozent aus. Die Zeitdauer der reflektorisch induzierten Erektionen kann mit diesem Präparat verlängert werden. Betroffene berichten von einer verbesserten Erektionsbereitschaft noch Stunden nach Einnahme. Da es zwischenzeitlich zum Abschwellen des Gliedes kommt, ist dieses Phänomen ungefährlich.

Aus *Kosten*gründen verschreiben wir nur Tabletten der Stärke 100 mg. Wird eine niedrigere Dosis benötigt, kann mit einem in jeder Apotheke erhältlichen Tablettenteiler bequem die gewünschte Dosierung hergestellt werden.

Die *Hauptnebenwirkungen* können sein ein vorübergehendes Kopfsausen, ein Anschwellen der Nasenschleimhäute, selten Sodbrennen oder eine übernatürliche Rötung des Gesichts („flush"). Stärkeren Kopfschmerzen kann mit Aspirin entgegen gewirkt werden. Aspirin verstärkt zudem noch die Wirkung von Sildenafil.

Bei keinem unserer Patienten konnten die schwerwiegenden Nebenwirkungen beobachtet werden, die in der Presse reißerisch dargestellt werden. Im Gegensatz zu den Pressemeldungen kamen die Kontrollbehörden nach sorgfältiger Überprüfung jeder einzelnen Verdachtsmeldung zu dem Ergebnis, dass es bei korrekter Anwendung in Deutschland keinen einzigen VIAGRA-Toten gab. In keinem einzigen Fall der Todesfälle konnte von den Prüfärzten und den Behörden ein direkter Zusammenhang zwischen dem Todesfall und der Einnahme von Sildenafil gesehen werden.

Zirka eine Million nehmen in Deutschland, über 15 Millionen auf der ganzen Welt VIAGRA ein. VIAGRA gehört zu den bestüberprüften Substanzen. Verschiedene neueste Studiendaten belegen im Trend sogar eine eher schützende Wirkung auf das Herz. Es sollte allerdings bei entsprechender Vorerkrankung Sex nicht bis zur körperlichen Erschöpfung getrieben werden, mit und ohne VIAGRA nicht. *Nicht erlaubt* ist die Einnahme zusammen mit einem Nitropräparat oder Molsidomin, da dies zu einem lebensgefährlichen Blutdruckabfall führt.

Das kürzlich eingeführte *Dopaminhydrochlorid* (Uprima®, Ixense®) hat bei Rückenmarksverletzten, zumindest bei kompletten, keinen Sinn, da es zentral über das Gehirn wirkt. Aufgrund der Rückenmarksverletzung kann der Effekt nicht das Genitale erreichen.

Schwellkörper-auto-Injektion (SKAT)

In zahlreichen Studien wurde die enorme Effektivität und Nebenswirkungsarmut der Substanzen *Papaverin* (Paveron®), des Substanzgemisches *Papaverin/Phentolamin* (Androskat®, in Österreich erhältlich) und *Alprostadil* (Caverject®, Viridal®) bei der Therapie der neurogenen Erektionsstörung untersucht.[24,25,26,28,29,30,31,32] Da, wie eingangs erwähnt, die Blutversorgung des Genitals bei der neurogenen erektilen Dysfunktion nicht beeinträchtigt ist, kann bereits mit niedriger Dosierung der oben aufgeführten Substanzen eine Erektion herbeigeführt werden. Entsprechend hoch ist die Ansprechrate (über 80 Prozent).

In Deutschland zugelassen ist zu dieser Therapie *Alprostadil*. Es steht als Trockenpulver zur Verfügung, das zur Anwendung aufgelöst werden muss. Zweikammerspritzen (Viridal easy duo®, Caverject Impuls®), die das Trockenpulver (Dosierung 10µg/20µg) getrennt vom Lösungsmittel enthalten, erleichtern neuerdings diesen Vorgang. Die Schwellkörper-auto-Injektion wird von den Patienten bevorzugt, die einen schnellen Eintritt der Erektion wünschen.

In der Testphase wird *vom Urologen* die notwendige Dosis ermittelt, beginnend mit einer Dosis von 10µg Alprostadil (oder 12,5mg [=0,5ml] Papaverin). Gleichzeitig erlernt der Patient sorgfältig die Injektionstechnik. Bei entsprechender Dosierung kommt es nach 5 bis 10 Minuten zu einer Erektion, die 30 bis 90 Minuten anhält. Je nach klinischer Wirkung wird die Dosis erhöht oder reduziert. Die meisten unserer Patienten benötigen 10µg, etwa ein Drittel benötigt 20µg, wenige Patienten 40µg.

Die *Injektion* selbst erfolgt mit einer kleinkalibrigen, kurzen Nadel von der Seite etwa in Mitte des Penisschaftes in *einen* der beiden Schwellkörper. Sie sollte nicht häufiger als zweimal pro Woche angewandt und die Schwellkörper dabei abgewechselt werden. Ist die Feinmotorik der Hand gestört, zum Beispiel beim Tetraplegiker oder Erkrankten an Multiple Sklerose oder Parkinson, erfolgt die Injektion vom Partner.

Der vorsichtige Beginn in der Testphase mit einschleichender Dosierung ist deshalb notwendig, um eine so genannte *prolongierte Erektion* zu vermeiden. Darunter versteht man eine Erektion, die über 4,5 bis 5 Stunden andauert. Bei Überschreiten dieser Zeit können die Schwellkörper vernarben, was einen Erektionsverlust unweigerlich

nach sich zieht. Sollte es zu einer solchen prolongierten Erektion kommen, wird als Gegenmittel vom Arzt Etilephrin (Effortil®) in einen der Schwellkörper injiziert. Klingt die Erektion nicht ab, muss das Blut aus den Schwellkörpern durch Punktion mit einer großkalibrigen Kanüle entfernt werden.

Bei Unwirksamkeit von Alprostadil kann auf das hocheffektive Substanzgemisch *Papaverin/Phentolamin* (Androskat®) gewechselt werden, das allerdings nur über die internationale Apotheke geordert werden kann. Man beginnt bei diesem Präparat mit einem Viertel der Dosis.

In den Jahren bis zur Zulassung von Alprostadil behandelten wir insgesamt 239 Patienten überwiegend mit *Papaverin* als Monosubstanz ohne jede Nebenwirkung. Da sich die neurogene Erektionsstörung in den meisten Fällen mit niedrigen Dosen therapieren lässt und die Nebenwirkungen wohl dosisabhängig sind, kann diese Substanz durchaus ins therapeutische Kalkül gezogen werden. Die Substanz kostet nur einen Bruchteil des Preises der anderen Präparate. Das Medikament ist allerdings nicht offiziell zu dieser Therapie zugelassen. Aus Kostengründen ist eine Zulassung vom Hersteller auch nicht beabsichtigt.

Kostenübernahme

Noch immer ist die Kostenübernahme ein Problem, zumindest für gesetzlich Versicherte. Allerdings wurde die Kostenübernahme für SKAT von einem Diabetiker gerichtlich erstritten. Ein höchstinstanzliches Urteil verpflichtete die entsprechende Krankenkasse in *seinem* Fall die Kosten zu übernehmen, da es sich um eine „organische" Erektionsstörung handelte. Die Bundesversammlung der Krankenkassen hat diesbezüglich einen selbstverpflichtenden Beschluss allerdings umgangen. Das heißt, jeder Betroffene muss sich die Kostenübernahme notfalls selbst erstreiten. Alle Berufsgenossenschaften und einige wenige Krankenkassen übernehmen schon jetzt freiwillig die Kosten der Therapie, wenn eine organische Erektionsstörung nachweisbar ist.

„Penisverlängerung"

Oft zieht sich gerade in sitzender Position das Glied in das Unterhautfettgewebe zurück, was die korrekte Schwellkörperinjektion oder auch das Ankleben des Kondomurinales erschweren kann. Wir greifen das Thema deshalb auf, weil wir hin und wieder von Patienten gefragt werden, ob es denn nicht eine Möglichkeit der Penisverlängerung gäbe („sie hätten gehört, und so...").

Kurzum es gibt sie. Aber nicht operativ! Alle angebotenen Operationsverfahren sind erstens teuer (meist über DM 10.000), zweitens unseriöse Geldmacherei.

Mit keiner Operationsmethode der Welt läßt sich das Glied verlängern, wenn nicht nach der Operation eine zweite Behandlung („stretching") angeschlossen wird. Da dieses Dehnen schon alleine zum Erfolg führt, erübrigt sich die Operation.

Ausgehend von den Erfahrungen einzelner Naturvölker, die schon seit Jahrhunderten aus rituellen Gründen einzelne Körperteile (Ohren, Unterlippe, Hals und auch das Glied) durch permanenten Zug dehnen, wurden Geräte entwickelt mit denen sich tatsächlich eine Verlängerung des Gliedes von 2 bis 3 cm erreichen läßt, je nach Anwendungsdauer. Bei einem älteren Gerät wird der Penis unterhalb der Eichel mit einer Schlinge gefasst und in einem stativähnlichen Gestell gedehnt. Das Gestell kann zur besseren Handhabung nach unten geklappt werden. Da die Schlinge am Glied, vor allem bei verminderter oder aufgehobener Sensibilität, durch den Zug zu Druckschäden an der Haut führen kann, desgleichen beim Abknicken des Gestells nach unten an der Harnröhre, ist dieses Gerät nicht empfehlenswert.

Bei einer Weiterentwicklung (*im Internet*: *penisstretch.de*) wird ein robustes Kondom über das Glied gerollt, das vordere Ende durch einen Clip gefasst, mit definiertem Zug zur Seite gezogen und an einem Gürtel befestigt. Die Zugrichtung wird in regelmäßigen Zeitabständen gewechselt. Die Anwendung erfolgt nach einem vorge-

gebenen Zeitschema. Der wichtigste Vorteil ist einmal, dass sich durch das Kondom der Zug schonend über den ganzen Penis verteilt und zum anderen die Zugrichtung zur Seite eine unauffällige Anwendung ermöglicht. Harninkontinente Männer können mit Hilfe eines Spezialkondoms an einem zusätzlichen Schlauchansatz einen Urinbeutel befestigen. (zu beziehen: HGB-AG, D-82541 Münsing)

Operative Maßnahmen

Wenn alle Therapiemaßnahmen fehlschlagen oder der Betroffene es ausdrücklich wünscht, weil er andere Therapiemaßnahmen ablehnt, setzen wir ein so genanntes Penisimplantat ein. Der Ausdruck Penisprothese sollte nicht mehr verwandt werden. Wir verwenden ausschließlich so genannte *hydraulische Implantate*. Sie bestehen aus mehreren Komponenten, die aus körperfreundlichem Silikon gefertigt sind. Es sind dies zwei Zylinder, die entsprechend der individuellen Schwellkörperlänge in diese eingeführt werden, des Weiteren ein Flüssigkeitsreservoir, das tief neben die Harnblase liegt und eine kleine Pumpe, die in eines der Hodenfächer eingebracht werden. Die Komponenten werden miteinander verbunden, nachdem sie zuvor mit Flüssigkeit gefüllt worden sind. Mit der im Hodensack von außen gut tastbaren Pumpe wird eine Erektion dadurch induziert, dass Flüssigkeit aus dem Reservoir in die Zylinder gepumpt wird. Die Flüssigkeit kann durch Betätigen eines an der Pumpe tastbaren Ventils wieder abgelassen werden. Das Implantat ist von außen unsichtbar und imitiert die natürliche Situation nahezu perfekt.

Halbsteife (semirigide) Implantate sind zwar billiger und operativ einfacher einzubringen. Sie verursachen aber im Gegensatz zu hydraulischen Implantaten immer eine kosmetisch störende Dauererektion, auch wenn das Implantat sich durch einen eingegossenen Draht dem Körper anpassen läßt. Außerdem besteht bei diesen halbsteifen Implantaten die Gefahr der Schwellkörperperforation, da die Sensibilität am äußeren Genitale bei neurologisch Erkrankungen meist reduziert ist. Wir verwenden sie deshalb nicht.

Wir implantieren die *hydraulischen* Erektionshilfen seit über 30 Jahren. Durch eine bessere Technik und verbessertes Material sind die Ergebnisse gut, die Patienten überwiegend zufrieden. Eventuell auftretende Störungen lassen sich operativ leicht beheben. Allerdings kann es nach der Operation zu einer Verkürzung des Gliedes um etwa einen Zentimeter kommen. Die Ursache hierfür wurde bis heute nicht gefunden.

Bei 104 von unseren 116 Patienten funktionieren die eingebrachten Implantate derzeit störungsfrei. Das Implantat ist allerdings aufgrund seiner aufwendigen Technik nicht billig (ca. DM 9.000). In den wenigsten Kliniken ist es im Tagessatz enthalten. Die meisten Kliniken verlangen deshalb eine gesonderte Kostenübernahme von der Krankenkasse (Ausnahme berufsgenossenschaftliche Krankenhäuser).

Vor einer solchen Operation sollte der Patient reiflich Zeit zur Überlegung und den Eingriff mit seinem Partner – wenn vorhanden – besprochen haben.

Inkontinenz und Sexualität

Manchmal kann es beim Austausch von Zärtlichkeiten während des Vorspiels oder während des Verkehrs sowohl beim Mann als auch bei der Frau zum unwillkürlichen Urinabgang kommen. In den meisten Büchern wird deshalb sinnvollerweise zum vorsorglichen Entleeren der Blase vor dem Verkehr und zum Bereithalten saugfähiger Tücher oder zum Verkehr auf saugfähiger, wasserundurchlässiger Unterlage geraten.

Die Ratschläge sind gut gemeint und vernünftig aber nur bedingt hilfreich. Es ist nicht nur die Nässe die stört, sondern vielmehr die Tatsache, dass es sich hierbei um Urin handelt. Immer noch wird Urin mit Abscheu als „unrein" angesehen. Man muss deshalb den Betroffenen *und* deren Partnern zusätzlich den tradierten Ekel vor dieser an und für sich sauberen Körperflüssigkeit nehmen, um zu vermeiden, dass sie sich in schamhafter Hilflosigkeit von körperlichen Kontakten zurückziehen.

Urin wurde in der Vergangenheit zur Herstellung von Seifen und Arzneien verwandt, ferner als Weichmacher von Textilien oder gar als Gärhilfe bei der Herstellung von Käse.[32] Auch heute noch wird Urin von naturheilkundlich engagierten Therapeuten in den verschiedensten Formen gegen Akne, Asthma, Diphterie, Allergien und Insektenstichen angewandt. Menschen überlebten in der Wüste, weil sie ihren Urin tranken. Der vor Jahren im Alter von weit über 90 Jahren verstorbene Ministerpräsident Indiens schwor auf die heilbringende Wirkung eines Gläschens Morgenurin. Lediglich durch Oxidation an der Luft erhält der Urin seinen ammoniakalischen Geruch.

Wenn man bedenkt, welch unappetitliche Bakterienstämme bei einem Zungenkuss aus der Mundhöhle des einen in die Mundhöhle des anderen übertragen werden, so muss man, rein bakteriologisch, frisch gelassenem Urin Trinkwasserqualität zubilligen. Niemand käme ernsthaft auf die Idee, aus hygienischen Gründen auf einen Kuß zu verzichten. Der unberechtigte Ekel vor Urin ist bedingt durch die anerzogene Kindheitsassoziation von Genitale und Urin als „schmutzig".

Einen empfehlenswerten, praktischen Rat haben wir dem Buch „Behinderung und Sexualität" entnommen [33]. Dort empfiehlt der Autor gemeinsames Baden oder Duschen vor dem Sexualkontakt mit gegenseitigem Waschen der Genitalregion, quasi als Rückversicherung der körperlichen Hygiene im Sinne einer vertrauensbildenden Maßnahme.

Begleitend zu jeder Therapie sollten beide Partner vom Therapeuten auf ihre gegenseitige Verantwortlichkeit hingewiesen werden, in aller Offenheit ihre individuellen sexuellen Bedürfnisse miteinander zu erörtern, zumindest in festen Beziehungen. Nicht zuletzt weil bei entsprechender Behinderung ohne das Mitwirken des Partners manche Therapiemaßnahmen nicht zu verwirklichen sind. Der Geschlechtsakt betrifft nur einen Teil der Sexualität. Partnerbezogene Konflikte lassen sich weder durch Kinder noch durch Geschlechtsverkehr langfristig lösen.

Literaturverzeichnis

[1] Nijs P (1984): Sexualität und Körperbehinderung. In: Blasenlähmung, Hrsg. Stöhrer M, Palmtag H, Madersbacher H, Thieme Verlag, S.147

[2] Winter-Klemm B (1984): Bedeutung der Sexualfunktion für die Regulation des Selbstwertgefühls. In: Blasenlähmung, Hrsg. Stöhrer M, Palmtag H, Madersbacher H, Thieme Verlag, S. 157

[3] Löchner-Ernst D, Mandalka B (1996): Fertilitätsprogramm für querschnittgelähmte Männer-Übersicht und Ergebnisse. In: Neurogene Blasenfunktionsstörung-Neurogene Sexualstörung, Hrsg. Stöhrer M, Madersbacher H, Palmtag H, Springer-Verlag, S.315

[4] Preslin C (1979): Zit.n. Sturm E: Rehabilitation von Querschnittgelähmten. Eine medizinisch-psychologische Studie. Huber Verlag, Bern, Stuttgart, Wien, S.79

[5] Sipski ML, Alexander CJ, Rosen RC (1997): Physiological parameters associated with sexual arousal in women with incomplete spinal cord injuries. Vortrag beim 36. Kongress der International Medical Society of Paraplegia, Innsbruck

[6] Paeslack V (1984): Sexualität der querschnittgelähmten Frau. In: Blasenlähmung, Hrsg. Stöhrer M, Palmtag H, Madersbacher H, Thieme Verlag, S.166

[7] Bors E, Comarr AE (1960): Neurological disturbances of sexual function with special reference to 529 patients with spinal cord injury. Urol Surv 10, S.191

[8] Horne MW, Paull DP, Munro D (1948): Fertility studies in the human male with traumatic injuries of the spinal cord and cauda equina. N Engl J Med 239, S.959-961

[9] Thomas RJS, McLeish G, McDonald IA (1975): Electroejaculation of the paraplegic male followed by pregnancy. Med J Aust 2, S.798-799

[10] Comarr AE (1970): Sexual function among patients with spinal cord injury, Urol Int 12, S.134-138

[11] Francois N, Lichtenberger JM, Jouannet P, Dessert J-F, Maury M (1980): L'éjaculation par le vibromassage chez le paraplégique à propos de 50 cas avec 7 grossesses. Ann Méd Physique 23, S.24-36

[12] Brindley GS (1981): Reflex ejaculation under vibratory stimulation in paraplegique men. Parapegia 19, S.299-302

[13] Löchner-Ernst D, Mandalka B (1996): Fertilitätsprogramm für querschnittgelähmte Männer-Übersicht und Ergebnisse. In: Neurogene Blasenfunktions-

störung-Neurogene Sexualstörung. Hrsg. Stöhrer M, Madersbacher H, Palmtag H, Springer Verlag, S.323

14 Jouannet P, Francois N, Maury M (1983): Evaluation de la fertilité des hommes paraplégiques, J Urol (Paris) 89, S.169-171

15 Denil J, Ohl DA, Menge AC, Keller LM, McCabe M (1992): Fractional characteristics of sperm obtained by electroejaculation. J Urol 147, S.69-72

16 Löchner-Ernst D, Mandalka B (1996): Fertilitätsprogramm für querschnittgelähmte Männer – Übersicht und Ergebnisse. In: Neurogene Blasenfunktionsstörung – Neurogene Sexualstörung, Hrsg. Stöhrer M, Madersbacher H, Palmtag H, Springer Verlag, S.320

17 Chapelle PA (1983): Grossesse obtenue gràce à un traitement ambulatoire de l'anejaculation chez l'homme paraplégique. J Urol (Paris) 3, S.165-168

18 Brindley GS (1984): Deep scrotal temperature and the effect on it of clothing, air temperature, actvity, posture and paraplegia. Br J Urol 54, S.49-55

19 Fischl F, Riegler R, Bieglmayer CH, Nasr F, Neumark J (1984): Die Beeinflußbarkeit der Samenqualität durch Akupunktur bei subfertilen Männern. Geburtshilfe Frauenheilkd 44, S.510-512

20 Gerhard I, Jung I, Postneek F (1992): Wirkungen der Akupunktur bei männlichen Fertilitätsstörungen, Der Akupunkturarzt/Aurikulotherapeut 4, S.3-14

21 Hartmann U (2001): Sexualmedizin 23, Heft 7/8, S.208

22 Löchner-Ernst D (1999): Videofilm „NICHT VORBEI", die Therapie neurogener Sexualstörungen

23 Schmid DM, Schurch B, Hauri D (2000): Sildenafil in the treatment of sexual dysfunction in spinal cord-injured male patients. Eur Urol 38, S.184-193

24 Beretta G, Zanollo A, Fanciulacci F et al. (1986): Intracavernous injection of papaverine in paraplegic males. Acta Europaea Fertilitatis 17, S.283-284

25 Wyndaele JJ, De Meyer JM, De Sy WA, Claessens H (1986): Intracavernous injection of vasoactive drugs, an alternative for treating impotence in spinal cord injury patients. Paraplegia 24, S.271-275

26 Bodner DR, Leffler B, Kursh ED, Resnick MI (1987): The application of intracavernous injection of vasoactive injection for erection in men with spinal cord injury. J Urol 138, S.310-311

[27] Sidi AA, Caberon JS, Dykstra DD, Reinberg Y, Lange PH (1987): Vasoactive intracavernous pharma-therapy for the treatment of erectile impotence in men with spinal cord injury. J Urol 138, S.539-542

[28] Bodner DR, Leffler B, Frost F (1992): The role of intracarnous injection of vasoactive medications for the restoration of erection in spinal cord injured males: A three years follow up. Paraplegia 30, S.118-200

[29] Earle CM, Keogh EJ, Ker JK, Cherry DJ, Tulloch AGS, Lord DJ (1992): The role of intracavernosal vasoactive agents to overcome impotence due to spinal cord injury. Paraplegia 30, S.273-276

[30] Hirsch ICH, Smith RL, Chancellor MB, Bagley DH, Carsello J, Staas WE (1994): Use of intracavernous injection of prostaglandin E1 for neuropathic erectile dysfunction. Paraplegia 32, S.661-664

[31] Yarkony GM, Chen D, Palmer J, Roth EJ, Rayner S, Lovell L (1995): Management of impotence due to spinal cord injury using low dose papaverine. Paraplegia 33, S.77-79

[32] Thomas C (1993): Ein ganz besonderer Saft – Urin. Vgs-Verlagsgesellschaft Köln Aufl.1994

[33] Offenhausen HBF (1981): Behinderung und Sexualität. Rehabilitationsverlag Bonn-Bad Godesberg, S.88

PD Dr. Beate Stiemer

Der ganze Mann, die ganze Frau zählt

Bei einem Vortrag, der von der DMSG organisiert wurde, war „MS und Sexualität" das Thema. Besonders ausführlich wurde über die Impotenz des Mannes geredet. Ein Mann unter den Zuhörern wurde zunehmend unruhiger, bis er schließlich aufsprang und rief: „Ich kann das nicht mehr hören. Geht es denn nur darum, ob der Schniedel steht und wie lange? Der ganze Mann zählt doch, nicht nur ein kleiner Zipfel von ihm!"

Ein Vorfall, der schon fast ein Jahr zurück liegt, mir aber nie aus dem Kopf gegangen ist.

Wie kommt es, dass wir als Gesellschaft und als Individuum so denken? Sicher, wir sind eine Leistungsgesellschaft. Es zählt Erfolg im Beruf, ein großes Eigenheim, „man" hat Kinder (aber bitte schön nicht mehr als zwei). Als Vorraussetzung dafür muss man sexuell aktiv und auch fähig dazu sein.

Was aber, wenn das nicht so reibungslos funktioniert? Enttäuschung, Frustration, Selbstvorwürfe sind die Folge. Diese ganzen Mechanismen hat jeder von uns mit der Erziehung, sozusagen mit der Muttermilch mitbekommen. Der Mutterbrust entwachsen, sind wir den

üblichen gesellschaftlichen „Zwängen unterworfen. Und damit auch den Selbstzweifeln, wenn wir diese Erwartungen nicht erfüllen (können).

Das alles gilt sowohl für Behinderte als auch für Nicht-Behinderte. Der/die Behinderte ist jedoch doppelt belastet. Er will einerseits die Norm erfüllen, andererseits fällt ihm das ungleich schwerer, da er ja die durch die Behinderung bedingte Probleme hat. Er/sie ist also frustriert durch die körperlichen Einschränkungen, die zu beruflichen und familiären Problemen führen können oder meistens führen.

Greifen wir nun als ein Beispiel die Sexualität heraus. Der Mann steht deshalb meist im Zentrum der Diskussion, weil eine Impotenz, also die Unfähigkeit eine Erektion (ein steifes Glied) zu bekommen, den Akt der körperlichen Vereinigung mit der Frau unmöglich macht. Die Frau dagegen hat den „Vorteil", dass sie auch bei Gefühls- und Orgasmusstörungen, trotzdem den Geschlechtsverkehr (Koitus) ausüben kann. Die Befriedigung ist dabei ein anderes Problem.

Oft führen beide Situationen, sowohl beim Mann, als auch bei der Frau zu einem Vermeidungsverhalten. Sie möchten sich das frustrierende Erlebnis lieber ersparen.

Wenn die Partner nicht miteinander über die Situation reden, kommt es oft zu Spannungen, die nicht selten in gegenseitigen Vorwürfen enden. Was nun? Wichtig für jedes Paar ist es, festzustellen, wie wichtig ihnen der Sex wirklich ist. Oder meint jeder nur, weil die beste Freundin, der beste Freund erzählt, dreimal in der Woche oder am Tag Sex zu haben, müsste dies auch das eigene Ziel sein?

Sollte das Paar feststellen, Sex hat eine große Bedeutung in unserem Leben, gibt es mit der Hilfe von Sexualtherapeuten oft eine Möglichkeit, ihnen zu helfen.

Stellt das Paar jedoch fest, Sex ist nicht das Wichtigste, fangen sie hoffentlich an, sich auf das zu besinnen, was ihnen sonst noch aneinander gefällt. Es hat einen Grund gegeben, warum man einander bemerkte, miteinander sprach, warum man sich verliebt hat, wofür man den anderen bewundert, respektiert.

Diese Dinge müssen oft regelrecht „ausgegraben" werden, haben aber oft den Effekt, dass man sich trotz aller Schwierigkeiten wieder näher kommt.

Wenn das Paar sich diese Mühe macht, erkennen sie oft, dass der Partner mit all seinen Sonnen- und Schattenseiten wichtiger ist, als nur seine (nicht) funktionierenden Geschlechtsteile. Ist das passiert, steht einem neuen Anfang nichts mehr im Weg.

Günther Steinmetz

Impotenz

körperliche, psychische oder Beziehungs-Behinderung?

Einleitung

Die meisten Männer haben kaum Schwierigkeiten, über ihre Erkrankungen zu reden. Selbst „peinliche" Dinge – wie beispielsweise ein Brechdurchfall – werden im Freundeskreis nicht verschwiegen. Aber hat Ihnen schon einmal ein Bekannter erzählt, dass er impotent ist? Dieses Thema kommt höchstens in Form von Witzen zur Sprache. Offensichtlich ist Impotenz auch Jahre nach der Einführung des Medikaments Viagra® ein großes Tabu. Männlichkeit wird bei uns oft mit unbegrenzter Potenz gleichgesetzt. Ein impotenter Mann ist ein „Schlappschwanz", ein Versager. Dabei ist Impotenz alles andere als das Problem einer kleinen Minderheit. In der Bundesrepublik sind ungefähr vier bis sechs Millionen Männer betroffen. Die Erfahrung, sexuell zu versagen, trifft die meisten Männer so sehr, dass sie sich zurückziehen und irgendwie versuchen, alleine damit fertig zu werden. Man schätzt, dass nur etwa zehn Prozent der betroffenen Männer ärztliche Hilfe in Anspruch nehmen.[1]

Die Tabuisierung der Impotenz hat zur Konsequenz, dass das Wissen über Ursachen und Hilfsmöglichkeiten wenig verbreitet ist. Diese mangelnden Kenntnisse bestärken betroffene Männer in ihrer fatalistischen Passivität. Wo scheinbar keine positiven Veränderungen

möglich sind, lohnt es sich nicht, irgendwas zu unternehmen. Auch das Gespräch mit nicht Betroffenen, so es denn zustande käme, wird als wenig hilfreich eingestuft. Nicht-Betroffene haben zusätzlich zur allgemeinen Unkenntnis falsche Vorstellungen, die durch ihre fehlende Erfahrung genährt werden. So gehen beispielsweise Nicht-Betroffene oft fälschlicherweise davon aus, dass eine Impotenz auch automatisch den Verlust der Orgasmusfähigkeit bedeutet.

Tragisch wird es, wenn die Maßstäbe der Umwelt massiv Einfluss auf Betroffene nehmen. So wird leider immer noch oft von älteren Menschen und Behinderten ein asexuelles Verhalten erwartet. Diesem Druck können sich viele nicht entziehen. Der Urologe Dr. R. Richter schreibt: *„Viele Querschnittsgelähmte bzw. deren Partner glauben selbst, dass sie auf Grund ihrer funktionellen Behinderung auf sexuelles Erleben verzichten müssen“.*[2]

Der Begriff „Impotenz“ wird oft sehr abwertend benutzt. Da er auch nicht eindeutig ist, wird er inzwischen in der Medizin nicht mehr verwendet. Man spricht stattdessen von einer „Erektilen Dysfunktion“, kurz ED. Um die ED von anderen sexuellen Störungen wie beispielsweise mangelndes sexuelles Verlangen (Libido) oder vorzeitiger Samenerguss (Ejaculatio praecox) abzugrenzen, wird hier eine Definition zitiert, die schon in den 70er Jahren von Masters und Johnson geprägt wurde: *„Eine erektile Dysfunktion liegt vor, wenn in mehr als 25% aller Versuche keine für einen befriedigenden Geschlechtsverkehr ausreichende Erektion erzielt wurde und aufrecht erhalten werden konnte“.*[3]

So ganz nebenbei kann man dieser Definition entnehmen, dass es „normal“ und kein Grund zur Panik ist, wenn es mal nicht klappt.

Ursachen

Noch vor 20 Jahren gingen Mediziner davon aus, dass in der Mehrzahl der Fälle seelische Faktoren die ED bedingen. Das hat sich durch

eine Verbesserung und Verfeinerung der Diagnosemöglichkeiten in den letzten Jahren gründlich geändert. Heute nimmt man an, dass in 70 bis 80 Prozent der Fälle eine organische Ursache vorliegt. Leider ist dieses Wissen weithin unbekannt und auch längst noch nicht zu allen Ärzten vorgedrungen.

Eine organische (körperliche) Ursache bedeutet meistens entweder eine Störung der Blutuirkulation im Penis (mangelnde Blutzufuhr oder zu schneller Abfluss) oder eine Schädigung der für die Erektion verantwortliche Nerven. Nachfolgend sind einige Ursachengruppen aufgezählt (häufigste Ursachen zuerst):

- Gefäßkrankheiten
- Diabetes mellitus
- Nebenwirkungen von Medikamenten
- Verletzungen
- Operationen im kleinen Becken
- neurologische Krankheiten wie Multiple Sklerose und Morbus Parkinson
- Hormonstörungen

Manche Autoren gehen davon aus, dass bis zu 25 Prozent aller Fälle von ED auf Nebenwirkungen von Medikamenten zurückzuführen sind.[4] Besonders einige Medikamente gegen Bluthochdruck und einige Psychopharmaka wirken sich negativ auf sexuelle Funktionen aus. Auch nicht verschreibungspflichtige Medikamente können solche Nebenwirkungen haben. Eine Liste von Medikamenten, die sexuelle Funktionsstörungen verursachen können, findet man in dem Aufsatz: *„Diabetes und Sexualfunktion: Was aus dem Ruder laufen kann“*.[5] In diesem Fall kann oft durch Austausch des Medikaments eine Verbesserung der Situation erzielt werden.

Eine erektile Dysfunktion kann auf eine noch nicht erkannte Krankheit hinweisen. Die Mediziner Aaron Vinik und Donald Richardson schreiben: *„Die erektile Dysfunktion kann ein Anzeichen für die Entwicklung einer Gefäßkrankheit sein. Für manche ist der Penis wie*

eine Wünschelrute, mit der man Personen mit hohem Risiko für eine vaskuläre Katastrophe (Herzinfarkt) lange vor deren Eintreten erkennen kann".[6]

In einigen Fällen wurde auch eine Diabetes mellitus nach dem Auftreten einer ED diagnostiziert.. Es ist daher enorm wichtig, dass jeder betroffene Mann einen entsprechend geschulten Arzt (z.B. Urologe oder Androloge) aufsucht, um die Ursachen abzuklären. Da nicht alle Ärzte ausreichende Kenntnisse über Diagnose und Therapie der ED besitzen, empfiehlt es sich, den ersten Arztbesuch gut vorzubereiten.[7] Mit relativ geringem Aufwand kann man ein Gefühl dafür entwickeln, ob man bei einem Arzt gut aufgehoben ist oder ob ein Arztwechsel angesagt ist.

Psychische Ursachen für eine erektile Dysfunktion können sein:

- Stress
- Depression
- Beziehungsprobleme
- Versagensängste, unrealistische Erwartungen

In der Praxis lassen sich oft körperliche und psychische Ursachen nicht trennen. Spätestens nachdem es ein paar Mal nicht geklappt hat, entstehen Versagensängste, die natürlich bei der nächsten Gelegenheit nicht gerade zum Erfolg beitragen und sich somit verstärken.

Auswirkung auf die Beziehung

Viele Männer mit einer ED fürchten sich vor der Konfrontation mit ihrem „Versagen" und haben Angst, dass ihre Partnerin mit ihrer „sexuellen Leistung" unzufrieden ist und dies auch irgendwie zum Ausdruck bringt.. Als Konsequenz meiden sie alle Situationen, die zu einem Geschlechtsverkehr führen könnten. Da müssen dann schon mal Überstunden, andere berufliche oder soziale Verpflichtungen oder auch einfach nur Kopfschmerzen dafür herhalten, einer potenziell

gefährlichen Situation aus dem Weg zu gehen, Natürlich ist unter diesen Voraussetzungen auch kein offenes Gespräch möglich.

Wo kein Gespräch möglich ist, wuchern Phantasien. Der Mann plagt sich mit seiner männlichen Vorstellung, dass seine Partnerin sich nach „hartem" Sex sehnt. Er fürchtet, dass sie ihn wegen seines Problems verlassen wird und damit der Lächerlichkeit preisgibt. Umgekehrt drängen sich der Frau in so einer Situation quälende Fragen auf: Liebt er mich nicht mehr? Bin ich nicht mehr attraktiv genug? Hat er eine andere? Es liegt auf der Hand, dass eine Beziehung unter diesen Bedingungen verkümmert.

In einer besonders schwierigen Situation befinden sich alleinstehende Männer mit ED, die auf der Suche nach einer Partnerin sind. Die Frage „Wann sag ich es ihr?" überschattet jedes Kennenlernen. Wenn ein Mann einmal oder sogar mehrmals erlebt hat, dass eine Beziehung nach seinem Geständnis nicht zustande kam, dann braucht es schon sehr viel Selbstbewusstsein, um sich nicht in sein Schneckenhaus zurückzuziehen. Wo Frauen sich in solchen Fällen zurückziehen, mag auch die (unzutreffende!) Vermutung eine Rolle spielen, dass eine ED Verzicht auf Sexualität bedeutet. Dies ist in der Tat keine faszinierende Vorstellung zu Beginn einer Beziehung.

Hilfsmöglichkeiten

Wohl jeder hat schon einmal etwas von Viagra® gehört. Die folgende Aufstellung zeigt, dass es darüber hinaus noch eine ganze Reihe von weiteren Möglichkeiten gibt, eine ED zu behandeln.

Zentral wirkende (Bedarfs-)Medikamente

- Viagra® (Wirkstoff Sildenafil) wirkt nach etwa eine Stunde
- Ixense® und Uprima® (Wirkstoff Apomorphin) wirken wesentlich schneller als Viagra

Lokal wirksame Medikamente

- SKAT (Schwellkörper-Auto-Injektions-Therapie): Der Wirkstoff (zumeist Alprostadil) wird direkt in den Schwellkörper gespritzt. Durch die Verwendung einer sehr dünnen Nadel treten dabei kaum Schmerzen auf. Die Erektion tritt nach ungefähr zehn Minuten ein. Handelsnamen: Caverject®, Viridal®
- MUSE® (Medicated Urethral System for Erection): Hier wird der Wirkstoff Alprostadil in Form einer Mini-Tablette mit einem Applikator in die Harnröhre eingeführt. Dadurch wird das für viele Männer gefühlsmäßig so schwierige Spritzen vermieden. Allerdings ist die Erfolgsrate geringer als bei der SKAT-Anwendung und es dauert länger (ca. 20 Minuten) bis die Wirkung eintritt.

Hormontherapie

Wird bei der Diagnose ein Hormonmangel festgestellt, so kann dieser durch gezielte Gaben des fehlenden Hormons wieder angehoben werden.

Mechanische Hilfsmittel

- Vakuum-Erektionshilfe: Der Penis wird in einen durchsichtigen Plastikzylinder gesteckt, in dem dann mit eine kleinen Hand- oder Elektro-Pumpe ein Unterdruck erzeugt wird. Dadurch fließt Blut in die Schwellkörper. Sobald eine ausreichende Steifheit vorliegt, wird mit einem Penisring der Rückfluss des Bluts aus den Schwellkörpern verhindert.
- Penisringe: Ist auf natürlichem Weg noch eine ausreichende anfängliche Erektion möglich, so kann mit einem über den erigierten Penis bis zur Peniswurzel gestreiften Penisring die Erektion erhalten werden.

  Penisringe gibt es mit unterschiedlichem Durchmesser. Es muss ein der persönlichen Anatomie entsprechendes Exemplar ausgewählt werden. Penisringe dürfen nicht länger als 30 Minuten getragen werden.

Chirurgische Eingriffe

- Gefäßoperationen bei mangelhaftem Blutzufluss in die Schwellkörper oder zu schnellem Abfluss.
- Schwellkörper-Implantat: Um Platz für das Implantat zu machen, werden große Teile der Schwellkörper unumkehrbar zerstört. Die Operation sollte daher nur in Frage kommen, wenn alle anderen Therapiemöglichkeiten zu keinem Erfolg geführt haben.

Psychotherapeutische Behandlung

- Bei erheblichen psychischen Beeinträchtigungen sollte eine psychotherapeutische Beratung stattfinden, bei der gegebenenfalls eine der individuellen Situation angemessene Therapie vorgeschlagen wird.

Über fast alle diese Hilfsmittel und Therapien gibt es sehr gute Informationsbroschüren beim Informationszentrum für Sexualität und Gesundheit (ISG).[8] Die Broschüren kann man sich entweder kostenlos zuschicken lassen oder von den Internet-Seiten der ISG[9] holen.

Grundsätzlich muss die Auswahl der Maßnahmen in Zusammenarbeit mit einem Facharzt geschehen, um mögliche Kontraindikation zu beachten und die richtige Dosierung bei Medikamenten zu finden.

Partnerschaftlicher Umgang mit Erektiler Dysfunktion

Die Aufstellung über die Hilfsmöglichkeiten kann dazu verführen, die ED als Problem des Mannes zu sehen. Das wäre allerdings eine fatale Fehleinschätzung der Situation! Eine ED beeinträchtigt beide Partner und ist deshalb immer ein Partnerschaftsproblem, das nur gemeinsam gelöst werden kann.

Von Michael Lukas Moeller[10] stammt der Ausspruch: *„Was man tabuisiert, kann man nicht gestalten"*. Eigentlich ist aber noch viel schlimmer: Was man tabuisiert, entwickelt seine eigene Dynamik, der man

hilflos ausgeliefert ist. Die Lösung liegt im offenen Gespräch der Partner über Wünsche, Bedürfnisse und Grenzen. Jedes Paar muss seine eigene Sexualität entwickeln. Das geht nur über den ehrlichen Austausch: Was fehlt mir? Was tut mir gut? Was ist mir unangenehm? Wie können wir unsere Situation gestalten, dass wir beide zufrieden sind? Diese Kommunikation ist schon für eine Beziehung ohne sexuelle Behinderung wesentlich, in der es beispielsweise darum geht, einen von beiden akzeptierten Umgang mit unterschiedlichen Wünschen in Bezug auf Häufigkeit und Varianten des Verkehrs zu finden. Bei einer sexuellen Behinderung gewinnt das Gespräch noch mehr Bedeutung, weil es wesentlich mehr zu bearbeiten gibt. Bei einer ED bedeutet das zum Beispiel, dass die Partnerin schon bei der Auswahl der Hilfsmöglichkeiten involviert wird. Wenn der Mann eine Hilfsmöglichkeit wählen würde, die sie innerlich ablehnt, dann kann daraus sicher kein beglückendes Erlebnis entstehen.

Gerade bei unklaren Ursachen der ED ist es auch wichtig, nicht vorschnell nur die Symptome zu kurieren. Alles hat seinen Grund, und es ist weise, auf die Sprache des Körpers zu hören. Das gemeinsame Nachdenken über die Bedeutung einer ED kann wichtige Erkenntnisse über anstehende Veränderungen im Leben und in der Partnerschaft liefern.

Für viele Männer ist Sex ohne Geschlechtsverkehr schwer vorstellbar. Da viele Hilfsmittel jedoch eine nicht gerade anmachende Vorbereitung bedingen, wird oft ganz auf Sex verzichtet. Hier kann das offene Gespräch helfen, Möglichkeiten zu entdecken oder zu beleben, die keine Erektion voraussetzen und trotzdem für beide Partner äußerst befriedigend sein können: zärtliche Massage, Streicheln, gegenseitige Masturbation, Oralverkehr usw. Selbstverständlich können auch bei diesen Spielarten der Sexualität beide Partner einen Orgasmus erleben.

In vielen Beziehungen haben die Partner Schwierigkeiten, miteinander über ihre Sexualität zu reden. Dann steht das Paar vor der

Aufgabe, einen Weg aus dieser Sprachlosigkeit zu finden. Möglichkeiten dazu gibt es genug: der Austausch über ein Buch (empfehlenswert in diesem Zusammenhang die Bücher von Michael Lukas Moeller[1] und John Gray[2]), das Gespräch mit anderen Betroffenen (beispielsweise in einer Selbsthilfegruppe), eine Partnerschaftsberatung in einer anerkannten Beratungsstelle, ein Kommunikations-Seminar für Paare.

Für einen alleinstehenden Mann gilt, dass er sich umfassend über sein Problem informieren muss und auch ohne Partnerin nach einer Lösung sucht. Ein informierter Mann, der sein Problem aktiv angeht, hat auch eine Chance, eine potenzielle Partnerin davon zu überzeugen, dass sie bei ihm wenig vermissen, aber viel finden wird.

Fazit

Sexualität ist ein Thema, das viel zu wichtig ist, als dass man es ignorieren dürfte. Schweigen führt in die Isolation und Verkümmerung und in die nicht endende Trauer über fehlende Möglichkeiten. Das liebevolle, offene Gespräch dagegen öffnet die Tür, die vorhandenen Fähigkeiten und Möglichkeiten zu entdecken und zu genießen.

Anmerkungen

Eine mit Hyperlinks versehene Version dieses Artikels befindet sich auf den Internet-Seiten der Selbsthilfegruppe „Erektile Dysfunktion (Impotenz)":
http://www.selbsthilfe-forum.de/impotenz/index.htm

1 European Sexual Dysfunction Alliance (ESDA): Male Sexual Dysfunction, http://www.esda.eu.com/content/male.htm

2 Dr. R. Richter: Zur Sexualität Querschnittgelähmter aus medizinischer Sicht – Sexualität, Gynäkologie und Andrologie, AsbH-Brief 2-2000, S.15, http://www.asbh.de/brief/beitraege/artik2sexualitaet.htm

3 frei übersetzt nach einem Zitat in dem Artikel von Ande T. Guay: Treatment of Erectile Dysfunction in Men with Diabetes, http://www.diabetes.org/DiabetesSpectrum/98v11n2/PG101.htm

4 Thomas A. Miller: Diagnostic Evaluation of Erectile Dysfunction, American Family Physician, Jan. 2000, http://www.aafp.org/afp/20000101/95.html

5 Andre T. Guay: Diabetes und Sexualfunktion: Was aus dem Ruder laufen kann. Sonderheft „Diabetes und Sexualität" des IDF Bulletins Vol. 43, Nov. 1999. Dieses Heft kann kostenlos vom Informationszentrum für Sexualität und Gesundheit in Freiburg bezogen werden

6 Aaron Vinik, Donald Richardson: Erektionsstörungen bei Diabetes, Sonderheft „Diabetes und Sexualität" des IDF Bulletins Vol. 43, Nov. 1999. Dieses Heft kann kostenlos vom Informationszentrum für Sexualität und Gesundheit in Freiburg bezogen werden.

7 Selbsthilfegruppe Erektile Dysfunktion (Impotenz): Vorbereitung des ersten Arztbesuchs, http://www.impotenz-selbsthilfe.de/patient/arztbesuch.html

8 ISG - Informationszentrum für Sexualität und Gesundheit e.V., Hugstetter Str. 55, 79106 Freiburg, Tel.: 0180-5558484, E-Mail: info@isg-ifo.org

9 http://www.isg-info.de/

10 Michael Lukas Moeller: Worte der Liebe - Erotische Zwiegespräche, rororo Taschenbuch 60433

11 Michael Lukas Moeller: Die Wahrheit beginnt zu zweit – Das Paar im Gespräch, rororo Taschenbuch 1290

12 John Gray: Mars, Venus & Eros – Männer lieben anders, Frauen auch. Goldmann TB 16126

Werner Schuren

Krankenkassen müssen *Viagra* bezahlen

Tipps für Patienten und Ärzte

Immer wieder gibt es Streit mit den Krankenkassen über die Kostenübernahme für das Potenzmittel *Viagra*. Dabei ist die Rechtslage eindeutig: Kassenpatienten haben bei Vorliegen einer „Krankheit" einen Anspruch auf Versorgung mit Arzneimitteln gegen die eigene Krankenkasse als Sachleistung (Paragraph 27, Abs. 1 SGB V) oder auf eine entsprechende Kostenerstattung (Paragraph 13, Abs. 1 SGB V), wenn die Behandlung durch dieses Arzneimittel ausreichend, zweckmäßig und notwendig ist. Die Verordnung muss ferner dem Wirtschaftlichkeitsgebot entsprechen, und sie darf das Maß des Notwendigen nicht überschreiten. Als Arzneimittel gelten nur Mittel, die nach dem Arzneimittelgesetz als solche zugelassen, registriert oder durch Rechtsverordnung von der Zulassung oder Registrierung freigestellt sind. Arzneimittel, denen die amtliche Zulassung versagt worden ist, dürfen nicht zu Lasten der gesetzlichen Krankenversicherung verordnet werden, weil es dann regelmäßig an der Zweckmäßigkeit und damit auch an der Wirtschaftlichkeit des Mittels fehlt. *Viagra* ist seit 18.09.1988 in Deutschland ein zugelassenes Arzneimittel.

Die Verordnung von *Viagra* bei ärztlich festgestellter Impotenz ist auch nicht durch Nr. 17.1 f. der Arzneimittelrichtlinie des Bundesausschusses der Ärzte und Krankenkassen ausgeschlossen. Nach dieser

Richtlinie dürfen unter anderem Mittel nicht verordnet werden, „die ausschließlich der Anreizung und Steigerung der sexuellen Potenz dienen sollen". Diese Bestimmung ist dann nicht einschlägig, wenn es um die Behandlung von Impotenz geht und nicht lediglich um die „Anreizung und Steigerung" der (vorhandenen) sexuellen Potenz. Diese Auslegung der Richtlinien ergibt sich bereits aus dem Wortlaut. Sie stellt im übrigen eine gesetzeskonforme, notwendige Auslegung dar, da anderenfalls diese Bestimmung der Richtlinie unwirksam wäre. Gesetzliche Grundlage für die Richtlinie ist Paragraph 92, Absatz 1, Nr. 6 SGB V, wonach es sich um eine Richtlinie über die „Verordnung von Arzneimitteln" handelt.

Zwar kann nach der Rechtsprechung des Bundessozialgerichts durch eine solche Richtlinie der Anspruch des Versicherten „konkretisiert" werden, es kann jedoch nicht der gesetzliche Anspruch auf Behandlung einer nachgewiesenen Krankheit durch eine derartige Richtlinie, die kein Gesetz ist, ausgeschlossen werden. Deswegen hat das BSG bereits mehrfach die Richtlinien für rechtswidrig erklärt. Aus all dem folgt, dass bei entsprechender Indikation ein Anspruch auf Verschreibung von *Viagra* auf Kassenrezept besteht.

Es gibt bereits einige einschlägige Rechtsprechung, die die Kostenübernahme für *Viagra* durch die Krankenkassen bejahen: Das Sozialgericht Lüneburg entschied, dass Krankenkassen die Kosten für *Viagra* erstatten müssen. Das Urteil ist rechtskräftig (S 9 KR 97/99 / NJW 2000, 2766). Geklagt hatte ein Patient, der aufgrund einer Diabetes-Erkrankung an Potenzstörungen litt und *Viagra* von seinem Arzt verschrieben bekommen hatte. Das Sozialgericht hat die beklagte Techniker-Krankenkasse verurteilt, die Kosten für *Viagra* zu übernehmen. Es hat ausgeführt, die mangelnde Erektionsfähigkeit sei eine Krankheit, deren Behandlung durch die Neufassung der Arzneimittel-Richtlinien ausgeschlossen werde. Dazu sei der Bundesausschuss der Ärzte und Krankenkassen nicht befugt, denn seine Ermächtigung beschränke sich darauf, Regeln für eine ausreichende, zweckmäßige und wirtschaftliche Arzneimittelversorgung aufzustellen. Interessanter-

weise hat die Technikerkrankenkasse die eingereichte Sprungrevision beim Bundessozialgericht (B 1 KR 19/00), die am 10.07.2001 zur Verhandlung anstand, wieder zurückgezogen, sodass das Urteil des Sozialgerichts nunmehr rechtskräftig ist. (Ganz augenscheinlich hat die Technikerkasse kalte Füße bekommen, dass das Gericht den restriktiven Kurs nicht bestätigen würde – auch wenn sie das bestreitet. Beim Verband der Ersatzkassen, dem auch die Technikerkasse angehört, ist man offener. „Es stand zu befürchten, dass das Gericht eine umfassendere Erstattungspflicht" gefordert hätte. „Das ist für die Versichertengemeinschaft nicht zumutbar." *Viagra* im Einzelfall zu bezahlen scheint das kleinere Übel – so die Stuttgarter Zeitung am 10.07.2001).
In ähnlichem Sinne hat das Sozialgericht Hannover am 16.11.1999 (S 2 KR 485/99) gegen die AOK Niedersachsen entschieden.

Das Bundessozialgericht hat in einer anderen Entscheidung am 30.09.1999 (B 8 KN 9/98 KR / NJW 2000, 2764) einem Versicherten die Kostenübernahme für die Schwellkörperinjektion bei Impotenz zugesprochen und darauf hingewiesen, dass die Arzneimittel-Richtlinien unwirksam seien, da sie von ihrer Ermächtigungsnorm nicht gedeckt sind. Das Gericht betonte in seiner Entscheidung, dass Patienten mit altersbedingten Veränderungen, zu denen auch Potenzstörungen zählen können, gegenüber den gesetzlichen Kassen einen grundsätzlichen Leistungsanspruch besitzen. Bislang ist dieses Urteil allerdings kaum beachtet worden. Bekräftigt werden könnte seine Bedeutung jedoch durch eine weitere Entscheidung des Bundessozialgerichts, die momentan noch aussteht. Sozialrechtler gehen davon aus, dass auch diese Instanz die Kostenübernahme von *Viagra* durch die Kassen bestätigen wird.

Für Versicherte bedeutet diese Rechtsprechung der Sozialgerichtsbarkeit, dass die gesetzlichen Kassen die Kosten für potenzsteigernde Präparate übernehmen müssen, sofern die Erektionsstörung eine kausale Folge der Grunderkrankung, wie zum Beispiel bei Diabetes oder Bluthochdruck ist. Für die private Krankenversicherung entschied

das OLG München mit Urteil vom 08.08.2000 (25 U 4628/99 / NJW 2000, 3442) zugunsten eines 54jährigen Versicherten, der als Typ-2-Diabetikern wegen Erektionsstörungen („erektile Dysfunktion") in Behandlung war und von seinem Arzt das Präparat *Viagra* verordnet bekam. Der Patient hätte dafür 1.000 Mark aus eigener Tasche bezahlen müssen. Seine private Krankenversicherung lehnte die Kostenübernahme mit der Begründung ab, dass es sich bei *Viagra* nicht um ein Medikament, sondern um ein „Stärkungsmittel" handele, das somit nicht erstattungsfähig sei. Mit dem Urteil entschied das OLG München daraufhin, dass die private Krankenversicherung die Aufwendungen für *Viagra* zu erstatten habe: Durch Einholung eines Sachverständigengutachtens konnte im Prozess nachgewiesen werden, dass die Erektionsstörungen diabetesbedingt und somit als Folgeerkrankung anzusehen sind. *Viagra* stellt ein spezifisches Medikament zur Behandlung dieser Erkrankung dar und sei daher – in diesem Fall – nicht nur als Stärkungsmittel anzusehen. Da es sich somit um Kosten für ein Arzneimittel im Rahmen einer medizinisch notwendigen Heilbehandlung handele, sei die Versicherung zur Erstattung verpflichtet.

Wichtig für Beamte: Das bayerische Staatsministerium der Finanzen hat durch Bekanntmachung vom 13. Juli 1998 darauf hingewiesen, dass die Aufwendungen für Präparate zur Hebung der Potenz (z. B. *Viagra* und vergleichbare Präparate) nicht beihilfefähig sind, da eine Differenzierung der verschiedensten Gründe der Anwendung dieser Mittel nicht möglich ist. Inwieweit angesichts der Rechtsprechung diese Anordnung noch Bestand haben kann, muss gesondert geprüft werden.

Praktische Vorgehensweise für die Verordnung von *Viagra*

Ansprechpartner für die Verordnung von *Viagra* ist der Arzt. Vom Vertragsarzt kann der Versicherte unter Vorlage des Krankenscheins oder der Krankenversicherungskarte die ärztlich Behandlung (hier: die Verordnung des Arzneimittels bei entsprechender Indikation) un-

mittelbar anfordern. Das Risiko, dass die Kosten für das Medikament nicht von den Krankenkassen übernommen werden, geht dann allerdings zu Lasten des Arztes: Er haftet persönlich im Rahmen des Arzneimittelregresses für die Kosten von Arzneimitteln, welche die Krankenkassen nicht übernehmen. Verständlicherweise werden die Ärzte angesichts der ungeklärten Fragen – wie der Häufigkeit der Verschreibbarkeit – mit der Verschreibung zurückhaltend sein.

Deshalb bietet sich folgender Weg an : Der Patient hat die Möglichkeit, bei ärztlich festgestellter Behandlungsnotwendigkeit der Impotenz durch ein bestimmtes Medikament, die Kostenübernahme durch die Krankenkasse zu beantragen und im Falle der Ablehnung des Antrages gerichtlich vorzugehen: „Hält jedoch die Kasse – im vorliegenden Fall auf Antrag – als die aus dem Krankenversicherungsverhältnis eigentlich verpflichtete Stelle die Erbringung einer Leistung als Sachleistung der gesetzlichen Krankenversicherung für rechtswidrig, so ist sie allein zuständig, die Leistung abzulehnen. Ihre Entscheidung unterliegt der Rechtsprüfung." (Landessozialgerichts Nordrhein-Westfalen in Essen vom 14.03.1996 (Az.: L 2 Kn 36/95 zur Kostenübernahme für *Prostavasin*®)

In diesem Falle müsste der Arzt vorher bestätigen, dass die Behandlung mit *Viagra* medizinisch geboten ist. Dieser Weg des Vorgehens belastet nicht das Verhältnis zwischen Arzt und Patient und stellt eine faire Risikoverteilung zwischen den Beteiligten dar. Lehnt die Krankenkasse die Kostenübernahme für *Viagra* ab, bleibt der Weg des Widerspruchsverfahrens und ggf. der Sozialgerichtsklage.

Und noch eine – viel zu wenig genutzte – Möglichkeit bleibt: Die Krankenkassen und der Bundesausschuss der Ärzte und Krankenkassen werten – im Gegensatz zu anderen ihnen genehmeren Urteilen – rechtskräftige Entscheidungen der Sozialgerichtsbarkeit als Einzelfallentscheidungen. Missliebige Rechtsauffassungen werden in Frage gestellt und es wird solange auf Zeit gespielt, bis es eine konkrete Verfügung gegen den Ausschuss gibt. Es ist ein unverfrorenes

Husarenstück, dass sich der Bundesausschuss der Ärzte und Krankenkassen beispielsweise über das Bundessozialgericht in Fragen der Bestandskraft der Arzneimittelrichtlinien hinwegsetzt.

Da die Rechtslage eindeutig ist, kann Patienten, die *Viagra* nicht privat bezahlen wollen, ausdrücklich geraten werden, sich mit einem Antrag auf aufsichtsrechtliche Maßnahmen an das Bundesgesundheitsministerium und an die zuständigen Aufsichtsbehörden der Krankenkassen (Bundesversicherungsamt, Landesversicherungsämter) zu wenden.

Peter Wießner[1]

AIDS-Hilfe

(Homo-)Sexualität und Behinderung

– Aspekte einer Auseinandersetzung

Die Auseinandersetzung mit dem Thema Behinderung hat in der Deutschen AIDS-Hilfe e.V. (DAH) bereits eine längere Tradition – eine Tradition, die von Brüchen und Veränderungen gekennzeichnet ist. Gleichwohl hat es im DAH-Verband noch nie eine verbindliche, sozusagen „allgemeingültige" Position hierzu gegeben. In diesem Beitrag zeichne ich den Prozess der Auseinandersetzung nach und lege einige der sich darin spiegelnden Konfliktlinien dar.

„Offiziell" näherte sich die DAH dem Thema „Behinderung" erstmals 1994 an, als sie das Plakat „selbstbewusst schwul – selbstbewusst behindert" produzierte. Damit verband sie das Ziel, schwule Behinderte mit HIV-präventiven Botschaften zu erreichen. Das Plakat fand jedoch nur sehr geringe Akzeptanz. Die Reaktionen auf das „unzeigbare", von manchen gar als „behindertenfeindlich" bewertete Plakat erlauben Rückschlüsse darüber, wie Behinderte von „uns anderen" wahrgenommen werden: Dass sie ebenso sexuelle Wesen sind und ihre Sexualität auch leben (wollen), hat in diesen, im wahrsten Sinne des Wortes „behindernden" Vorstellungswelten keinen Platz. Warum eigentlich nicht?

Die Darstellung selbstbewusster, in diesem Falle schwuler Behinderter, die mit ihrer Behinderung souverän umgehen, berührt offensichtlich Tabus. Und diese Tabus zeigen ihre Wirkung eben nicht nur in der Welt der Heterosexuellen, wie zu erfahren war. Auch an Orten der Schwulenszene und ebenso in AIDS-Hilfen stieß das Plakat auf Vorbehalte. Deutlich wurde uns, dass auch wir in der AIDS-Hilfe „Raster" im Kopf haben: Vorstellungen darüber, was normal oder unnormal, gefällig oder obszön, zeigbar oder unzeigbar ist und was wir zur Not eben auch zensieren. Die eigene „normbrüchige", „randständige" und „wilde" Tradition tut dem keinen Abbruch.

Ausgehend von dem Konzept „Akzeptanz der Lebensweisen" wurde mit diesem Plakat versucht, die theoretischen Grundlagen der AIDS-Hilfe auf die Lebenswirklichkeit behinderter Menschen zu übertragen. Die Erkenntnis, dass Gesundheit nur möglich ist, wenn sich das Verhalten *und* die Verhältnisse verändern, ist der grundlegende Gedanke dieses Konzepts: Gesundheitsförderung wird hier zu einer Sache sowohl struktureller als auch individueller Bedingungen und erhält in dieser Sichtweise gesellschaftsverändernde Qualität.

Zur (vermeintlich) „ureigenen" Ideologie der AIDS-Hilfe gehörte seit deren Anfängen die Forderung des Rechts auf „Lust und Rausch", allem voran des Rechts auf eine selbstbestimmt gestaltete Sexualität. Angesichts der Diffamierung von Menschen mit HIV und AIDS zu Beginn der „AIDS-Zeiten" war dies für unsere Arbeit ein wichtiger und identitätsstiftender Schritt.

In den ersten Jahren der AIDS-Hilfe hatte das Thema „Behinderung" für sie einen anderen Stellenwert als heute. Damals standen eindeutig das Sterben und der Tod im Vordergrund des Erlebens und der Wahrnehmung. Bei AIDS hatte sich Sterben und Tod auf dramatische Weise mit den Themen Lust und Sexualität verknüpft. Sex wurde fortan mit Risiko und tödlicher Bedrohung assoziiert. Die Gefahr einer Ansteckung mit HIV behinderte die Ausübung gewohnter oder liebgewordener Sexpraktiken – und tut dies bis heute.

Die Existenz des Virus machte es erforderlich, sexuelle Verhaltensweisen und gewisse Vorlieben detailliert zur Sprache zu bringen, um sie auf ihr Risikopotential hin „abzuklopfen". Im Mittelpunkt der präventiven Bemühungen standen damals die Förderung einer selbstbewussten Risikokalkulation, die Entwicklung kommunikativer Kompetenzen im Hinblick auf Risikosituationen und die Akzeptanz lustorientierter Lebensweisen. Dies war (und ist) sicherlich ein richtiger Ansatz, hatte aber auch problematische Seiten: Man tat sich bisweilen recht schwer damit, zuzugeben, dass Kondome die Lust behindern (auch wenn sie noch so schrill und bunt daherkommen) und hat durchaus auch versucht, diese Tatsache unter den Teppich zu kehren.

Das offene Gespräch über Sexualität und alles, was sich um sie herumrankt, ist ein genuines Terrain der AIDS-Hilfe zum Zwecke der Gesundheitsförderung. So war zumindest der Anspruch. Aber nicht jede/r brachte die zielgruppenspezifischen Slogans über die Lippen, ohne zu erröten. Es musste daher trainiert und angeeignet werden. Manchem blieb anfangs das „Raus-bevor's-kommt" regelrecht im Halse stecken. Obgleich für manche von uns das Sprechen über sexuelle Angelegenheiten befreiend gewesen sein mag – und einigen VertreterInnen der Behindertenverbände stünde eine solche Befreiung ebenfalls gut zu Gesichte – behinderte es dennoch das freie, unbedachte Ausleben der Sexualität. Ein Dilemma, aus dem sich die AIDS-Hilfe bis heute nicht befreien konnte.

Das bisher Ausgeführte zeigt, dass Behinderung in der AIDS-Hilfe immer erfahrbar gewesen ist, und dies auch schon lange bevor in den eigenen Reihen *Behinderte* wahrgenommen wurden. Mit unserer Fixierung auf Sterben und Tod in den ersten Jahren von AIDS – die ja auch ihren Grund hatte – ist diese Erfahrung in der Regel jedoch nicht ins Bewusstsein gelangt. Der Verband *Deutsche AIDS-Hilfe* hatte damals, was das Thema „Behinderung" angeht, kein positives Selbstverständnis, und manchen ihrer VertreterInnen geht es bis heute ab. Als sich die DAH 1994 entschloss, Mitglied im Bundes-

verband Hilfe für Behinderte (BAGH) zu werden, war diese Entscheidung in den eigenen Reihen nicht unumstritten.

Dennoch hat die DAH die selbstbewusste Artikulation von schwulen und lesbischen Behinderten seit je gefördert. Dies besonders durch die „Freakshow", einem jährlich veranstalteten bundesweiten Treffen von behinderten Lesben und Schwulen im Waldschlösschen bei Göttingen. Dieses Forum der Diskussion und Begegnung dient dazu, sich zu vernetzen und entsprechende Strukturen zu entwickeln.

Der bisherige Stand der Auseinandersetzung mit dem Komplex „Sexualität und Behinderung" ist in der DAH-Publikation „Leben mit Behinderung – Leben mit HIV und AIDS. Eine Annäherung" bestens dokumentiert. In diesem Sammelband ist es gelungen, Beiträge von ganz unterschiedlichen Autorinnen und Autoren zusammenzutragen. „(Homo-)Sexualität und Behinderung" nimmt darin einen breiten Raum ein, was verständlich ist, sind doch Männer, die Männer lieben, eine der von HIV und AIDS besonders betroffenen Gruppen, und ist HIV doch ein Virus, das in erster Linie sexuell übertragen wird. Es finden sich aber auch Beiträge zu anderen Themen, so etwa zum gesellschaftlichen Umgang mit Behinderung im Laufe der Geschichte, zum Leben zwischen Selbstbestimmung und Fremdbestimmung oder zu rechtlichen Aspekten. Die Stärke des Bandes liegt sicherlich ganz besonders in den persönlichen Berichten, verfasst von lesbischen und schwulen Behinderten, die ganz verschiedenen Betroffenengruppen zugehören. Zu Wort melden sich z.B. Blinde, Hämophile Gehörlose oder Gehbehinderte und geben Einblick in ihre Situation und in ihre Erfahrungen, die sie auch in ihren „Szenen" und in der AIDS-Hilfe gemacht haben.

Die Berichte von den Behinderungen, die diesen Menschen widerfahren, beeindrucken. Zusammenfassend ließe sich feststellen, dass die Zurückweisung und Diskriminierung, denen Menschen mit HIV und AIDS im Alltag auch heute noch ausgesetzt sind, ihre traurige Entsprechung in den Erfahrungen behinderter Menschen finden.

Der Band mit dem trefflich gewählten Untertitel „eine Annäherung" hatte nicht zuletzt zum Ziel, eine Diskussion zwischen der AIDS-Hilfe und den Verbänden der Behindertenbewegung anzuregen. Eine solche Diskussion ist längst überfällig, und ich meine, dass beide Seiten von ihr profitieren könnten. Der Blick über den eigenen Tellerrand eröffnet neue Horizonte und ermöglicht vielfältige Annäherungen – auch wenn nicht alle dazu bereit oder in der Lage sein werden, aufeinander zuzugehen. Für Menschen mit HIV/AIDS ist es nicht immer leicht, sich als Behinderte wahrzunehmen oder als solche wahrgenommen zu werden.

Im persönlichen Coming-out vieler Menschen mit HIV/AIDS als Behinderte spiegelt sich letztendlich auch die DAH-interne Auseinandersetzung mit dem Thema wider. Eine Auseinandersetzung, von der man sich wünscht, sie möge selbstbewusster erfolgen: So leicht wie die Aussage „selbstbewusst schwul" geht uns das „selbstbewusst behindert" noch lange nicht von den Lippen. Insofern hat der Text des Plakates von 1994 eher den Charakter eines utopischen Postulats. Viele von uns tragen den Behindertenausweis eher verschämt in der Brieftasche.

Noch immer erfahren wir die Einschränkung unserer Sexualität als behindernd. Obwohl wir es doch „eigentlich" besser als andere gelernt haben, Sexuelles zur Sprache zu bringen – etwas, das die AIDS-Hilfe sicherlich als „Kapital" in die Diskussion einbringen könnte –, wird Sex von vielen unter uns unter dem Leistungsaspekt gesehen und gelebt. „Höher, schneller, weiter" heißt die Devise. Einmal erkrankt, ist dies kaum noch durchzuhalten.

Funktionsstörungen und Libidoverlust als Nebenwirkungen der antiretroviralen Therapie (ART) werden gleichfalls als Behinderung erlebt – und sind weit davon entfernt, positiv ins Selbstbild integriert zu sein. Andere Nebenwirkungen der Therapie werden verborgen gehalten, oder zumindest versucht man dies. So gilt eine Lipodystrophie[2] als ein Makel, der in der Szene gerne versteckt wird. Der Seiden-

schal hat Hochkonjunktur. Manchem Vertreter und mancher Vertreterin der Selbstbestimmt-leben-Bewegung muss dieser Mangel an Selbstbewusstsein geradezu „mittelalterlich" erscheinen. Hier könnte die AIDS-Hilfe profitieren. Nach wie vor sind es die „Schönen", „Makellosen" und Funktionstüchtigen, die wir besonders schätzen, die wir mit Gesundheit und Lust assoziieren, denen wir hinterher hecheln, manche von uns mehr, manche weniger erfolgreich.

Solange dies so ist, können wir von den Erfahrungen behinderter Frauen und Männer und den Strukturen, die sie für sich geschaffen haben, noch eine ganze Menge lernen. Es gilt, Annäherungsarbeit zu leisten. Wir sollten es nicht versäumen, uns dieser Herausforderung zu stellen!

Anmerkungen

1 Der Autor ist der Herausgeber des Bandes „Leben mit Behinderung. Leben mit HIV und AIDS. Eine Annäherung" (Band 35 der Reihe AIDS-FORUM-DAH. Deutsche AIDS-Hilfe e.V.: Berlin 1999). Der Band kann kostenlos über den Versand der Deutschen AIDS-Hilfe e.V., Dieffenbachstraße 33, 10967 Berlin (Tel. 030/69 00 87-43) bezogen werden.

2 Lipodystrophie = eine Störung der Fettverteilung, die möglicherweise durch bestimmte Anti-HIV-Medikamente und HIV selbst verursacht wird. Sichtbare Symptome sind z.B. eingefallene Wangen, „Stiernacken", „Bierbauch" und dünne Extremitäten.

Ulrich Schmidt

Sexualität ohne Scham

- Ethische Fragen zum Menschenrecht auf Sexualität

Ich möchte mit einem Gedicht des Schweizer Pfarrers und Dichters Kurt Marti beginnen:

Träumen geht mühelos,
denken ist leicht,
handeln schon schwerer.
Doch dass jemand handelt,
nachdem er's bedacht,
dies ist das Schwerste
für einen,
der nicht weiß,
was er bedenken müsste,
ehe er handelt.

Damit sind wir schon mitten im Thema des heutigen Nachmittags, nämlich bei der Frage nach der *Ethik*, der Lehre vom Handeln des Menschen (so die Begriffsbestimmung). Oder der Sache nach: *Ethik* ist die (als Hilfe zum persönlichen Gewissensentscheid gedachte) Lehre vom gutgemeinten und sachlich richtigen, deswegen Erfolg versprechenden, jedoch nicht immer erfolgreichen Handeln des Menschen (das den Menschen dadurch zwar nicht immer glücklich macht, wohl aber sein Leben glücken lässt).

Sie werden mir sicher recht geben: Schon immer haben sich Menschen mit sexueller Ethik befassen müssen, das heißt mit der Frage, wie kann Sexualität gelingen, was ist dazu notwendig, wie sieht da richtiges Handeln aus? Wird durch sexuelles Verhalten die Entfaltung als Mann oder Frau eher ermöglicht oder behindert? Wird die Menschenwürde geachtet? Wird die Freiheit und Selbstbestimmung des Einzelnen respektiert? Gibt es eigentlich so etwas wie ein Grundrecht auf Sexualität, das für alle Menschen, behinderte wie nicht behinderte, gilt?

Wenn die Rede auf Behinderung und Sexualität kommt, mache ich immer wieder die Erfahrung, dass meine Zuhörer ungläubig oder erstaunt zurückfragen, ob das denn überhaupt ein Problem sei (im Sinne von „Behinderte haben doch keine Sexualität zu haben!"). Und so möchte ich zunächst einmal grundsätzlich betonen, dass Sexualität natürlich mit viel mehr zu tun hat als nur mit Geschlechtsverkehr. Es geht auch um Kommunikation, um Berühren, um Zärtlichkeit und um Phantasie, und natürlich – nicht zuletzt – um Geschlechtsverkehr! Wenn behinderte Jugendliche oder Erwachsene sich auf die Suche machen, dieses Verständnis von Sexualität für sich zu erkunden, stoßen sie immer wieder auf massive Verletzungen: Eine Beziehung zum eigenen Körper, ein Akzeptieren des eigenen Aussehens oder der eigenen Bewegungen konnte fast überhaupt nicht entstehen. Irgendwie hat sich der Gedanke eingenistet: „Ich mag mich selbst nicht! Und wenn das so ist, wie soll denn jemand anderes an mir etwas Attraktives entdecken?" Dazu kommt eine weitere Erfahrung, dass körperlicher Kontakt jahrelang als krankengymnastische Notwendigkeit und medizinisches Diagnoseverfahren kennen gelernt wurde. Und vielleicht hat man auch Umarmungen bisher nur als herablassende Mitleidsbekundung erlebt. Es gibt dann ferner so etwas wie die „Diktatur der sexuellen Normalität", wobei Nichtbehinderte sexuelle Normen repräsentieren, die behinderte Menschen nicht unbedingt erfüllen können wie Leistungsfähigkeit, makelloses Aussehen, cooles Auftreten. Wer sich als behinderter Mensch auf diese so genannten Werte einlässt, hat schon verspielt. Gibt es also

eine doppelte Sexualethik, eine für behinderte und eine für nicht behinderte Menschen?

Ich will zunächst einmal in aller Deutlichkeit klar machen, dass es eine eigene Sexualethik für behinderte Menschen nicht gibt! Körperlich wie geistig behinderte Menschen sind Menschen wie wir alle. Wir alle sehnen uns nach mitmenschlicher Nähe, nach Zärtlichkeit, nach Berührung, nach Möglichkeiten zur Selbstentfaltung als Mann oder Frau. Im Bereich der Sexualethik gibt es bei der Konkretisierung von Grundnormen bestimmte Differenzierungen, die manchmal zu größerer Toleranz, manchmal aber auch zu mehr Zurückhaltung führen können. Aber das Grundrecht auf Sexualität – in all ihren Spielarten – gilt für alle Menschen.

Ethische Normen haben ihr Fundament in bestimmten Glaubensvorstellungen, Überzeugungen und Grundannahmen. So stammen beispielsweise unsere Wertvorstellungen überwiegend aus der jüdischen und christlichen Tradition. Und selbst hier gab es im Laufe der Zeit unterschiedliche Auslegungen (z.B. über die Beurteilung der Selbstbefriedigung).

Nun machen wir heute weitgehend in unserer Gesellschaft die Erfahrung, dass die alten Normen in Frage gestellt sind. Manche empfinden das als bedrohlich und sehen darin ein Zeichen für den Untergang des Abendlandes. Besonders im Hinblick auf die sexuelle Ethik will man keine Veränderung, ganz im Gegenteil, man glaubt, dass jede Lockerung früherer Einschränkungen zu sexuellem Chaos führe. Inzwischen haben aber selbst strenggläubige Menschen eingesehen, dass gewisse alte Dogmen unmoralische Auswirkungen haben können (z.B. Kinder um jeden Preis?, Kondomverbot auch für AIDS-Kranke?) und so sucht man nach einer neuen, menschlicheren Moral, überwindet die eigene Ängstlichkeit, will über sein Leben selbst bestimmen und die Entscheidung über seine seelische Gesundheit und sein sexuelles Verhalten nicht mehr in die Hände religiöser und politischer Obrigkeiten legen. Es ist eine nicht zu leugnende Tatsa-

che, dass in der Vergangenheit Religion oft dazu missbraucht wurde, Grausamkeit und sexuelle Unterdrückung zu rechtfertigen. Religiöse Fanatiker haben viel menschliches Elend und Leid produziert. Wenn wir das bedenken, werden wir von vornherein mit unseren eigenen moralischen Ansprüchen bescheidener sein. Und so ist es gut, dass sexuell unterdrückte Gruppen wie Behinderte, Menschen in psychiatrischen Einrichtungen und Strafgefangene sich nicht mehr in ihr Schicksal ergeben, sondern mit Recht dieselbe Freiheit wie alle anderen fordern. Sie wollen sich nicht länger für ihre Bedürfnisse entschuldigen. Und so ist es wichtig zu sehen, dass der Kampf um sexuelle Befreiung ein bedeutsamer Faktor für die Entwicklung zu einer offeneren, gerechteren und freieren Gesellschaft darstellt (und nicht zum Untergang des Abendlandes führt).

Die Geschlechtlichkeit nimmt im Leben eines jeden Menschen einen bedeutsamen Platz ein. Ich habe schon betont, dass die Auffassungen vom Menschen, von Menschenwürde und von vielen den Menschen selbst betreffenden anderen Fragen, sehr stark durch die jeweilige Kultur beeinflusst ist. Dabei hängt unsere westliche Kultur sehr eng mit jüdisch-christlicher Tradition zusammen. Und vermutlich sind wir mehr oder weniger stark durch die Erziehung in Elternhaus, Schule und Kirche davon geprägt. Vielleicht hindern uns anerzogene Scham- und Schuldgefühle daran, uns frei und offen sexuell entfalten zu können. So will ich wenigstens einen kurzen Aufriss geben, wie die Kirchen im Laufe der Zeit über Sexualität gedacht und gelehrt haben. Der Blick in die Vergangenheit kann vielleicht manches klären und manche Ängste und Vorurteile verständlicher machen, aber auch helfen, sie abzubauen.

Bei einem *Blick in die Bibel,* worauf sich ja Kirchenleitungen immer wieder berufen, ist Sorgfalt und Vorsicht geboten. Die Bibel stammt aus einem völlig anderen Kulturkreis. Biblische Vorstellungen, Denk- und Handlungsweisen dürfen nicht einfach unbesehen auf unsere Zeit übertragen werden. Ich möchte Ihnen da ein paar Beispiele nennen: Die Bibel, das so genannte Alte Testament oder die Hebräische

Bibel, wie auch das Neue Testament setzen die Sklaverei ganz selbstverständlich als Institution voraus. Niemand aber wird heute im Namen der Bibel für die Sklaverei eintreten. So verbietet die Bibel, um ein weiteres Beispiel zu nennen, Zins zu nehmen. Ich denke, keiner unserer Bankleute hat deshalb schlaflose Nächte, Gewissensbisse oder Schuldgefühle, weil seine Bank Zinsen gibt und noch lieber Zinsen nimmt. Auch die Ausstoßung von unreinen Kranken (Lev 13; Num 5, 1-4) und der so genannte Heilige Krieg (Dtn 20) gehören zu zeit- und situationsbedingten Aussagen, aus denen sich keine zeitlos gültigen ethischen Normen ableiten lassen.

„Wenn er mich doch küsste mit den Küssen seines Mundes!“ (Hld 1,2) – haben Sie gedacht, dass dieser Satz in der Hebräischen Bibel, dem Alten Testament, steht? Das Hohe Lied ist das Lied der freien Liebe. Es besingt eine sexuelle Liebe, die nicht an die Ehe gebunden ist und nichts vom Kinderkriegen weiß. Grundsätzlich lässt sich sagen, dass im Alten Testament Geschlechtlichkeit fast immer positiv bewertet wird. Die Bedeutung der Sexualität liegt einerseits in Ehe und Fortpflanzung, andererseits in Nähe und Liebe von Mann und Frau. Verurteilt wird sexuelle Gewalt. Das sechste Gebot „Du sollst nicht ehebrechen“ bezieht sich auf den Geschlechtsverkehr eines Mannes mit einer verheirateten oder verlobten Frau, nicht eingeschlossen ist der Verkehr mit einer unverheirateten oder nicht verlobten Frau oder einer Prostituierten; das heißt, der Mann bricht die Ehe eines anderen Mannes und die Frau die Ehe ihres eigenen Mannes. Auch in der Frage der Homosexualität bringt uns das Alten Testament wie auch Paulus nicht weiter. Wenn die Sprache beispielsweise auf homosexuelle Praxis kommt, hat sie durchgehend heterosexuelle Menschen vor Augen. Von schwuler oder lesbischer Liebe homosexuell fühlender Menschen wusste sie nichts, ja diese konnte sie nicht einmal wahrnehmen.

Und in den Evangelien? Sicher ist: *Jesus* stiftete kein neues Moralsystem. Überliefert sind von ihm nur ein paar Sätze zu Ehe und Ehescheidung. Mit Systemen, wie wir sie heute entwerfen, hatte er nichts

im Sinn. Die unzähligen Gebote reduzierte er auf das Gebot der Gottes- und Nächstenliebe. Mit dem knappen Satz „Der Sabbat ist für den Menschen gemacht und nicht der Mensch für den Sabbat" (Mk 2,27) hob er jede restlose Einebnung von Menschen unter einen Gesetzesbuchstaben auf. Er selbst hielt sich gelassen an Gesetzesvorschriften, insoweit sie nicht Menschen erniedrigten, ruinierten oder üble Folgen hatten. Nur wenn ein Gesetz über Menschen herrschte, übertrat er alle Gesetzesvorschriften, so im Gespräch mit der Samariterin am Jakobsbrunnen (Joh 4,7 f.) oder mit der Ehebrecherin (Joh 8,3 f.).

Über Aussagen des *Paulus* zu Fragen der menschlichen Sexualität gibt es zahlreiche Untersuchungen, die nicht einfach auf einen Nenner zu bringen sind. Unbestritten ist, dass viele Äußerungen nur auf dem Hintergrund der Erwartung eines baldigen Weltendes zu verstehen sind. Ferner ist zum Beispiel Homosexualität für ihn ein Symptom heidnischen Unglaubens und damit schwere Sünde, und die Ehe so etwas wie eine Notmaßnahme gegen die geschlechtliche Triebhaftigkeit des Menschen (1 Kor 7). Kategorien wie Liebe und Partnerschaft kommen hier überhaupt nicht in den Blick. Außerdem ist die Nähe zum Platonismus und zur Stoa nicht zu übersehen. Eine spezifisch christliche Ethik ist das aber nicht! Sie hat sich jedenfalls am Gebot der Liebe zu orientieren. Die Liebe ist die normative Summe des Neuen Testamentes.

Wie es dazu kam, dass dann das Christentum selten zu einem unbefangenen und positiven Verhältnis zur Sexualität hingefunden hat, ist schwer in aller Kürze darzustellen. Eine entscheidende Rolle hat dabei *Augustinus* gespielt, der mit seinem Denken einen erheblichen Einfluss auf die christliche Theologie, einschließlich die der Reformatoren, ausgeübt hat. Augustinus lebte 14 Jahre lang mit einer Frau zusammen, von der er auch einen Sohn hatte. Seine Mutter Monika erzwang schließlich die Auflösung des unehelichen Verhältnisses und hielt für ihn ein standesgemäßes Mädchen zur Ehe bereit. Da dieses aber erst nach zwei Jahren heiratsfähig war, tröstete sich Augustinus

in der Zwischenzeit mit einer anderen Geliebten. Nach seiner Bekehrung aber fällt Augustinus von einem Extrem ins andere. Jeder Sexualverkehr ist für ihn fortan Sünde. Entschuldbar ist er nur, wenn er der Fortpflanzung dient. – Soweit der kleine Ausflug in die Geschichte.

Viele Jahrhunderte lang hat man *Sexualität* nur im Sinn von Genitalsexualität gesehen und praktisch unlösbar an die Fortpflanzung gekoppelt. Das ist verständlich, da man keine effektiven Verhütungsmethoden kannte. Natürlich gab es auch schon eine bestimmte Form der Entkoppelung von Sexualität und Fortpflanzung. Viele Griechen beispielsweise hatten eine Frau, mit der sie Kinder zeugten, und einen Knaben für die Befriedigung ihrer sexuellen Bedürfnisse. Adelige des Mittelalters und in späteren Jahrhunderten auch die sog. „Oberen Zehntausend" zeugten in „Ehre und Tugend" ihre Kinder mit ihrer Gattin, suchten aber für ihre weiteren erotischen Wünsche ihre Zuflucht bei einer Kurtisane. Erst im 20. Jahrhundert kam es zu einer wirklichen Entkoppelung, als man mit Hilfe zuverlässiger Verhütungsmittel Schwangerschaften verhindern konnte. Damit wurde der Weg frei, die Sexualität ausdrücklicher auf der Ebene menschlicher Beziehung und Liebe zu sehen.

Sexualität deutet nicht ausschließlich und erst recht nicht an erster Stelle auf die Genitalsexualität, sondern in erster Linie auf das Faktum des Mann- oder Frau-Seins. Geschlechtlichkeit ist nicht irgendein Teil des Menschen, sondern der ganze Mensch ist geschlechtlich geprägt. Sexualität umfasst also das ganze Gebiet von Verhaltensweisen in den allgemein menschlichen Beziehungen: Zuneigung, Herzlichkeit, Zärtlichkeit und Erotik und natürlich auch den genitalsexuellen Umgang.

Vor diesem Hintergrund wird auch klar: die Grundnorm der Sexualethik ist die Menschenwürde, das Recht auf Sexualität, der Respekt vor der Selbstbestimmung. Ich werde das im Folgenden noch näherhin ausführen. Ich beziehe mich dabei vor allem auf das empfeh-

lenswerte Buch von W. Bartholomäus Glut der Begierde – Sprache der Liebe (München 1987).

Sexuelle Erfahrungen sind auf vielfältige Weise sinnvoll:

- als Gewährung und Erfahrung von Identität
- als Geschenk und Annahme von Gemeinschaft und Nähe
- als Erleben von Lust, Ekstase zum eigenen Leben
- als lebensschöpferische Fruchtbarkeit zu neuem Leben.

1. Sexuelle Erfahrung ist für den **Erwerb von Identität** von großer Bedeutung. Über unseren Körper bekommen wir von unserer Umwelt das Bewusstsein davon, wer wir sind und wie wir uns in dieser Gesellschaft begreifen dürfen. Wer an sexueller Erfahrung gehindert wird, wer im Spiel der Sexualität keine Rolle spielt, weil er/sie als unattraktiv ausgestoßen wird oder sich selbst ausschließt, gerät in Gefahr, seine männliche oder weibliche Identität zu verlieren. Aus der Erfahrung, von einem menschlichen Partner auch körperlich geschätzt zu werden, auch sexuell eine Rolle zu spielen, aus solcher Erfahrung stammt Identität. Sexuelle Erfahrung vermittelt uns die Überzeugung: ich werde begehrt und kann begehren; ich werde geliebt und kann lieben; ich bin Mann oder Frau. Ich-Stärke und Selbstwertgefühl eines Menschen sind also mit seiner Sexualität und mit den Erfahrungen, die er als sexuelles Wesen macht, zutiefst verknüpft.

Die traditionelle Schamhaftigkeitserziehung, die es Kindern früher strikt verbot, den eigenen nackten Körper anzuschauen oder sich auch nur vorzustellen, musste sich identitätsstörend auswirken. Sie behinderte nämlich den Erwerb eines Körper-Ich, das den Kern aller Identität bildet. Das gilt sicher auch für das absolute Verbot der Selbstbefriedigung. Sie ist ja nicht einfach nur orgiastische Lustsuche, sondern darüber hinaus im Spiel mit den eigenen sexuellen Möglichkeiten Suche nach Selbsterfahrung.

An dieser Stelle auch ein Wort zur *Scham*. Scham hat mit der Individualität des Menschen überhaupt zu tun. Sie sucht seine Menschenwürde zu bewahren. Darum bezieht sie sich nicht exklusiv auf das Sexuelle. Wenn sie den persönlichen Intimbereich vor dem unbefugten Eindringen anderer schützt, geht es nicht um das Gefühl der Peinlichkeit. Es geht um die Einsicht und den Willen, dass die Bewahrung und die Verteidigung eines solchen Bereichs um der Einzigartigkeit und der Würde des Menschen vernünftig ist und Respekt verdient. Und ich respektiere den Intimbereich meines Mitmenschen, nicht, weil es etwas gäbe, das aufzudecken peinlich wäre, sondern weil ich seinen Eigenraum wahren und ihn nicht durch Zudringlichkeit zerstören will. Es muss so etwas wie eine Vertrauensbeziehung zwischen Menschen bestehen, die sich einander öffnen und einander „nackt" begegnen. Und dann gibt es nichts zu schämen.

2. Sexualität ist das **leibhaftige Medium**, in dem Menschen sich suchen und finden, **Gemeinschaft und Nähe** einander gewähren und voneinander annehmen. Unsere Sprache weiß um diesen Sinngehalt. Für Geschlechtsverkehr sagen wir, dass Menschen miteinander schlafen oder dass sie einander beiwohnen. Sicher drückt sich in diesen umschreibenden Worten auch aus, wie wenig wir heute schon fähig sind, von menschlicher Sexualität offen zu reden. Wie sind auch in Sprachtraditionen eingebunden, die die vergangene Tabuisierung noch weiterführen. Und doch stimmt es auch: die Rede vom Wohnen und Schlafen spricht von Formen und Möglichkeiten, in denen Menschen viel Zeit miteinander und füreinander verbringen. Wo Menschen wohnen und schlafen, sind sie daheim, sind sie zuhause. Dabei geht es nicht in erster Linie um Räume, sondern um die Nähe und die Arme eines geliebten Menschen. Da die Sexualität das ganze Leben bestimmt, kann sie sich nicht auf die Ehe festlegen lassen. Die Gemeinschaft und Nähe, die in Zärtlichkeit und genitaler Sexualität gewährt und empfangen wird, bedarf auch nicht zwingend der Merkmale der Einheit und Unauflöslichkeit, die der ehelichen Liebe eigen sind. Gleichzeitig will ich auch eine gewisse kirchliche Auffassung kritisieren, die einen idealistisch überzogenen Liebes-

begriff propagiert, der für genitale Sexualität eine Liebe fordert, die in der Realität, selbst in der einer durchschnittlichen Ehe, kaum gefunden wird.

3. Dass sexuelle Erfahrungen auch darin sinnvoll sind, dass sie **Lust** machen, wagen manche unter dem Einfluss kirchlicher Erziehung gar nicht laut auszusprechen. Die hier gemeinte Lust ist auch die orgiastische Lust. Aber sie ist nicht darauf eingeschränkt. Sie schließt die Freude am anderen Menschen, an seiner reizvollen Nähe, an seiner Zärtlichkeit ein. So kann diese Lust dann auch ein tiefes Glücksgefühl schenken. Sich an einen anderen Menschen zärtlich und leidenschaftlich hinzugeben und in der Ekstase der Lust sein Ich zu verströmen, das sind Möglichkeiten des Menschen, die er zum Menschsein braucht und die seine Menschlichkeit fördern können. Jeder und jede will Befriedigung, Spaß, Lust, Freude. Dabei geht es nicht nur um die Lust, die ich genieße, sondern auch um die Lust, die ich schenke. Es kann zur Humanisierung menschlicher Sexualität beitragen, wenn beim Lustaspekt auch die Aufgabe entdeckt wird, so sexuell zu lieben, dass der/die Partner/in glücklich wird.

4. Sexuelle Erfahrungen sind, wenn sie gelingen, auf eine vielfältige Weise **fruchtbar**: sie schaffen und erschaffen neues, reiches, tiefes, erfülltes Leben. Sie tun das vor allem darin, dass sie die partnerschaftliche Beziehung befruchten, so dass deren Lebendigkeit lebensstiftend nach außen wirken kann. Unter bestimmten Bedingungen jedoch, wenn die ökonomischen, die sozialen und die psychischen Voraussetzungen so sind, dass Mann und Frau zu einem Kind „Ja" sagen können, erfüllen sich sexuelle Erfahrungen in ihrer kreativsten Form: in Kindern. Sexuelle Fruchtbarkeit meint – und das ist mir wichtig – also mehr als Fortpflanzung. Sie schließt die Fortpflanzung ein und überschreitet sie zugleich. Weitergabe von Leben in sexuellen Begegnungen heißt nicht nur Befruchtung von Keimzellen, sondern – im Gesamten eines Lebens sogar in der Mehrzahl der Fälle – Befruchtung von Beziehungen. Diese Sicht der sexuellen Fruchtbarkeit gibt auch der Sexualität von alten oder behinderten Menschen

einen neuen Sinn. Sie kann überdies auch für die Selbstbefriedigung gelten, die möglicherweise gar – zeitweise oder lebenslang – die einzige Möglichkeit sexuellen Lebens darstellt und doch auch Erfüllung zu schenken vermag.

Wir sind am Ende unserer Überlegungen zu ethischen Fragen menschlicher Sexualität angekommen. Es ging immer um den **ganzen Menschen**, nicht um bestimmte Teile. Wir wollen endlich erleben, dass sexuelles Begehren, sexuelle Leidenschaft und Lust, sexuelles Lieben, menschenwürdige und kreative Möglichkeiten sind, mit denen zwar jeder auf seine Weise umgehen kann, im Gebrauch oder Verzicht, mit oder ohne Behinderung, die aber nicht seine Menschlichkeit und seine Menschenwürde zerstören. Gegenüber einer früheren Sexualethik ist eine gewisse Erleichterung eingetreten, weil sie mehr Raum lässt für eine persönliche Entscheidung. Andererseits fand auch eine Erschwerung statt, weil nun jede/r aufgefordert ist, in eigener Verantwortung ihr/sein Verhalten zu bestimmen, und das natürlich auch, ohne jemand zu schaden oder die Rechte anderer zu verletzen. Für die Sexualerziehung hat das zur Folge, dass man das Gewicht nicht auf die Vermittlung von Geboten und Vorschriften, sondern auf die Erziehung zu eigener Verantwortung legen muss.

Und noch etwas möchte ich Ihnen mit auf den Weg geben: Auch im Bereich des Sexuellen ist Unvollkommenes möglich und muss Unvollkommenes zugestanden werden. Nicht alle oben genannten Sinnaspekte können jeweils in der sexuellen Begegnung realisiert werden. Es bleibt eine Aufgabe, sie im Gesamten der Lebensgeschichte zu integrieren. Die Perfektionsideale, die uns in der Welt des Christentums immer wieder als Forderungen begegnet sind, und oft sogar um die Ohren geschlagen wurden, haben das Lieben doch wohl eher eingeschüchtert als gefördert. Wenn es Hinderungen am Lieben und Behinderungen im Lieben gibt, haben wir auch mit behinderter Sexualität zu rechnen. Wenn es nicht die besten Bedingungen für geglückte sexuelle Erfahrungen gibt, kann man sich durchaus mit hinreichend befriedigenden zufrieden geben. Niemand hat das Recht,

andere von sexuellen Erfahrungen abzuhalten, sofern nur die Beteiligten sie verantworten und niemanden schädigen. Es geht auch darum, Menschen weder der Diktatur einer sexuellen Normalität noch der Knechtschaft sexueller Ideale zu unterwerfen. Wir haben uns an der Realität endlicher und versagender Menschen zu orientieren, die immer wieder auch hinter ihren Möglichkeiten zurückbleiben. Es scheint mir besser zu sein, Unvollkommenes zu akzeptieren und zu leben als mit dem Warten auf Perfektes das Leben und Lieben zu verpassen. Und ich denke, dass diese Einstellung durchaus mit der menschenfreundlichen Botschaft des Jesus von Nazaret im Einklang steht. Nochmals: Die Liebe ist die normative Summe des Neuen Testaments.

Dr. Esther Bollag

Onanie – schwere Sünde?

Ausdruck defizitärer Sexualität oder zu genießender „*Sex for One*"?

Woher kommt der Begriff „Onanie"?

Die Geschichte steht im ersten Testament (1.Mose Kap.38). Beschrieben wird wie der zweitgeborene Sohn namens Onan sich weigert, die Schwagerehe zu vollziehen, Verse 8 und 9 lesen wir:
„Da sprach Juda (der Vater) zu Onan: Gehe zu dem Weibe deines Bruders und vollziehe mit ihr die Pflichtehe, dass du deinem (verstorbenen) Bruder Nachkommen schaffest. Da aber Onan wusste, dass die Kinder nicht als die seinen gelten sollten, ließ er es, wenn er zum Weibe seines Bruders ging, auf die Erde fallen und so verderben, um seinem Bruder nicht Nachkommen zu verschaffen."

Der biblische Kommentar Vers 10 lautet dazu:
„Aber dem Herr missfiel, was er tat, und er ließ ihn auch sterben."

Hier ist also eventuell die Rede von einem coitus interruptus, keine bloße Selbstbefriedigung zwecks Lustgewinn. Es bleibt offen, ob überhaupt an Masturbation gedacht werden soll, ob also der Begriff „Onanie" zurecht von diesen Bibelversen abgeleitet wird. Die Sünde besteht – auf den Text der Geschichte bezogen – darin, dass Onan sich durch sein Verhalten aus der Stammesgemeinschaft heraus be-

gibt. Sollte Masturbation dabei überhaupt angesprochen sein, was ohne zuviel Phantasie angenommen werden kann, wenn man sich den Akt vorstellt, dann ist sie hier Mittel zum Zweck der Zeugungsverhütung.

Die Beurteilung von Sexualität in der Christenheit der frühen Kirche.

Die ersten Christen lebten nicht losgelöst von ihrem sozialen Umfeld. Zum Teil beurteilten sie Sexualität als legitimes Mittel zur Aufrechterhaltung der Gesellschaft, so wie das im römischen Reich allgemein gesehen wurde. Bei den Römern galt die Familie als Stütze des Staates und der Gesellschaft.

Andere Gruppen von Christen rechneten mit einem nahen Hereinbruch der Königsherrschaft Gottes. Für sie war die Aufrechterhaltung der Gesellschaft durch Familiengründung überholt.

Noch andere Gruppen hatten als Ziel die Vergeistigung des Lebens, wodurch körperliche Bedürfnisse unwichtig wurden. Es gab sogar Gruppierungen, die durch den Verzicht auf Fortpflanzung den Lauf der Geschichte änderten wollten. Da Fortpflanzung ein Zeichen der Sterblichkeit war, sie aber mit dem ewigem Leben rechneten, war der Verzicht auf Familiengründung das Zeichen eines neuen Zeitalters.

Dies sind nur einige wenige Einstellungen zur Sexualität, wie sie die Frühkirche entwickelt hat. Mit der Bezeichnung „Lustfeindlichkeit" ist dem Phänomen jedenfalls nicht gerecht zu werden. Es ist für uns heute schwierig, uns in die psychologischen Voraussetzungen der Menschen der ersten Jahrhunderte des christlichen Zeitalters einzufühlen.[1]

Lust als Sünde?

Woher kommt denn die kirchliche Tradition, Lust als Sünde zu beurteilen? Sie leitet sich ab von der Auslegung eines Psalmverses, nämlich Psalm 51 Vers 7: *„Siehe: in Schuld bin ich geboren, in Sünden hat mich meine Mutter empfangen".*

Die kirchliche Interpretation dieses Verses ging jahrhundertelang dahin, dass die Empfängnis oder Lust als solche Sünde sei. Ob der Text das aussagen will, ist mehr als fraglich. Zwar ist der Vers einem Psalm entnommen, in dem König David seine sexuelle Sünde (Ehebruch mit Bathseba) beklagt, aber ihn deshalb „sexuell" zu generalisieren ist nicht zwingend. Er kann einfach die menschliche Solidarität der Schuld zum Thema haben.

Die kirchliche Lehre: Sexualität als Mittel zur Fortpflanzung

Gregor I. Bischof von Rom schrieb 601 an Augustinus von Canterbury: *„Der rechtmäßige Beischlaf muss Kinder hervorbringen, nicht Wollust; Kinderzeugung ist sein Zweck, nicht Befriedigung der Laster. Wer also nicht aus Wollust, sondern um Kinder zu erzeugen, mit seiner Frau verkehrt, der muss selbst entscheiden, ob er in die Kirche gehen oder den Leib und das Blut des Herrn empfangen kann. Wir können den Empfang dem nicht verwehren, der im Feuer war und nicht verbrannt ist. Wo aber nicht die Liebe zum Kinde, sondern die Lust geherrscht hat, da haben die beiden Grund zu Tränen."*[2]

Laut Fritz Leist, einem Professor für Philosophie und Religionsphilosophie, ist diese Deutung Grundsatz der katholischen Kirche geblieben bis in die Enzyklika „Humanae vitae" von Papst Paul VI im 20. Jahrhundert. Wer das heute liest, kommt nicht umhin zu kommentieren: Der Grund zu Tränen dürfte anderswo liegen! Was ist Kinderzeugung ohne Lust für eine traurige Angelegenheit!

Die zugrundeliegende Lehre vom Menschen

Eine zum Zölibat verpflichtete Priesterschaft fürchtete sich vor der Heftigkeit der Lust (lateinisch: vehementia delectationis).[3] Für Thomas von Aquin (1225-1274) war der Geschlechtsakt tierisch:
„Die Tiere haben keine Vernunft. Deshalb wird der Mensch in dem Sinne im Geschlechtsakt tierisch, dass er die Lust und die Glut des Begehrens nicht mäßigen kann" (S.Th.I, 98, 2 ad 3).[4]

Die Lustangst, gepaart mit der Angst vor der Frau, ist nur auf dem Hintergrund einer Anthropologie (Lehre vom Menschen) zu verstehen, die eine strikte Trennung von Körper und Geist lehrt. Gott als Geist und Lust haben nichts, aber auch gar nichts miteinander zu tun. Diese Spaltung findet sich bis weit ins 20. Jahrhundert hinein.

Die Deutung der Onanie katholischerseits im 20. Jahrhundert

Laut Leist wird die Pollution in der Moraltheologie von Jone unter geschlechtlichen Sünden „gegen die Natur" abgehandelt. Da heißt es: „Bosheit der Pollution". Direkt gewollte Pollution ist immer schwer „sündhaft".[5] Eine biblische Begründung dafür wird nirgends gegeben.

Deutung der Onanie protestantischerseits im 20. Jahrhundert

Für Emil Brunner ist das Problem der Selbstbefriedigung in seiner Ethik aus den 30er Jahren keiner Erwähnung wert. Sexuelles Erleben hat für ihn aber nur in einer heterosexuellen Partnerschaft Platz.

Eduard Thurneysen[6] betrachtet sie als ein Jugendproblem, das nicht gesetzlich geregelt werden muss, sondern Vergebung erheischt. Damit wird sie natürlich zur Sünde erklärt.

N.H. Søe der dänische lutherische Ethiker, dessen christliche Ethik 1942 in erster Auflage erschien, kennt nur sexuelle Enthaltsamkeit oder christliche Ehe.[7]

Wolfgang Trillhaas nennt Selbstbefriedigung „widernatürlich".[8]

Gyula Barczay nennt sie 1967 „eine durchaus natürlich zu nennende Durchgangsphase in der sexuellen Entwicklung des Menschen", warnt aber vor einer „Fixierung dieser Gewohnheit".[9] Sie soll sich für die spätere Ehe als nachteilig erweisen.

Theodor Bovet, der schweizerische Arzt und Sexualtherapeut spricht noch 1962 von der Selbstbefriedigung als einen „billigen Kurzschluss", 1971 beurteilt er sie milder, sozusagen als Erziehungsmittel für den jungen Mann und dessen Sexualität. Masturbation ist dann ein legitimes Durchgangsstadium zur Reife. Bei älteren, einsamen Menschen hat sie „Ersatzfunktion".[10]

Die Beurteilung von Sexualität allgemein und Onanie heute

Mit dem Aufkommen der Pille als zuverlässigem Verhütungsmittel kam es zur so genannten sexuellen Revolution. Nachdem sexueller Akt und Empfängnis bzw. Zeugung wirksam getrennt werden konnte, wurde automatisch die Nachwuchssorge sekundär. Dies veränderte die gesellschaftliche Beurteilung von Sexualität. Soziale Sanktionen wurden unwichtig. Die Sexualität wurde allgemein privatisiert. Sie rückte ethisch gesprochen in einen anderen Rahmen – von der Sozialethik (Zusammenwirken des Subjekts mit anderen in Formen des vergesellschafteten Handelns) in die Personalethik (Verhalten des Subjekts zum einzelnen anderen) und die Individualethik (Verhalten des Subjekts zu sich selbst). Diese Privatisierung der Sexualität, die ihr Ausleben in das Ermessen des einzelnen Menschen stellt, bezieht sich dann natürlich auch auf die Selbstbefriedigung.

Paradigmenwechsel in der Behindertenarbeit

In den 90er Jahren des zwanzigsten Jahrhunderts kam es in der Behindertenarbeit evangelischer Einrichtungen zur Abkehr von der „pathobiologischen Modellvorstellung von Behinderung".[11] Mit anderen Worten: Der Einfluss der Medizin und therapeutischer Sichtweisen wurde zugunsten der Pädagogik zurückgedrängt. Dies beinhaltete konsequenter Weise das Recht auf Sozialpädagogik. Sprich angemessene Aufklärung über Sexualität. Es bedeutete ebenfalls, dass behinderte Menschen als je individuell entwicklungsfähig angesehen wurden (werden), ohne dass an fixen Normalitätsvorstellungen Maß genommen werden sollte. Wie weit solche Idealvorstellungen in der Praxis durchzuhalten sind, sei dahin gestellt.

Sexualität und Behinderung heute

Ende des 20. Jahrhunderts ist die sexuelle Revolution auch in der Behindertenszene angekommen – auch in der Kirche. Dies bestätigt ein Blick in die neuste Publikation des Ökumenischen Rates der Kirchen „Echoes" 19/2001 über den Prozess von Gerechtigkeit – Frieden und Bewahrung der Schöpfung. Der Titel des Heftes lautet: „The Challenge from People with Disabilities". Zwei behinderte Theologen, der Schwede Arne Fritzon und der Engländer John Naude, schreiben über „Sexual Identity and Disability" und „Sexuality & Disability – integrating the two?[12] (Ich referiere im folgenden die wichtigsten Gedanken daraus in deutscher Sprache).

In beiden Artikeln geht es um das selbstverständliche Recht behinderter Menschen, als sexuelle Wesen ernst genommen zu werden, ohne dass Patentlösungen angeboten werden. Homosexualität oder Heterosexualität sind nicht speziell Thema, beide Autoren geben sich aber als heterosexuell orientierte Männer zu erkennen, Naude spricht explizit über das Problem, das viele Menschen mit einer Behinderung haben, nämlich dass ihnen ihr Körper durch assistierte Pflege

(mangelnde Intimität) enteignet wird. Die spezielle Verletzbarkeit behinderter Menschen für sexuellen Missbrauch durch Pflegepersonen, wird eigens erwähnt.

Naude listet dann einige Mythen über Behinderung und Sexualität auf, die seiner Ansicht nach benannt und zurückgewiesen werden müssen. Hier sind sie:

1. Behinderte Menschen sind alle asexuell.
2. Behinderte Menschen sind alle sexbesessen und triebbestimmt.
3. Behinderte Menschen bleiben immer Kinder und müssen immer beschützt werden vor Enttäuschungen.
4. Behinderte Menschen werden wieder Behinderte zeugen oder gebären.
5. Behinderte Menschen sollten nur unter sich heiraten und sexuelle Kontakte haben.
6. Eltern wollen nicht, dass ihre behinderten Kinder sexuelle Erziehung erhalten.
7. Ein nicht behinderter Mensch, der eine Beziehung zu einem behinderten Menschen eingeht, bei dem stimmt was nicht.
8. Für den behinderten Menschen ist es besser, eine Beziehung mit einem nicht behinderten zu haben als mit einem gleichfalls behinderten.
9. Behinderte Menschen können keinen Orgasmus haben.
10. Sexuelle Probleme müssen durch die Schädigung selbst bedingt sein.

Mangelndes Problembewusstsein kann man den beiden Autoren also wahrhaftig nicht vorwerfen. Als Quintessenz beider Artikel wird mit Begründung in der Schöpfungstheologie gesagt:

„Wenn behinderte Menschen wissen, dass sie Teil von Gottes Schöpfung sind, und schrecklich und wundervoll *(Psalm 139, Vers 15) geschaffen wie alle Menschen, kann es sie ermutigen, sich selbst auszudrücken und ihre Schönheit als Teil von Gottes Schöpfung zu entdecken. Indem die negativen und zerstörerischen Botschaften, die*

behinderte Menschen bekommen, zum Schweigen gebracht werden, können sie ausgerüstet werden, ihre vollen Fähigkeiten und Teilhabe an der Gesellschaft zu erlangen. Und die Gesellschaft wird dadurch besser werden."

Onanie und Behinderung

Onanie ist kein explizites Thema obig erwähnter Artikel. Das lässt verschiedene Interpretationen zu:

1. Verdrängung des Themas, weil verpönt
2. das Thema ist implizit vorhanden
3. kirchendiplomatische Vorsicht

Ich neige dazu, Punkt zwei bei der Interpretation den Vorzug zu geben, und zwar weil beide Autoren betonen, dass Menschen mit Behinderungen ihre Möglichkeiten entdecken sollen. Dazu gehört auch die Entdeckung ihres Körpers und seiner Möglichkeiten der Lust. Bei einem Kind ohne Behinderungen geschieht das unter Umständen, ohne dass die Eltern etwas merken. Dies gilt auch bei einem leicht behinderten Kind. Ist eine körperliche Schädigung nicht gravierend, ergibt sich eine ganz „normale" Situation: Die betreffende Person wird sich selbst entdecken und wenn Sexualität nicht tabuisiert wird, ergeben sich keine Probleme bei der Entdeckung der Lust.

Ein Mensch mit Behinderungen hat aber je nach Schwere seiner Beeinträchtigungen automatisch fast keine Privatsphäre. Er oder sie kann deshalb auch nicht autonom seinen/ihren Körper entdecken, geschweige denn sich selbst befriedigen. Auch für ihn (den Menschen) wäre es wünschenswert, seinen Körper positiv zu entdecken. Er hat jedoch auf Grund seiner Biographie vermutlich eher negativer Erfahrungen. Der Körper ist Quelle von Schmerz durch medizinische Eingriffe oder Therapie, Grundlage einer negativen Identität. Lusterfahrungen wären im Rahmen der Individualethik positiv zu werten. Sie könnten helfen, ein positives Selbstwertgefühl aufzubauen.

Defizitär kann das nur bewertet werden, wenn die Idealvorstellung von gelebter Sexualität die heterosexuelle Beziehung ist. Ist aber Sexualität auch ein Mittel, sich selbst zu entdecken, verschiebt sich die Perspektive. Für schwerbehinderte Menschen ist auch dieser Lebensbereich (wie viele andere) keine Sache der Individualethik alleine. Sie wird zu einer Angelegenheit der Personalethik bzw. zu einer der Sozialethik, wenn er oder sie in einer Einrichtung lebt. Kann ein Mensch mit Behinderungen Triebbefriedigung einfordern? Wer soll sie leisten und mit welchen Mitteln? Menschen sind keine Monaden, selbstgenügsame Einzelwesen auf einer Insel. Die Gefühle der Mitarbeiter bzw. der Umgebung sind auch ernst zu nehmen. Sexualität ist immer eine Form von Kommunikation. Ist es also für eine Beziehung zwischen Bewohnern einer Einrichtung und Pflegepersonal förderlich, wenn vom Pflegepersonal die direkte Manipulation zur Befriedigung verlangt werden kann? Wie viele neue Abhängigkeiten entstehen? Und wenn, wie in einer Einrichtung wie in Alsterdorf in so einem Fall Transparenz unter den Mitarbeitern gefordert wird, das heißt, dass im Team besprochen wird, wie und wer mit wem Manipulationen vornimmt, damit sichergestellt ist, dass es zu keinen Missbrauchsituationen kommt, wo bleibt dann wieder die Intimsphäre der Bewohner? Es kann, gerade bei schwer geistig behinderten Menschen notwendig sein, ihnen die Manipulation ihrer Geschlechtsteile und den Weg zum Orgasmus handgreiflich zu zeigen, um zu verhindern, dass sie sich verletzen. Es kann aber nicht von Mitarbeitern eingefordert werden, gegen ihre eigenen Gefühle und Tabus zu handeln und so ist wohl festzustellen: Enttabuisierung ist noch keine Problemlösung. Ideale von gelebter Sexualität als Kommunikation sind manchmal „Sterne am Himmel", das heißt Orientierungspunkte. Sie wirken zerstörerisch, wenn man sie unter dem Gesichtspunkt „ganz" oder „gar nicht" einsetzt – also beispielsweise behinderten Menschen Verzicht auf Sexualität abfordert, weil sie diese nicht nach unseren Idealvorstellungen etwa in einer Partnerschaft ausleben können. Verzicht um religiöser Ideale Willen kann nur geleistet werden, wenn diese einsichtig sind und geteilt werden. In einer christlichen Einrichtung ist es unzulässig, sie jemandem auf-

zuzwingen. Viel bescheidener ist es, realistisch zu fragen: Was können wir tun, damit das Leben gelingen möge? Die Frage von Onanie und Behinderung gehört meiner Ansicht nach in diesen Kontext und soll nicht hochstilisiert werden zu einer Frage der Todsünde.

Anmerkungen

1 Brown, Peter: Die Keuschheit der Engel, München 1994

2 Leist Fritz: Der sexuelle Notstand und die Kirchen; Freiburg im Breisgau 1972, S.22

3 Leist: a.a.O. S.23

4 Leist: a.a.O. S.23

5 Leist: a.a.O. S.37

6 v.d. Geest, Hans: Verschwiegene und abgelehnte Formen der Sexualität, Zürich 1990

7 N.H. Søe: Christliche Ethik, München 1965, S.284ff in Hans v. d. Geest: Verschwiegene u. abgelehnte Formen der Sexualität, Zürich, S.32

8 Wolfgang Trillhaas: Sexualethik, S.64ff in v. d. Geest: a.a.O.: S.33

9 Gyula Barczay: Revolution der Moral? S.200f in v.d. Geest: a.a.O., S.33

10 Theodor Bovet: Ehekunde, II, S.22, Junge Leute. Sex und Liebe, S.43 in v. d. Geest: a.a.O. S.33

11 Heinz Krebs: Solidarität mit behinderten Menschen – Sozialethische Aspekte aus medizinischer Sicht, in: Michael Schibilsky (Hg.): Kursbuch Diakonie, Neukirchen-Vluyn 1991, S.79

12 Echoes Hrsg. Rev. Dr. Kabue, Samuel, Genf 2001, 119/2001, S.21ff, S.23ff

Quellen

Brown Peter: Die Keuschheit der Engel, Sexuelle Entsagung, Askese und Körperlichkeit im frühen Christentum, München 1994
Hrsg.: Kabue, Samuel: Echoes, Genf 2001

Leist Fritz: Der sexuelle Notstand und die Kirchen, Freiburg i.Br. 1972

v.d.Geest, Hans: Verschwiegene und abgelehnte Formen der Sexualität, Zürich 1990

Werner Schuren

Vom Bundeskongress zum Kuratorium

Nach erfolgreicher Durchführung des Bundeskongresses „Behinderte Sexualität – verhinderte Lust?" gab es sehr viele Anfragen zu Materialien des Kongresses. Dabei wurde immer wieder betont, wie notwendig die Befassung mit diesem bisher tabuisierten Thema sei. Dies veranlasste die Initiatorin des Bundeskongresses Manuela Bannasch gemeinsam mit dem Sexualmediziner PD Dr. Thomas Mösler, der Sexualmedizinerin Dr. Sandra Poppek und dem selbst schwerstbehinderten Sozialberater Werner Schuren zur Vorbereitung einer Vereinsgründung. Dieser Verein sollte die Themen des Kongresses aufgreifen und offensiv in der Öffentlichkeit vertreten. Zu einem ersten Treffen luden die Initiatoren bundesweit für den 21. Januar 2001 nach Nürnberg ein. 14 TeilnehmerInnen beschlossen die Gründung eines Vereins „Kuratorium Behinderung und Sexualität". Ein Sprecherrat unter Vorsitz von PD Dr. Thomas Mösler und Manuela Bannasch als Geschäftsführerin wurde mit der Aufgabe betraut, kurzfristig die Voraussetzungen für eine Rechtsfähigkeit und Gemeinnützigkeit des Vereins zu schaffen. Am 23./24. Juni 2001 fand dann in Bad Windsheim die konstituierende Gründungsversammlung des Vereins statt. Der Verein wurde zwischenzeitlich in das Vereinsregister Nürnberg eingetragen und die Anerkennung der Gemeinnützigkeit beantragt.

In der Präambel der Vereinssatzung wurde bekundet: „Unter Berücksichtigung der Ergebnisse des Bundeskongresses „Behinderte Sexualität – Verhinderte Lust?" konstituiert sich ein Kuratorium, welches dafür eintritt, dass Behinderte mit den unterschiedlichen Behinderungsformen künftig in allen Bereichen, auch der Sexualität, selbstbestimmt leben können. Die notwendigen (wissenschaftlichen und rechtlichen) Grundlagen hierfür will das Kuratorium erarbeiten und an die Öffentlichkeit tragen. Dabei ist dem Kuratorium wichtig, die Sexualität von Behinderten nicht als eine besondere Form der Sexualität zu verstehen. Die Sexualität behinderter Menschen unterscheidet sich von der Sexualität nichtbehinderter lediglich durch bestimmte Schwierigkeiten in der Umsetzung". Der Verein verfolgt den Zweck, Bürgern in psychosozialen Angelegenheiten durch unentgeltliche Information zu helfen und Hilfe zur Selbsthilfe zu leisten, insbesondere im Bereich der Sexualethik, heißt es in § 2 der Satzung. Mitglied des Vereins kann jeder werden, der den Verein in seinen Bestrebungen unterstützen will.

Zu den ersten Personen, die dem neugegründeten Kuratorium beitraten, gehören u.a. Karl Finke, Behindertenbeauftragter des Landes Niedersachsen, Prof. Dr. Joachim Walter, Professor für Sozialpsychologie in Freiburg sowie Hans Hengelein, Schwulenreferent der Niedersächsischen Landesregierung.

Auf der Gründungsversammlung wurde ein zehnköpfiger Vorstand gewählt. Der geschäftsführende Vorstand besteht aus PD Dr. Thomas Mösler als Sprecher, Manuela Bannasch als Geschäftsführerin und Arno Hardt als Rechnungsführer. Weitere Vorstandsmitglieder sind Dr. Sandra Poppek (Schriftführerin), Evi Balzar (Öffentlichkeitsarbeit), Dipl.Päd. Karen Wellach (Fundraising), Dr. Wolfgang Vilmar (Wissenschaftliche Kontakte), Marianne Bayer (Kontakte zu Behindertenverbänden und Selbsthilfegruppen), Dr. Esther Bollag (Ethikfragen) und Werner Schuren (Politische Kontakte). Satzungsgemäß soll mindestens die Hälfte der Vorstandsmitglieder aus Schwerbehinderten (GdB 50 % oder höher im Sinne des SchwbG) bestehen. Dem

gewählten Vorstand gehören derzeit sieben schwerbehinderte Personen an.

Der Verein legt großen Wert auf die gleichberechtigte Zusammenarbeit von Betroffenen (Behinderte, Angehörige), Wissenschaftlern und Praktikern (z.B. Sozialarbeitern, Sexualbegleitern usw.) im Kuratorium.

Zur praktischen Arbeit wurden drei Arbeitskreise (Rehabilitation, Jugend und Sexualassistenz) sowie zwei Regionen (Nord und Süd) gebildet. Erste konkrete Themen, die bearbeitet werden, sind Sexualassistenz (Surrogattherapie) und Anerkennung von sexuellen Dienstleistungen in unserem Sozialsystem sowie die damit zusammenhängenden ethischen und rechtlichen Fragen, außerdem geht es auch um die Vorbereitung spätbehinderter Menschen auf ein sexuelles Leben mit der Behinderung. Für das Frühjahr 2002 bereitet das Kuratorium ein Symposium zu den Fragestellungen des Vereins vor.

Die AutorInnen

Brigitta Balas, studiert Sonderpädagogik an der Freien Universität Berlin und schreibt derzeit an Ihrer Diplomarbeit über Sexualität und Körperbehinderung. Diese Arbeit konzentriert sich nicht ausschließlich auf die Wiedergabe der einschlägigen Literatur, sondern diskutiert offensiv verschiedene Lösungsansätze, die von Betroffenen, Heimbetreuern, Sexualbegleitern, Prostituierten und Prostituierten-Initiativen, Psychologen sowie Fachorganisationen entwickelt wurden.
Im Vorfeld der Arbeit entstanden zahlreiche Interviews mit Betroffenen, Institutionen und Organisationen. Die Interviews dauerten zwischen 30 Minuten und drei Stunden – eines davon mit Marina. Die ehemalige Prostituierte lebt seit rund zwei Jahren von der Sexualbegleitung, einer immer noch neuen, kaum bekannten Form der körperlichen Dienstleistung für Behinderte.
Das Wissen, das Brigitta Balas durch die Gespräche mit verschiedenen Zielgruppen und durch die ausführliche Auseinandersetzung mit dem Thema gewonnen hat, stellt sie nicht zuletzt dem Kuratorium »Behinderung und Sexualität« zur Verfügung, zu dessen Gründungsmitgliedern sie gehört.
In Zukunft möchte Brigitta Balas in Fachtagungen, Fachhochschulen aber auch in Heimen über ihre Arbeit berichten. Ihr Ansatz auf einen plakativen Nenner gebracht: »Nicht nur die Behinderten müssen sich öffnen, sondern das ganze Umfeld.« Kontakt-Adresse: balasbrigitta@aol.com

Dr. med. Ismail Baloglu, Orthopäde, Allersberger Str. 81, 90461 Nürnberg, Tel: 0911/ 476363, Fax: 0911/ 473477

Manuela Bannasch (siehe Seite 242), eMail: kuratorium2001@gmx.de

Dr. theol. Esther Bollag, Pastorin, Leitung des Pädagogisch Ethisches Instituts, Bebelallee 23, 22299 Hamburg, Tel: 040/ 5141875 Fax: 040/ 50098668 eMail: ebollag@t-online.de

Brigitte Frey, Diplom Sozialpädagogin FH, Supervisorin DGSv, seit 1993 Leiterin der staatlich anerkannten Beratungsstellen für Schwangerschaftsfragen und Sexualberatung von pro familia Nürnberg e.V., Äußere-Kramer-Klett-Str. 9, 90489 Nürnberg, Tel: 0911/ 555525 Fax: 0911/ 5818557
Ein Schwerpunkt in der Arbeit des Vereins ist die Beratung und Fortbildung von Eltern und pädagogischen Fachkräften. Die MitarbeiterInnen können auch für die Arbeit mit Jugendlichen und Erwachsenen mit Behinderung angefragt werden.

Martin Kessel, Diplompädagoge, Vertrieb von „sexual health care"-Produkten Kelsterbacher Str. 28, 64546 Moerfelden – Walldorf, Tel: 06105/ 203720, Fax: 06105/ 455901, eMail: Kessel-marketing@t-online.de

Klaus Kreuzeder, Schirmherr des Bundeskongresses, Saxophonist, geboren 1950, Rollstuhlfahrer nach Kinderlähmung, seit 1974 selbständiger Profi-Musiker aus München. Infos, Photos, Konzerttermine, Buchungen und CD-Bestellungen über www.klauskreuzeder.de

Dr. med. Dieter Löchner-Ernst, leitender Oberarzt der urologischen Abteilung (Chefarzt Prof. Dr. med. M. Stöhrer) in der BG-Unfallklinik Murnau. Weltweit anerkannter Spezialist für neurogene Blasenentleerungs- und Sexualstörungen. Zahlreiche Buchbeiträge, wissenschaftliche Veröffentlichungen sowie Vorträge auf nationalen und internationalen Kongressen.

Marina, Sexualbegleiterin, eMail: marinaberlin0177@aol.com

Dr. med. Thomas Mösler, habilitiert, Privatdozent, Sexualwissenschaftler, Nettelbeckstr. 14, 90491 Nürnberg, Tel: 0911/5976767, Fax: 0911/ 599536 eMail: moesler@gmx.de

Bernd Müller-Pohl, „Rollende Herzen", die einzige bundesweite Partner-, Reise- und Freizeitpartnervermittlung, die gezielt Menschen mit Behinderung anspricht und vermittelt. Allermöher Deich 17, 21037 Hamburg
Tel: 040/ 39905412 , Handy: 0171/ 6577258, eMail: service@rollende-herzen.de

Daniela v. Raffay, Daniela v. Raffay, 1951 in München geboren, seit dem dritten Lebensjahr „Polionautin", Rollifahrerin. Diplomsoziologin und Autorin, lebt seit fast 30 Jahren in Berlin, Mitbegründerin und Mitveranstalterin der „Freakshow", dem schwul-lesbischen Behindertentreffen im Freien Tagungshaus Waldschlößchen e.V. bei Göttingen. eMail: rabugl@t-online.de

Lothar Sandfort, Diplom Psychologe, systemisch/familientherapeutische Ausbildung, seit 1971 durch einen Verkehrsunfall querschnittgelähmt, Redakteur in verschiedenen Behindertenzeitschriften, 1987 bis 1991 Behindertenbeauftragter der Bundestagsfraktion der GRÜNEN. Leitung des „Institutes zur SelbstBestimmung Behinderter", Nemitzer Str. 16, 29494 Trebel, Tel: 05848/ 981565, Fax: 05848/ 988110, eMail: isbbtrebel@aol.com, www.isbbtrebel.de

Ulrich Schmidt, Religionspädagoge, Systemischer Therapeut / Familientherapeut (DGSF), Studium u.a. der Sozialen Verhaltenswissenschaften, Erziehungswissenschaften, Geschichte. Leiter der Psychosoziale Beratungsstelle der alt-katholischen Gemeinde in Nürnberg, Rankestr. 52, 90461 Nürnberg,
Tel: 0911/ 464687, eMail: nuernberg@alt-katholisch.de

Werner Schuren, Sozialberater, Winsen/Luhe, Sozialwissenschaftliches Studium (Sozialakademie Dortmund), langjährige Tätigkeit bei einem Verband, leitende Tätigkeit bei einem Sozialversicherungsträger und Rehaberater. Seit 1998 Rollstuhlfahrer (schwerstkörperhindert durch Amputation Beine bds). Nach Verrentung ehrenamtliche Tätigkeit in Behindertenverbänden und Selbsthilfegruppen. Div. Veröffentlichungen zu sozialpolitischen Fragen in der Fachpresse.
eMail: schuren@t-online.de

Sandra Senger, gelernte Krankenschwester und Lehrerin für Pflegeberufe. Von 1998 - 2001 Leiterin der Einrichtung Sensis, dem Körper-Kontakt-Service der IFB in Wiesbaden.
Für den Körper-Kontakt-Service entwickelte sie eine pädagogische Konzeption, das außer einer praktischen Ersterfahrung für Körpermehrfachbehinderte ein Beratungs- und Fortbildungsangebot bedeutete. Seit 2001 arbeitet sie im Kuratorium für „Behinderung und Sexualität" mit.

Rudolf Seidl, Sozialarbeiter, VIF – Vereinigung Integrationsförderung, München Steinsee Str. 3/ Rgb., 81671 München, Tel: 089/ 49000426, Fax: 089/ 36039115
eMail: Seidl_rudolf@yahoo.de

Günther Steinmetz wurde 1997 wegen eines Prostatakarzinoms die Prostata entfernt. Die Folge dieser Operation war eine erektile Dysfunktion. Um dieses Problem besser zu bewältigen, wollte er sich einer Selbsthilfegruppe anschließen, musste aber feststellen, dass es in ganz Deutschland keine Gruppe mit dieser Thematik gab. Daraufhin gründete er 1998 die Selbsthilfegruppe „Erektile Dysfunktion (Impotenz)" in München. Die Gruppe ist relativ klein. Ihre Internetpräsenz hat jedoch bewirkt, dass sie von rat- und hilfesuchenden Männern und Frauen aus dem ganzen deutschsprachigen Raum per E-Mail und Telefon kontaktiert wird. Weiherweg 30 A, 82194 Gröbenzell,
Tel: 08142/ 7150, eMail: Guenther.Steinmetz@compaq.com,
www.impotenz-selbsthilfe.de

PD Dr. Beate Stiemer, an MS erkrankte Ärztin, Gynäkologin, freiberufliche Autorin, die nach dem großen MS-Schock den Spaß am Leben wiederentdeckt hat, und durch Kontakt zu Freunden und Mitbetroffenen, Beruf, „Sport" und Pferde weiter mit Humor das Leben genießt.
Meller Bogen 11, 13403 Berlin, Tel: 030/ 45024850, Fax: 030/ 45024850
eMail: beate.stiemer@snafu.de

Hans Hello Tluk, Heimleiter der Elbe-Weser-Werkstätten für Behinderte, Walter Mülig Haus, Jakob-Kaiser-Str. 16, 27578 Bremerhaven Tel: 0471/ 9629817, Fax: 0471/ 9629819

Mathias Vernaldi, von Geburt an durch Muskelschwund behindert, hat ein theologisches Fernstudium absolviert und war von 1980 bis 1990 Prädikant bei der evangelisch-lutherischen Landeskirche Thüringen. Einige Jahre war er als Tarot-Kartenleger auf mittelalterlichen Märkten unterwegs. Zeitgleich arbeitete er als freier Abgeordneter und Vorsitzender des Sozialausschusses im Gemeinderat mit. Seit 1995 ist er für die Öffentlichkeitsarbeit beim „Bündnis für selbstbestimmtes Leben behinderter Menschen" in Berlin zuständig, und seit 1999 ist er im Vorstand „Ambulante Dienste e.V." Berlin. Er hat „Sexybilities" initiiert und gegründet. Stuttgarter Str. 47, 12059 Berlin, Tel: 030/ 6815323, Fax: 030/ 68237423, eMail: sexybilities@hotmail.com

Nina de Vries, Sexualbegleiterin, Künstlerin, bietet seit vielen Jahren erotische, sinnliche Berührungen/Massage an. Sie arbeitet seit zwei Jahren fast ausschließlich mit geistig behinderten Männern (gelegentlich auch Frauen). Sie ist in Holland therapeutisch ausgebildet worden, lebt seit 1990 in Berlin, leitet Mini-Fortbildungen für Mitarbeiter (Professionelle, die Behinderten assistieren), leitete mehrmals Workshops auf Kongressen zu diesem Thema, hält Vorträge und präsentiert ihre Arbeit in Institutionen, Wohnheimen oder im Rahmen heilpädagogischer Ausbildungen. Sie hat jahrelang im *Institut für systemische Beratung Behinderter* (Trebel) Teile der Workshops für körperbehinderte Männer geleitet. Neuerdings arbeitet sie auch mit lesbischen und schwulen Behinderten (Freakshow, Waldschlösschen in Göttingen) Wattstr. 12, 14482 Babelsberg, Tel: 0331/ 742430, Handy: 0179/ 4240379

Peter Wießner, Ausbildung als Koch, Diakon, Diplom Sozialpädagoge (FH) und Diplom Sozialwissenschaftler. Seit mehreren Jahren, freiberuflich tätiger Mitarbeiter bei der Deutschen AIDS-Hilfe. Tätigkeitsfeld: Organisation und Begleitung einer bundesweiten Seminarreihe zur Behandlung von HIV, AIDS und Hepatitis. Arbeit als „freier Autor". Herausgeber verschiedener Bände aus der Reihe AIDS FORUM DAH: „Langzeitpositive – Aspekte des Longtermsurvival" (1995); „Neurologische und psychiatrische Probleme bei HIV und AIDS. Herausforderung in der Versorgung" (1998) und: „Leben mit Behinderung. Leben mit HIV und AIDS. Eine Annäherung" (1999). Seit September 2001 mit dem Schwerpunkt der Betreuung und Beratung HIV-positiver in Justizvollzugsanstalten als Mitarbeiter der Münchner AIDS-Hilfe tätig. Adresse: Peter Wießner; Clemensstr. 68; 80796 München; Tel: 089-307 590 99; Mobil: 0177-7780556. eMail: peter-wiessner@t-online.de

Bernd Zemella, Diplom Psychologe, Zentrum für Beratung, Diagnostik und Psychotherapie der Evangelischen Stiftung Alterdorf, Dorothea-Kasten-Str. 3, 22292 Hamburg, Tel: 040/ 50773462, Fax: 040/ 50773777, eMail: b.zemella@alsterdorf.de

Die Herausgeberin

Manuela Bannasch,

Ich wurde 1991 von Prof. Samii an einem äußerst schweren Gehirntumor operiert. Erst allmählich begriff ich, dass in meinem Leben nichts mehr so war wie bisher. Der Abschied war ein bitterer Prozeß mit vielen Tränen – und ich musste es allein tun, dieses Kämpfen und Durchhalten und überhaupt das Wollen. 1998 folgte eine zweite schwere Diagnose. Ich bin mir selbst in einer fatalen Mickrigkeit und Zerbrechlichkeit begegnet. Nachdem ich absolut reduziert war und ich unter nicht einfachen Bedingungen gelernt hatte, dieses bloße Menschsein auszuhalten, habe ich eine begnadete Tiefe erfahren. Die Vergänglichkeit und die Unwägbarkeit des Lebens verstanden zu haben ist meine Stärke und meine Kraft. Nur durch meine eigene invasive Krankheit bin ich endlich zu mir selber gelangt und bin eine Persönlichkeit geworden. Ich kann nicht böse sein über das, was mir passiert ist: Nur so kann ich einen innigen Dialog mit dem Leben führen.

Ich habe einige Jahre Gruppen zur Krankheitsverarbeitung geleitet und unzählige Menschen unentgeltlich nach der „Methode des Gesamtbedarfsplanes" beraten. Diese klienten- und basiszentrierte Arbeit betrachte ich als Ausbildung für mein jetziges Wirken: Ich halte Vorträge und organisiere Veranstaltungen im sozialkritischen und ethischen Bereich. Seit langer Zeit engagiere ich mich in der Öffentlichkeit für die Würde, aber auch für die Eigenverantwortung des behinderten Menschen. Die Qualität meiner Arbeit resultiert aus der Fähigkeit, differenziert und nicht polarisierend zu denken. Als nichtsichtbar behinderte Frau bin ich Frontliner zwischen den behinderten und den nichtbehinderten Menschen, Qualität und Problem zugleich.

Trotz sehr großer Schwierigkeiten ging ich das Wagnis ein, die allererste lösungsorientierte Veranstaltung mit dem Titel „Behinderte Sexualität – verhinderte Lust?" von und mit behinderten Menschen, die zugleich der erste bundesweite Kongreß war, zu organisieren. Die gesamte Konzeption in jeder Stufe von mir selbst erstellt, dergestalt ein ausgesprochenes Politikum mit entsprechenden Hindernissen. Sowohl die Kongreßkonzeption als auch die Zusammenstellung der Autorenbeiträge on diesem Buch haben sich durch meine eigene Betroffenheit stets an den Bedürfnissen behinderter Menschen ausgerichtet. Die duale Organisationsstruktur des daraus gegründeten Kuratoriums „Behinderung und Sexualität" war ebenfalls mein Wunsch und durch mein Engagement wurden qualifizierte Mitstreiter – auch zum Zweck des Ressourcentausches – zusammengeführt.
Früher war ich ein Mitläufer in dieser „Lifestyle-Gesellschaft", geprägt von Funktionierenmüssen, Sehnsucht, Getriebensein. Nie habe ich mich getraut, ich selber zu sein. Mein heutiges Leben ist voll von Schmerzen, Einschränkungen und Widrigkeiten – und trotzdem äußerst spannend. Ja, es ist endlich meins – in der Trauer und in der Freude und allem, was sonst noch geschieht.

Das „Abenteuer Leben" ist ein einziges Geschenk.

Vielen Dank

Herzlich bedanken möchte ich mich nachträglich noch bei all jenen, die uns ideell und finanziell bei der Durchführung des Kongresses unterstützt haben, der diesem Reader vorausging.

Für die ideelle Unterstützung gilt mein Dank insbesondere

- dem Bundesgesundheitsministerium Bonn
- dem Büro des Bundesbehindertenbeauftragten des Landes Berlin
- dem Büro des Behindertenbeauftragten des Landes Schleswig-Holstein
- dem Büro des Behindertenbeauftragten des Landes Niedersachsen

Sowie den Sponsoren:

– „Aktion Mensch", Bonn – Sozialreferat Nürnberg – „Stiftung Mitarbeit", Bonn – Klinik Staffelstein – KESSELMarketing & VertriebsGmbH, Frankfurt – „RECA Med GmbH": Tampons bei Stuhlinkontinenz, Fürth – Bayerisches Sozialministerium, München – „Ökofonds" der Grünen in Bayern – Klinikgruppe Enzensberg – „Lionsclub" Nürnberg – „Rolli-Point", München – „Pfennigparade", München – Gewerkschaft Erziehung und Wissenschaft – Arbeitsamt Nürnberg – IG Metall Nürnberg

Ich danke auch allen anderen Spendern und Helfern, die hier nicht namentlich erwähnt sind.

Ich danke von ganzem Herzen meiner Mutter Elfriede Kokott, die in den letzten Jahren so unglaublich viel für mich getan hat, damit ich als selbst schwerer behinderte Frau all dies durchführen konnte, was ich mittlerweile für die Würde und die Lebensqualität von behinderten Menschen geschaffen habe.

Ich danke dem selbst schwerbehinderten Ehepaar Claudia und Curt Pils, die die fast ein Jahr andauernden Kongressvorbereitungen neun Wochen lang tatkräftig unterstützt haben.

Ich danke der AGSPAK und der Nürnberger Tauschbörse „Gib und Nimm" (hiervon insbesondere der Kommunikationsfachwirtin Karin Ch. Melde), die in vielen Zuarbeitungsstunden mir geholfen haben, diesen Bundeskongress zu organisieren.

Ich danke jedem einzelnen Autor, dass jeder dieses Bedürfnis von behinderten Menschen als einzige Normalität empfindet und jeder mit seinem Fachgebiet einen wichtigen Beitrag zur Verbesserung der Lebensverhältnisse von behinderten Menschen leistet.

Ich danke meinen Freunden, die in den letzten Jahren so oft auf mich verzichten mussten und die dennoch meine Freunde geblieben sind.

Manuela Bannasch